CAROLINE KNOWLE

SERIOUS MONEY

我所看到的上流生活

社會學家的金權倫敦踏查報告，
深入挖掘特權、財富、金融投機
與嚴密階級高牆共同掩蔽的都會實景

卡若琳·諾斯——著
鄭煥昇——譯

臉譜書房 FS0174

我所看到的上流生活

社會學家的金權倫敦踏查報告，深入挖掘特權、財富、金融投機與嚴密階級高牆共同掩蔽的都會實景

Serious Money: Walking Plutocratic London

作　　者　卡若琳・諾斯（Caroline Knowles）
譯　　者　鄭煥昇
編輯總監　劉麗真
總 編 輯　謝至平
責任編輯　許舒涵
行銷企畫　陳彩玉、林詩玟

發 行 人　凃玉雲
出　　版　臉譜出版
城邦文化事業股份有限公司
台北市民生東路二段141號5樓
電話：886-2-25007696　傳真：886-2-25001952
發　　行　英屬蓋曼群島商家庭傳媒股份有限公司城邦分公司
台北市中山區民生東路二段141號11樓
讀者服務專線：02-25007718；25007719
24小時傳真專線：02-25001990；25001991
服務時間：週一至週五09:30-12:00；13:30-17:00
劃撥帳號：19863813　戶名：書虫股份有限公司
讀者服務信箱：service@readingclub.com.tw
城邦網址：http://www.cite.com.tw
香港發行所　城邦（香港）出版集團有限公司
香港灣仔駱克道193號東超商業中心1樓
電話：852-25086231或25086217　傳真：852-25789337
馬新發行所　城邦（馬新）出版集團
Cite（M）Sdn. Bhd.（458372U）
41-3, Jalan Radin Anum, Bandar Baru Sri Petaling,
57000 Kuala Lumpur, Malaysia.
電話：+6(03)-90563833　傳真：+6(03)-90576622
讀者服務信箱：services@cite.my

一版一刷　2024年1月
一版二刷　2024年3月

城邦讀書花園
www.cite.com.tw

ISBN 978-626-315-412-4
售價：NT$ 480

國家圖書館出版品預行編目資料

我所看到的上流生活：社會學家的金權倫敦踏查報告，深入挖掘特權、財富、金融投機與嚴密階級高牆共同掩蔽的都會實景／卡若琳・諾斯(Caroline Knowles)著；鄭煥昇譯. -- 一版. -- 臺北市：臉譜，城邦文化出版；家庭傳媒城邦分公司發行, 2024.01
面；　公分. --（臉譜書房；FS0174）
譯自：Serious Money: Walking Plutocratic London
ISBN 978-626-315-412-4（平裝）

1.CST：富裕　2.CST：社會生活　3.CST：英國倫敦

741.719　　112018863

謹以此書獻給比爾，

也獻給他帶來的種種「啟發」

目次

22	書桌	諾丁丘私募基金交易員的太太
23	物理	諾丁丘的一名媽媽，有兩個年紀還小的女兒跟一個住家翻新計畫
24	艾爾金	住在艾爾金新月路上的諾丁丘媽媽，有個就讀伊頓公學的兒子
25	叛逆者	九〇年代的商人階級暴發戶，輟學後在切爾西生活
26	夫人	年長的小貴族，生活在肯辛頓的一處頂樓
27	長官	退休的公務員兼肯辛頓的行動派社區主義者
28	歷史學家	歌劇的丈夫，退休的修復建築師與肯辛頓在地的歷史學者
29	歌劇	歷史學家的妻子，也是荷蘭公園歌劇院之友
30	蘇維埃	懷著鄉愁的俄羅斯千萬富翁暨藝術收藏家
31	朱爾諾	俄羅斯記者，倫敦那些隱形俄羅斯企業家的記錄者
32	男僕	曾任職於倫敦一些最有錢家庭的資深男性僕役
33	包包／油布夾克	出沒於切爾西年輕人常去地點的兩名玩家
34	學生	跟有錢同學一起搭私人飛機旅遊的私立大學生
35	色彩	專門服務超級富豪的浮誇設計師
36	氣氛	創造氣氛的室內裝潢設計師
37	光線	光雕等光線作品的創作者
38	旅行者	打造獨特旅遊經驗的超奢華旅行社老闆
39	派對	繼承了財富後終日無所事事的社交名流
40	助理	替派對帶風向的意見領袖
41	作家	小說家兼歷史學家，長年在里奇蒙居住並擔任導遊
42	水手	前銀行家，後轉行為海上維安專家
43	保姆	為我介紹維吉尼亞水村當地居家生活的年輕小姐

登場人物

1	少年頭家	肖爾迪奇的年輕創業者，「穿衣鏡」的老闆
2	量化分析師（量師）	某家銀行的演算法寫手
3	銀行家	金融城內某家國際型投資銀行的高層，專門服務許多世界級的億萬富翁
4	研究員	一間國際級避險基金裡的研究員
5	天才	身價上億的避險基金老闆
6	蛋糕	前銀行家，專攻金融科技領域的私募基金交易員
7	門房	站在多爾切斯特酒店外的工作者
8	條子	倫敦知名五星級飯店的警衛主管
9	夜班經理	一家頂級倫敦飯店的夜班人員
10	VIP服務者	一名在倫敦頂級飯店專攻菁英客戶關係的哥倫比亞女性
11	一擲千金者	在頂級飯店中選擇最貴住宿的任何客人
12	傳承	私人投資集團的公關長
13	鱘魚	興趣是生產永續性魚子醬的俄羅斯投資人
14	文青	前梅菲爾畫廊策展人出身的富人御用藝術收藏專家
15	調查者	從赫福特街五號俱樂部裡帶來實況報導的年輕律師
16	西裝外套	出身菁英殖民背景的梅菲爾居民，同時也是前私募基金交易員
17	緩衝者	溫文爾雅的都會人士，負責充當西敏公爵的門面
18	管事者	梅菲爾一間家族辦公室的經理人，同時也經營自己的房地產開發公司
19	遛狗者	在家族辦公室中提供居家與家庭成員服務的員工
20	假髮	非常嬉皮的法官兼御用大律師，另也是擅長家事法中國際層面的專家
21	宮殿	諾丁丘的母親與志工，出身地主階級的貴族

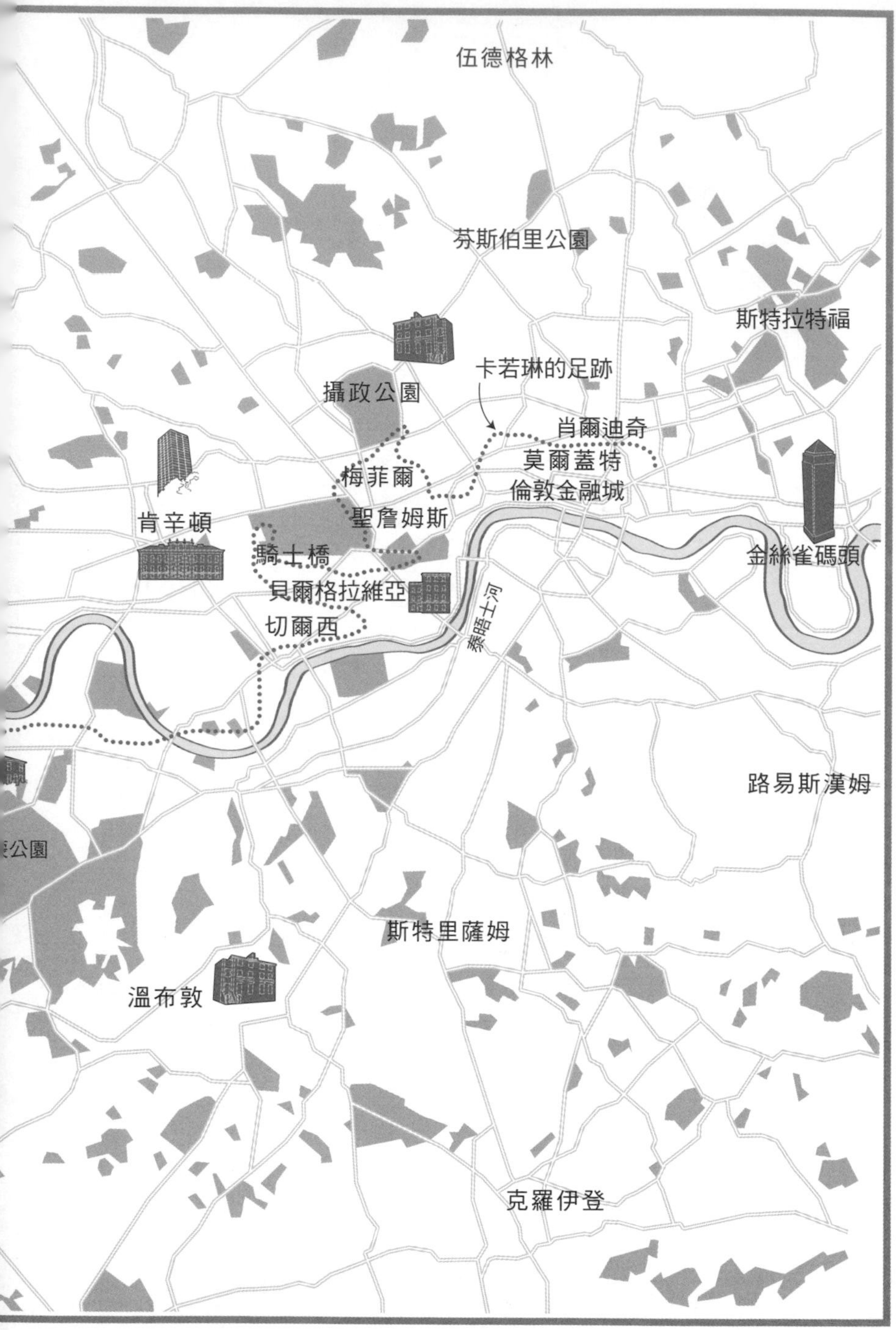
伍德格林
芬斯伯里公園
斯特拉特福
卡若琳的足跡
攝政公園
肖爾迪奇
莫爾蓋特
梅菲爾
倫敦金融城
肯辛頓
聖詹姆斯
騎士橋
金絲雀碼頭
貝爾格拉維亞
泰晤士河
切爾西
路易斯漢姆
公園
斯特里薩姆
溫布敦
克羅伊登

財閥倫敦
N
哈羅
溫
烏克斯橋
希斯洛機場
里奇
卡若琳的足跡
特威克納姆
泰晤士河畔森伯里
維吉尼亞水村
泰晤士河
泰晤士
溫特沃斯車站
0
2公里
0
1英里

「序」

斑馬，不是你想像中會在倫敦看到的東西。矗立在低矮的木質底座上，特意被橫著擺放來展現其俊美軀體的全長給街上的眼睛欣賞，它以照明鮮亮的商店櫥窗為家，在夜間街廓上的魅惑橘色中閃閃發光。黃銅陸龜窩在斑馬的腳邊，反射著來自其頭頂的光芒，而一隻符合實際大小的黑色巴哥犬石像則坐在那兒，擔綱著前景。天花板上懸著造形講究的黃銅燈座，用來固定它的是相搭的鏈條；一尊中國風的大花瓶跟一張精雕細琢的木椅被小心翼翼置於後方。斑馬用空洞的眼神瞪著裱框的海報，上頭描繪的是一群超現實而扭曲的畢卡索風人物在尋歡作樂，眾人頭頂上方寫著「古柯鹼」，外加有頭惡魔盤旋在他們之上的半空中。

我人在梅菲爾的南奧德利街（South Audley Street），那兒是我兒時玩的大富翁棋盤上最昂貴的地區。沿街前進，一個接著一個出現的是更多明亮的商店櫥窗，當中陳列著小巧但精美的設計師包包、極盡不食人間煙火之能事的高跟鞋，還有閃亮的小禮服，其設計理念只能是讓穿上的女性變得跟這件行頭一樣，成為純粹的裝飾品。繼續往前走，三尊男性的假人一副打獵團夥的花呢獵裝打扮，下身是膝下加四吋長的燈籠馬褲，上身是西裝外套，腳邊則有槍匣跟填充的黑狗布偶；這些假人用空洞的眼神回瞪我，而他們身後有安裝在牆上的填充動物假頭顱，一旁則是玻璃箱中無生命的鳥類——一樣樣都是狩獵活動的戰利品。這些結合了都會與鄉村元素的誇張模仿物，代表的是某種富裕的英國風，其建構是為了服務同樣富有的國際遊客與朝聖者。老一輩的有錢人永遠是新興暴發戶效法的典範。

這些不可思議的戲劇化場面流露出博物館展品等級的細心考究，所有不厭其煩的策展工夫，都是為了將不同凡響的物件公諸於世，好召喚舉足輕重之人前來。這些展品讓人與富裕倫敦的萬千風貌能有個數面之緣。獵裝假人投射出傳統上流階級的英國風範，也是海內外一票忠實觀眾的癡心幻想。斑馬來自另一種徹底不同的棲地，提醒著我們倫敦今日的富裕集中在一群國際化、全球化的金權階級手裡。這些與其他將在本書中登場的財閥類型，亦即那些手中權柄與影響力來自金錢的人，已經積累了水準超乎常人理解的財富。而這種已經百年未見的財富極端集中，正在從根本重塑著倫敦，也重塑著倫敦居民的生活。

早從羅馬時代，這座城市就以各種不同方式遭到金錢的形塑。但這點我們不會不知道，畢竟那些提供金融服務的人讓我們有現成的計算結果可參考，我們一看就知道有錢人的人數與他們的資產規模正以驚人的速度增長。放眼全球，身價達百萬美元門檻的個人有兩千萬人。[1]那當中包括了高淨值人士（high-net-worth individuals, HNWIs）：高淨值人士是身價不止——且有時遠遠不止——百萬美元（或百萬英鎊，如果以英國來說）的一群人，重點是這身價是指可投資的資產，還不含他們的主要住處。再來，超高淨值人士（ultra-high-networth individuals, UHNWIs）是指那些可投資資產突破兩千萬英鎊者。他們的人數持續在穩定上升：在二〇二〇年，雖然（又或許正因為）爆發了全球疫情，超高淨值人士的人數與財富比前一年成長了近百分之十。[2]同時，樂施會（Oxfam，英國的非政府扶貧救援組織）報告說最高密度的財富，不僅在倫敦而是在整個世界範圍內，集中於有史以來最少數的人手中。今天，全世界最頂尖的八名十億級富翁——兩輛倫敦計程車就輕鬆載得下的人數——已累積了地球上三十六億窮人的財產總額。[3]二〇二一年世界財富報告（World Wealth Report 2021）[4]在此同時也透露，英國有正好超過五十萬名的高淨值人士跟超高淨值人士居民：大部分都住在倫敦，而這也使倫敦成為本地或國際十億級富翁最愛的世界第六大居住地。[5]早個幾年，《週日泰晤士報》的富豪榜還說英國只有九十三名純正的十億級富翁——贏過紐約、舊金山、香港或莫斯科，如今該榜單顯示英國的十億級富翁人數已經上升到一七一。[6]英國，尤其是倫敦，是財閥安身立命的其中一個首選之地。在二〇〇〇年，倫敦市中心百分之四十九的不動產銷售都是賣給海外的買家，至少豪宅仲介業者漢普頓斯（Hamptons）的房仲人員是這麼表示的。有些人甚至給這個金權致富的時期取了一個小名：「第二次鍍金年代」，[7]這追憶的是洛克斐勒、卡內基與福特的年代，是美國「強盜貴族」（robber barons；指像在搶錢的資本家，活躍於美國歷史上從南北戰爭起，到進步時代之間，大約是一八七〇到一九〇〇年之前的鍍金年代）與產業領袖們賺錢賺到令人髮指的年代。

這幅光景，並不是一場意外。一任任英國政府接連蓄意建構出一種政治與經濟生態系，去支撐匯集在私人手中的極端財富。他們一面刻意忽視社會上個體與群體的財富，一面又堅稱富人才能構成一個富裕的國家——或說所謂構成「一道可以讓大小船隻一起上漲的潮水」；英國歷任政府始終鼓勵各國富人來英國各家銀行投資或儲蓄。防治洗錢的法律於近期終獲導入，而那反映的正是對那些錢究竟來自何處的一股疑慮。不動產售予海外買家並無限制。各國政府被迫開始承認有那些「創意十足」的會計手法，以及把錢藏在海外避稅天堂的做法，主要是巴拿馬文件、天堂文件與潘朵拉文件[8]的曝光所致。在此同時，撐起富裕生活風格的奢侈（品）產業則在倫敦欣欣向榮，而該城的文化與教育資源、魅力十足的社區與住房，還有負盛名的中等學校與大學，在在都發揮著對人的拉力。就這樣，高淨值人士與超高淨值人士匯聚在十分緊緻的各個方圓之地內，形成一道延伸穿過倫敦中心的富裕漩渦，讓我只消走在他們工作跟生活的路街，就能在倫敦市中心撞見他們。

對我而言，金權富豪既熟悉又陌生。就跟大部分人一樣，我對於光鮮亮麗有錢人的印象，來自於電影與電視裡的虛構世界：《欲望莊園》[9]、《樓上樓下》[10]、《朝代》、實境秀《卡戴珊家族》、《切爾西製造》[11]，乃至於我心目中的第一名：《金融戰爭》（*Billions*），你可以在這個商戰影集中看到美國國家的整套監理機器手持法律與稅務工具當武器，拚了命要拉住超級富人，讓他們別太放肆。對於那些戲劇表演裡離我日常經驗說有多遠都不為過的呈現，我在同一時間有欣羨、心動與駭然的感受。

童年時我生在一九六〇年代，並成長於德文郡一座小村子裡，我的祖母在村裡經營郵局，而我對於所謂有錢的理解是基於村裡的富裕居民；主要是幫忙祖母的關係，我才跟他們打過一些照面。村子裡的社交生活重心就在英國國教的教堂——那是一幅保守派在禱告的光景——當中的主力是參與過殖民戰爭與占領的老兵，這些上校與少校是被「送返」到這些他們不曾居住過的鄉村田園。他們的住處——那些大得像山洞的獨棟十九世紀房舍，四周環繞著英式花園，我曾偶爾受邀前去要麼遞送聚會用的法式小點（canapé，麵包上有餡料的開胃菜），要麼去當保姆顧小孩；屋裡的擺設包括他們旅居東非、印度與遠東時的戰利品：虎皮地毯、象牙飾品、木雕、象腿製成的傘架，還有牆上那些從比南奧德利街更為遙遠的土地上獵得的動物。他鄉在屋內迴響著。我聽著他們的對話但一頭霧水：「你記得帕爾森一家嗎？」「他們在肯亞嗎？不，等等，他們在香港。」包括德文伯爵的姊妹們在內，村裡的居民中有屬於鳳毛麟角的貴族，我被逼著去上的主日學就是他們辦的，而他們住的那條大街則被我們私底下稱為「上品巷」。我們的羨慕與尊崇——我祖父向來畢恭畢敬稱這些貴族是「菁英」，且總是不厭其煩把他們在軍中的頭銜拿出來用——當中參雜著一些嘲弄，一種我們對村中那僵固的社會秩序的小小叛逆，哪怕與此同時，我們也只能觀察這種秩序、服侍這種秩序。在一九六〇年代的鄉間，「有錢」的定義跟今天的倫敦很不一樣。那點小小的財富對我這個服侍者階層的一員來講，並不太有距離感，那財富的根基是世襲而來的土地與頭銜，也是殖民時代的軍事征伐。

這種以無產階級之姿在鄉間腹地度過的童年，讓觀察富人成了我的一種習慣。在我的大學時代，這種習慣就在背景裡潛伏著。後來就跟學術界其他社會學者一樣，我投身對城市生活中各種不公不義的研究：貧窮、種族歧視、移民，還有全球化所致的貧富差距。在我對移民的研究中，我追蹤了前往香港等異地生活的英國人——有些是有錢人，有些是被「送回」到我老家那種村子裡生活的人。當我所屬大學的一群學者接受委託，要去研究倫敦的富豪時，[12]我說服他們讓我加入團隊。經由我們的研究，我慢慢了解到富豪對城市生活的深刻殺傷力。等研究告一段落，我發現我跟這些超級富豪「還沒完」，於是就獨力將研究延續了下去，我決心要繼續逼近富人及其所在鄰里的真相。在全倫敦的大街小巷，追著化身為富人之生活、身體與棲地的金錢的蹤跡，成為了我的一種執著，而那也就是這部對此城市最富有的居民與區域之探索紀實——《我所看到的上流生活》的起點。

超級富豪是這座城市最令人不安也最具神祕感的存在。他們過著不論在社會、在政治、在環境層面上，都不具備永續性的生活，由此他們也成了我們所處時代亟待解決的一個迫切問題。有些人會不服氣，說他們讓自己富起來之餘也造福了大眾，畢竟他們拿出錢來投資，可以創造就業。也有些人視他們為「食租」（rentier，**法文本意是靠租金過活的人，引申對社會沒有實質貢獻、靠巨額資本不勞而獲之人**）的寄生蟲，成天奢侈度日，該繳的稅遠遠沒有繳足——二〇一六年的巴拿馬文件由莫薩克·馮賽卡（Mossack Fonseca）律師事務所外泄的文件就坐實了這種主張。富人在大眾媒體中的形象，不外乎名人跟有錢就是任性的億萬富翁；一旦他們的行徑之誇張對照起都市貧窮的日益惡化，這些信手拈來的隨興人設只會模糊了他們真正的面目。財閥的形象成了對其自身極盡諷刺之能事的似顏繪：一種新興的都會迷思。我們對他們真正的認識少之又少，他們的棲地扣除小報與《尚流》（*Tatler*：**創始於英國的上流生活主題雜誌**）投射出的迷思，也是一個個不透明的世界。他們是誰？他們怎麼看待自己、看待別人、看待倫敦？他們的錢從何而來？他們是怎麼花錢的？他們怎麼與他們的金錢共處？他們的金錢又是如何與他們共處？

我用腳探究了這些問題。走路是我理解世界的方式，這種對地方、對人的緩慢盤點，也讓人有時間去思考，去近距離觀察。走路在都會探險中可說是血統純正的做法。給了我方向的是維吉尼亞·吳爾芙筆下，冬日走在倫敦街頭的日常歡愉；是華特·班雅明在巴黎拱廊街的漫遊；是伊恩·辛克萊[13]的倫敦碎嘴；是特祖·科爾[14]對紐約市的反芻；是拉加·謝哈德[15]在巴勒斯坦自治區中的步履。這些作家都讓我們了解：步行所揭露的政治，就像是地景中的沉積物。[16]

金錢形成了城市的紋理，塑造了街道與建物，一大因素就是政府容許不動產成為前所未見的財富主要儲存處。在倫敦橋一旁君臨泰晤士河的「碎片塔」(The Shard)，其實就是靠石油累積出的一大疊鈔票——由卡達主權財富基金組建出的玻璃跟混凝土。白金漢宮是特權的容器，是堅若磐石、屹立不搖的藏寶房。無家者草草用紙板鋪出的睡床，指明了公款該給到但沒給到的處所。而在倫敦無所不在的維多利亞式排屋，其本質不過是某種形式的金錢(貸款)被另外一種形式的金錢(薪資)在一段期間後償清。金錢在此或許抽象而數位，但它仍成為一種活生生而且至關重要的存在——在這個故事裡軋上了一角，是因為錢乃財富的體現。這固然是一個倫敦的故事，但它也不啻為一個屬於我們這個時代，屬於全世界的故事，因為其中記錄了全球超級富豪都買了些什麼，還有他們用錢把城市形塑出什麼模樣。針對同一個故事，墨爾本、紐約、孟買、聖保羅、莫斯科、上海——這些城市都可以寫出各自的版本。

在倫敦，金錢在東方升起，然後在西邊落下，而《我所看到的上流生活》所遵循的就是這樣一條弧線。從這條線的起點，我首先走訪了錢被產生出來的地方，繞過肖爾迪奇與倫敦金融城，[17]途經金融機構、投機性的不動產、各行各業，尤其還有科技業：連同遺產的繼承，「大把大把的錢」就是這樣來的。這條弧線接著會為了考察私募基金與避險基金等隱藏版的金錢引擎，而連到梅菲爾、貝爾格拉維亞與聖詹姆斯：這些區域既創造出巨大財富，又同時讓人有機會狂野地消費。繼續往西走，穿過一處財富的漩渦，我零距離看了一眼肯辛頓的家庭生活，然後在切爾西，我飽覽了攝政公園的北角，接著又去了里奇蒙。這一路上我造訪宮殿、馬球場、私人俱樂部、藝廊跟拍賣行、精品店，還有首都最昂貴的住宅街道。我檢視富人的住宅；他們的假期、他們混俱樂部跟用餐的習慣；他們如何化身為羊，把倫敦朝氣蓬勃的藝術現場當成進食的草原；各司其職的顧問如何為他們的花費指引方向；女性在這些棲地闖蕩得順不順暢；以及尤為重要的——母親如何養成下一代的財閥，如何教會她們的孩子有錢人該怎麼當。追著錢走，終於讓我一路來到這座城市至西的邊界，還有薩里郊區的維吉尼亞水村（Virginia Water）那猙獰而靜謐的路街。

金錢若是刻印在街道與市景裡，那賦予錢生命的就是人。人即城市，也就是城市中的人類紋理。沒有了人，城市重則不復存在，輕則難以運行。是人類個體的故事與行動（行動其實就是換個方式在訴說的故事）讓城市得以運作。《我所看到的上流生活》代表的是一次嘗試，我想要從內部去接近那些故事；我想要一窺那些刻意讓人看不見的建築與生活，裡面是什麼模樣。金錢會在與人的生活及渴望糾纏在一起時，被賦予生命。金錢會活起來，是因為有人拿它去打造東西或購買東西；是因為有人將錢揮霍在美好的時光上；是因為有人用它去度過難關；因為它潛伏在櫥櫃中、墊子下、地板裡、屋子內，或鄰里間；因為它被堆疊在黑暗的角落；因為它被拿去交換斑馬、花俏的鞋子，還有狩獵的裝備；因為它不翼而飛。人就是移動中的金錢；人會按著金錢賦予的權威做出某些事。在這本書裡，金錢有其軀體；有其習性、慣例、優先順序；有其方向性；有其讓自己感覺如魚得水的辦法；有其塑造鄰里與街道的策略。金錢在這本書裡有朋友、家人、孩子、希望、恐懼、不安全感，還有使其寸步難行的焦慮。

本書的卡司是由富裕的角色為主體，偶爾穿插一些服侍他們的人，即那些在金權倫敦生活跟工作的人；他們會在這本書裡以字裡行間為家。我在城市裡來去穿梭，他們會跟我分享自己的生活與勞動。以《坎特伯利故事集》[18]的風格，我給他們都按類型取了代稱，一方面是保護他們的匿名權，一方面也要配合研究倫理（跟富人本身）的要求。

超級富豪的各種祕密生活有其不可否認的吸引力。但公眾的癡迷與窺視欲模糊了那些祕密生活真正的重要性。媒體與政壇的注意力都集中在窮人的習慣上，其中一文不名的移民與難民提供了庶民一個宣洩不滿的焦點。而就在這些爭論愈演愈烈之際，財富與其所造成的傷害有哪些影響，就在人的眼皮底下被忽視掉，也在政治人物的刻意護航下變得隱形，結果就是私募基金與避險基金接管了店鋪與企業，讓他們關門大吉，工作機會灰飛煙滅，並重塑了鬧區的大街。財閥在倫敦人口中是鳳毛麟角，但他們的財力卻不同凡響——倫敦的稅前年薪中位數是很普通的三萬四千零七十三英鎊[19]（約合新台幣一百三十幾萬）——而財富所獲致的是不成比例的巨大影響力。惟在富有居民增加的同時，[20]一無所有者大軍也持續擴張。在倫敦居無定所的無家者人數，包括部分露宿街頭者，自二〇一〇年以來驟增，那一年在大規模的公共投資被用來遏止二〇〇八年銀行業危機引發的金融崩潰威脅後，撙節政治朝著公共財政襲來，地方議會的預算也受到衝擊。

從倫敦住房與社會福利危機拉出一條線，可以直接連到超級富豪，包括那些在倫敦不動產市場掃貨的國際開發商與投資人，也包括那些——在政府縱容下——拒絕對公共財政做出合理貢獻的富裕居民。在金融崩潰與撙節政策後，倫敦社會見證了空前的貧富差距。肯辛頓與切爾西皇家自治市（Royal Borough of Kensington and Chelsea）[21]是倫敦市不少頂級富豪的住處，而當局承認當地有兩百六十五名餐風露宿者。但該自治市並未通報根據地理學者丹尼．道靈（Danny Dorling）[22]計算出的高達五千人以上的無家者總數，而英國國家統計局近期則統計出倫敦整體的無家者總數達八千五百五十五人。或許更駭人的是肯辛頓跟切爾西的兒童有百分之三十八生活在貧窮中——資料來源是自治市本身的估算。貧窮與超乎想像的富裕並存於同一時空，甚至往往在倫敦同一條街上，街道兩端連起的是超級富豪坐擁的萬貫家財，以及窮人在當中愈陷愈深的赤貧跟剝奪。

這些赤裸裸的貧富差距中隱藏著嚴重的社會與政治動亂風險。關於「匱乏與富裕並存會產生什麼後果?」，倫敦正好是個社會實驗場。而這麼一來，去理解跟曝光這座城市的超級富豪在什麼樣的棲地過著什麼樣的生活，又是什麼樣的機制為他們創造出這等身價，就成了當務之急。這反轉了事情通常的順序。傳統上，窮人才是社會研究、社會政策與社會改革的焦點。船東出身的社會改革者查爾斯．布斯（Charles Booth）在十九世紀晚期以他大有抱負的研究在地圖上描繪了倫敦街上的貧窮，用的是讓人一目了然的彩色編碼。[23]儘管那是閃耀光輝、用心良善的人文關懷案例，卻也暗示了貧窮跟窮人是個問題。在那之中隱含的訊息是，富人沒有受到調查的必要，而用來檢視窮人那種咄咄逼人的框架——從家庭的崩解到物質的濫用，再到揩政府油的「福利詐騙」——永遠不適用在富人身上。《我所看到的上流生活》顛覆了這種假設，因為我蒐集的都是關於富人的故事，我讓屬於他們的倫敦進入了讀者的視野，他們視若珍寶的隱蔽性與安全性被我掀開了幕簾。

城市永遠是在進展中的作品，永遠在成為它們是或可能是的東西，但偶爾也會驟然豹變。兩個這種帶有後果且仍在綻開的發展，如鷹架般構建出《我所看到的上流生活》。第一個是二〇〇八年的金融風暴危機。這件事讓公共財政被狠狠砍了一刀，社福給付因此縮水，但那也讓一小撮倫敦人變得比之前任何時候都更為富有。第二個是二〇二〇年的COVID-19疫情，這個極具破壞性的事件深化並擴大了既有的貧富差距。在疫情初期，新冠肺炎清空了城市的交通、人員，還有商業活動，倫敦的城市動能因此流失殆盡。有些無家者從街上被掃蕩一空，進到了廉價旅館，剩下的則可以徹底享有專屬他們的街道。許多人在家工作，或掙扎著用只剩骨幹的大眾運輸來執行必要的工作，或索性從城市出走。商業生活戛然而止，君不見商店、餐館與酒吧的百葉窗關得密不透風。觀光客一走就不再回首。幽靈巴士掠過被遺棄的街頭，上面不見半個乘客。在此同時，COVID-19也讓我們看到了一個沒有超級富豪的倫敦，可以是什麼模樣：租金變得（稍微）便宜了一點，社區網絡強化了一點，在地商販於玻璃帷幕的金融大廈內部被清空的同時，振興了起來——凡此種種都提醒了我們，倫敦可以不用是現在這個模樣，倫敦可以被賦予不同面貌。《我所看到的上流生活》探索了形塑倫敦的關鍵十二年，捕捉下它一度有潛力變成另外一種城市的那個片刻。

倫敦的金融區

1 地下鐵銀行站
2 資本樓
3 大和資本市場
4 皇家交換所
5 福南梅森
6 加拿大廣場五號
7 駿懋銀行
貝斯納爾格林
邁爾恩德
萊姆豪斯
泰晤士河
瑞士信貸
巴克萊銀行
6
7
哈利法克斯銀行
英國
花旗銀行
金絲雀
碼頭
道格斯島
羅瑟希德

倫敦的金融區
N
哈克尼路
雷記玻璃與裱框店
夢幻包包／美洲豹鞋
舊街
綠維克
九八酒吧／極端畫廊
鐵花肖爾迪奇活動空間
窗簾酒店
肖爾迪奇
布羅蓋特
斯皮塔菲爾茲
瑞銀集團
利物浦街站
莫爾加特站
荷西皮薩羅餐廳
駿懋TSB銀行
莫爾蓋特
美國銀行
德意志銀行
沙德韋
英格蘭銀行
倫敦證券
交易所
加拿大帝國
商業銀行
白教堂
針線街
康希爾街
4
5
1
倫敦
金融城
2
3
兌換弄
摩根大通－堤岸分行
倫敦橋站
碎片塔
南華克
0
500公尺
0
500碼

第1章 迪奇的量化分析師

迪奇是少年對他所在東倫敦那一區的稱呼。他在那裡策畫出一種精練到極簡的酷，素材盡皆是刻意做舊的皮革跟加工過盡顯精緻的混凝土，最後得出的是哈克尼路（Hackney Road）上一間雞尾酒吧。這間在此登場的酒吧：「穿衣鏡」（Looking Glass）包含於一片以連串酒吧、俱樂部與餐館構成的地景中。迪奇——全稱肖爾迪奇——這年頭也已經算是倫敦金融區的延伸，畢竟路的另一頭就是倫敦金融城。而毗鄰金融業這個倫敦的生錢機器，意味著很適合在此捕捉野生的金融業新星，亦即我們大部分人認知中的「銀行家」，看看他們私下的一舉一動能有多不修邊幅。

由於我接洽的每一個資深銀行家都拒絕了我的邀約，於是我開始把腦筋動到金融業的從業人員身上。我期待這些尚未暴富、工作內容是讓別人先富起來的金融業同仁，可以向我解釋金融工具是怎麼替人賺錢的。少年[1]——現年三十出頭的酒吧頭家——在大學攻讀的是人類學，這點時間讓他打磨了對人的了解，正好夠他解讀街道、協助街上的人花錢，而他也還算成功地做了十年。聽我解釋了我的苦衷，他表示可以幫忙牽線，找到的是他一個常客：量化分析師，簡稱量師。量師是金錢擴張遊戲中一枚重要的齒輪，而這場遊戲正是靠著變化多端又複雜無比的事業支撐倫敦極端財富的生產。

哈克尼路在不久之前還是滿滿的批發切貨中心，裡頭販售行李箱、包包、五彩繽紛的高跟鞋。批發商在十九與二十世紀之交取代了小型的製造繩子、橡膠、亮光漆與油漆的工廠，當時的東倫敦正處於製造業的高峰。但隨著夜間經濟推進到舊街的東邊，將舊街連上南邊利物浦街車站一帶的金融區，新的產業也開始像起疹子一樣沿著哈克尼路擴散。回收販售二十世紀中家具的商店；改版的理髮店專營潮人鬍鬚的修剪與雕塑；號稱創作身體藝術的刺青沙龍；餐廳；比薩專賣處與酒吧：這些是商業租金上漲後，哈克尼路的新面貌。「美洲豹鞋合作社」（Jaguar Shoes Collective）是供活動、表演與展覽空間使用的複合式場地，賣點是此處過去確實有包包與鞋子批發商進駐的那種往日情懷；批發事業創立於一九八〇年代，除役是近年的事情。這段才剛過去的歷史遺跡仍清晰可見於這裡的地景，只是都被賦予了全新的意義。

我到的時候，一台黃色的挖土機正在把「穿衣鏡」外的人行道連根翻起，因為有漏水的水管要修理。「穿衣鏡」裡頭是肖爾迪奇式的「潮」內裝：裸露的磚牆、混凝土地面。一面巨大的鏡子將酒吧的前與後一分為二。後一半是走美國禁酒令時期隱密地下酒吧的風格，鏡子則回應了店名給人的那種對《愛麗絲鏡中奇遇》[2]的期待。牆上掛了一顆彩色的塑膠鹿頭，諷刺挖苦著南奧德利街上那些古玩櫃所認真追求的鄉村宅邸美學。眼看要散架的行李箱被當成桌子來用，褪色的天鵝絨與皮革沙發與不成套的椅子擺放得甚具巧思。照明是勾人的昏沉。播放的音軌算是歡愉，但對付起外頭的鑽頭聲仍舊相當吃力。這是個天氣溫暖的夏夜星期四，時間尚早，一整晚最熱絡的時候是從晚間十一點到凌晨兩點，此時還尚未抵達起跑線。

「穿衣鏡」店裡的氣氛既放鬆又好客。我看著酒保荷西用不落俗套的雞尾酒展現他的手藝；創意十足的調酒專家在這裡身價不凡。他用檸檬皮抹過酒杯的邊緣，然後才用煉金術士般的精準將杯子倒滿——十二鎊五十便士。少年一身黑牛仔褲與T恤，英式扁帽往後戴是為了收束他雜亂無章的髮量，脖子上的玫瑰金鏈條上有一挺迷你版的卡拉什尼科夫步槍，[3]這樣的他在東奔西跑處理事情的空檔，停下來跟我說了兩句話。他重新啟動搖搖欲墜的音響系統，然後又去按了按刷卡機；這年頭沒人用現金了。他告訴我在地刺殺案的增加讓警察跟夜間經濟的業者都憂心忡忡。我的飲料送來時是在一個小而深的陶碗中，一片迷你月桂葉附在碗外，用一枚更加迷你的塑膠衣夾夾住。我棲息在高腳椅上等待。

坐我身旁的年輕女性身穿短版灰洋裝，試飲著她生日派對時要供應的雞尾酒。她包下了鏡子另一邊的房間，現在要敲定派對上的用酒。她先試喝了好幾種，才開始對設法在某杯飲料頂端放上一顆咖啡豆的荷西說話。她想要一種賞心悅目、也許五彩繽紛外加多層次的雞尾酒。荷西試著說服她不要：「穿衣鏡」不來這套大眾市場路線的噱頭。雞尾酒的名字——灰與煤、多變的千禧世代、身分之花與改變認知——洩露了少年頭家的文科背景。她預測了自己朋友的品味，也向荷西確認能否做出一款她個人喜歡，但不含有生蛋白的飲品。檸檬基底的雞尾酒好歸好，但是太酸了。可以調整一下嗎？就在一一試飲的同時，她也把每款雞尾酒都拍照上傳到Instagram。

她是一名在英國出生且有著經濟學學位的奈及利亞人，她告訴我自己在金融城的一家大銀行工作，隸屬於客戶關係部門，服務對象是金融產品的投資人。我們聊到倫敦外圍的一座城鎮，那兒有她用優渥的工作薪水買下的公寓，我聽了便擔心起她晚點要怎麼回去，畢竟她還忙著雞尾酒菜單的「試車」。我們聊到了奈及利亞首都拉哥斯。她喜歡帶她倫敦的朋友去拉哥斯，下榻在養尊處優的維多利亞島——按她的認知，那裡「恍如隔世」，要穩定的自來水有穩定的自來水，要發電機有發電機，跟拉哥斯城其他區塊不是同一個世界；整體而言，拉哥斯依舊是個無力供給水電給普羅大眾的地方。對她而言，拉哥斯是一個派對城，這叫當年拚了命讓全家移居倫敦的雙親情何以堪。

來赴約的量師一臉戰戰兢兢。「這肯定不會有什麼好事。」他說著便坐了下來。他試著想像批鬥銀行家的招數我精通多少，指的就是那些他在媒體上聽慣的難聽話。他給人感覺又像技術宅，又正經八百——他一次都沒笑過——臉上戴著深色的圓框眼鏡，身穿無袖毛線背心搭配裡面的襯衫，外加一條正式休閒風的長褲；他已經換掉了他的銀行家制服。我們在酒吧的眾多黑暗角落裡找到一張桌子，從他的背景聊起並慢慢進入對話。他的父親是名麻醉醫師，量師從小生活在倫敦西緣之外一個殷實的中產階級城鎮，並先後從牛津跟劍橋畢業。頂著數學與電腦學位的他加入金融業，成為其生產力大軍中的一員。當時很多待遇最好的工作好像都集中在銀行業——這並不是說他嗜財如命就是了，他要我放心。他的理論是，一份工作如果得天天看金融市場的臉色、乃至於得天天跟著市場所對應各種瞬息萬變的事件跑，那這份工作豈能不有趣，又豈能沒有挑戰性。量師每天的工作就是要把沒有明顯價值的東西估出一個價格，而這樣的他相信薪資是人類價值的量尺，而他就被衡量出來有高價值。

他開始工作後的第一個東家是金融城裡的一家避險基金，該基金專門從事「結構型信用產品」（structured credit product），意思是他們會把房貸、公司債、信用卡債等各式債權重新包裝，然後提供給有錢人或法人機構當成投資標的。量師在基金內的工作內容有兩樣：分析與結構化，為的是深入了解這些金融交易中所蘊含的風險。一間美國的大銀行買了他們的一項結構化工具，所以量師就搬去了紐約，算是借調到美國銀行上班，並同時替倫敦的母公司設立紐約辦公室。由於這些同捆包裡的債有各自不同的違約風險，因此產品的整體風險不好評估，但好評估的東西也不需要分析就是了。他的代稱會叫量化分析師，指的就是這些分析工作。低風險的債有高價值、低報酬率；高風險的債有低價值、高報酬率。但結構債市場上賣的是打包成一捆捆的綜合債，個別債在當中各有各的風險高低。所以說這些金融產品很複雜、不好估價，而這對數學跟電腦宅而言，就會是極具挑戰性的謎團。

二〇〇七年，量師眼看就要被捲入一場里程碑級的金融風暴。在他從拉斯維加斯機場前往凱撒宮參加美國證券化大會的途中——就是麥可．路易士（Michael Lewis）的原著及後來的改編電影《大賣空》（*The Big Short*）中都提到的那場會議——看著一路上經過被板子釘起來的破落房屋，怕無聊的計程車司機開始給量師說起在地房貸借款人面對查封的故事。他說起屋主是怎麼把能賣的東西從房子上拆下來，包括電線、水管，甚至偶爾還有人搞破壞來洩憤，然後才將鑰匙交到銀行手中。後來量師才意識到計程車司機所描述的，就是起源於美國，然後依序把債券市場、銀行業，還有我們所有人搞到半死不活的次貸風暴。二〇〇八年，當投資銀行雷曼兄弟轟然倒下時，原本可能只是一場局部性的銀行業危機從華爾街擴散到商業大街，然後再沿著國際金融的超級公路，一路直達含倫敦在內的各個國際城市。

次級房貸危機之所以發生，是因為房貸被標準普爾（Standard and Poor's；S&P）等機構評為低風險的投資，畢竟房貸的成立是基於扎扎實實的美國房地產。誰會放著房貸不繳啊，是吧？但到了二〇〇七年，房市已不再是原本那種十拿九穩的賭注。在美國證券化大會上，量師聽著與會者辯論投資在房貸抵押證券的風險高低。他說：「我一點概念都沒有，就只是聽著各種相左的意見。」他的公司已經知道「那當中存在很多還沒有被充分了解的風險」，所以說，「針對我們自家的基金，我們並不會把信用評等機構的分析當真。我們向來比起信評機構更著重投資（的組成）。」他說，有一點「變得愈來愈清楚，那就是他們評估房貸等級所採用的根據，是過往房價正向上漲的史實，但他們未考慮到的是房價也可能下跌，或者某些金融機構中人謀不臧，包括他們可能會把房貸貸給沒有工作、沒有收入的人。」房仲在佣金（手續費）與紅利（銷售獎金）的蠱惑下，滿腦子只有成交，根本不會去考慮買方是不是真的負擔得起每個月的房貸。房仲會用誘人的「嘗鮮」利率去勾引買家——但寬限期一過利率就會變高——讓平日不覺得自己買得起房的人被騙進場。而他們也很快就會發現自己被騙了。資產與避險基金經理人若聽信了信評機構的說法，就會相信這些房貸抵押證券是低風險的投資標的，但其實那當中夾帶了很多眼不見為淨的高風險，主要是房貸、公司債與信用卡債等風險高低不一的債權已經以不同「分券」（tranche）之姿被送作堆，變成了一個結構證券，也變成了投資人的曝險。債權包裹就這樣被傳了下去。投資人會在信評機構的保證下，相信不動產是一種可以永世持續增值的穩當投資。量師如今知道「事情可以大好，當然也可以大壞」。這對他，對世界各國政府，都是很重要的一課。

在金融危機來襲、世界各地都有人失去工作跟房子的同時，屬於少數的金融家若是成功預測了危機的降臨，就能一口氣晉身富豪階級。麥可．路易士主張金融市場是作弊讓金融機構贏的地方——也就是說金融市場根本不是真的市場。只有寥寥幾個投資人會富者恆富，富上加富。

靠著他的內線知識，量師得以撐過二〇〇八年的金融市場崩盤，期間不在少數的人失去工作。時至二〇〇七年，他說，「牆上的字跡[4]已經開始預示問題的嚴重性了。」於是他決定告別紐約，重返倫敦辦公室。最終他不光是活下來，還活得挺好。他的本事很適合在開始朝高度監理傾斜的未來金融市場中發揮。金融危機凸顯了人類對於強化風險評估模型的需求，而這類模型正是量師的專長，而且隨著金融監理的新時代露出曙光，來自銀行外部、更能好好對難以評價的金融產品進行價值與風險評估的獨立風險評價服務，也獲導入成為新措施的一環，目的是要遏止金融市場日後再次崩盤。量師的公司如今提供其風險評估與投資評價模型給各種形式的金融營運所需。二〇〇八年的金融危機為他的職涯指出了更有發展性的新方向，但他的一些同事卻失去了工作。所以要賺到「大把大把的錢」，這兒又有一條重要的筆記：踩著別人的屍體。

在「穿衣鏡」，酒吧慢慢開始客滿。鏡子後面的房間被某個閃電約會交友活動包場了。一心要有所收穫的二十來歲年輕人在酒吧裡轉來轉去，一邊生硬地聊天，一邊暗中打量彼此的「有形資產」。他們身上貼著用膠帶做成的名牌，上頭用簽字筆潦草寫著湯姆跟維多利亞之類的名字；那給人一種粗糙、像幼稚園出來玩的感受，只不過他們心裡有比較十八禁的圖謀。滿懷希望的參加者一到齊，主辦方就引導他們進入鏡子後方的空間，好讓今晚的主秀——面試潛在的親密伴侶——可以正式開始。

同一時間，量師啜飲著他那杯一品脫啤酒，解釋著價值一事在結構型產品的金融市場中，具有何等複雜性。「假設把投資宇宙拆開，你會看到裡面有權益類的產品，也就是投資企業的股票或股份。然後你會看到有一區屬於固定收益產品，裡頭有債券與貸款。結構型金融商品就落在固定收益類，之所以稱為固定收益，道理在於你買了債券，合約上會載明有多少票面利息要給付給你，所以你在買的時候就要負擔那些屬於固定部分的利息。而你到了期末的本金金額就類似於債券（的價值）。」

而確立結構債的價值就是困難所在。量師說：「想知道一條麵包的價格，你可以跑一趟超市，看看上頭的標籤寫多少。但換成你投資的東西，這就變得有點像在問：『你家的房價是多少？』房子沒有貼標籤，但你知道房子所在路段，知道房子上一次轉手是何時，也知道隔壁鄰居把房子賣了多少錢，而且他們的房子還少一個房間，你的房子多一個房間。掌握這些資訊，便可以就我們投資的市場進行解讀。」他補充說，「有兩成五到三成的市場成員願意直接開價」——意思是像高盛之類的法人願意付一定的金額去購買結構債，而「那就是其真實價值一個很好的指標」。

少年頭家為我們送來了更多啤酒。量師表示：「那代表還有七成到七成五的市場沒有表態。」所以，他解釋說，他們這種人會去分析條件可類比且獲得直接出價的證券，然後將之翻譯過來。他不能告訴你你家值多少錢，但他可以在知道房子大小與所在路段的前提下，做出不失準確的估計。但是，他接著說：「那是一種高度資訊密集的執業行為，你需要掃描過數千筆證券好弄清楚他們有哪些屬性差異。所以說我們賣的是價格、是評價，這些都是純粹的數據；數據就是我們全數的商品，或許再加上若干軟體。」在他的結論中，風險這件事「重點在於確立我們現在的位置，判斷未來可能的軌跡，以及萬一事情錯得離譜時有什麼危險。」這一樣樣都牽涉到演算法：序列、指示與變數會共同建立起債券的價值。

量師的分析可以替已經有錢的人賺更多錢，也可以替退休基金跟主權財富基金等大型法人投資人賺錢。那是給有錢人（自然人或法人）玩的知識型投資者遊戲。在過程中，他的分析也能替銀行、避險基金等在結構型信用產品中打滾的機構賺錢。在這些機構裡，投資業務的最高決策者是所謂的CIO，也就是投資長。投資長下面有投資組合經理人，經理人底下有年資深淺不一的研究員（或稱分析師）各自負責不同的產業。量師說，投資建議會被呈交給投資委員會審定（**以台灣的券商而言，投資委員會通常就是由幾個主管組成**），前提是這些建議的標的「可以賺大錢，但又沒有過大的風險」。而其中所謂「沒有過大的風險」，就是分析專業要派上用場的地方。這是一場把錢變大的遊戲，是讓遍布倫敦的財富得以生成、一宗多變複雜的打底事業。

錢可以生錢，而誰懂得這種把錢變大的煉金術，誰就有搜刮不完的好處。監理投資的基金經理人「通常可以按他們管理的資產規模抽一份固定比例的管理費。假設他們管理的資產規模是十億美元，那他們或許就能收一個百分之二的固定費率。然後他們還有一筆激勵費用可以拿」。這表示，如果一個投資組合的規模超過特定的閾值，投資人付給他們的就是百分之二的基本費，外加百分之二十的增值抽成：「二加二十」是業界的標準行情。錢就是這樣被放大的，「因為一個幾十億英鎊的投資組合的百分之二報酬率，對極少的一撮人就是鉅款，而在金融界的大多數角落，此等鉅款都來自這種本大利小利不小的情境。」瑪里亞娜・馬祖卡托（Mariana Mazzucato）是一名經濟學家，也是這種金融煉金術的專家，她說這種做法是擷取而非創造了金錢，因為那只是有人讓錢在少數富人手裡轉了一圈，然後以手續費之名從中揩了一層油罷了。[5]她稱這種行為是「尋租」，也就是從不具生產力的活動中不勞而獲。馬祖卡托眼中的金融從業者是「擷取者」而非「創造者」，且她也認為，金融業透過創造就業機會與繳納稅務而替社會跟城市產出所謂的「價值」，遭到了高估。

推動金權倫敦前進的金錢機器創造出一小群富得流油之人，也讓輔佐這些富人的各種顧問——好比量師這種人——過得頗為滋潤。雖然他賺的錢比起投資長或投資組合經理人這些等級還差上一大截，但量師仍得以住在肖爾迪奇的一處倉庫改建的屋子，距離不遠處的金融區上班很方便。他喜歡像「穿衣鏡」這種酒吧中的人聲嘈雜，也喜歡所謂的「仕紳化」，[6]他告訴我那是迅速發展中的進程。這一帶的公寓只要一轉手，就是一百五十萬英鎊上下。我們聊了幾個小時，而量師還另外約了朋友，所以我們把酒乾掉，他便頭也不回消失在黑夜中。酒吧已經沒了稍早的熙來攘往，少年頭家於是答應帶我去見識一下夜晚的肖爾迪奇。

我們漫步在哈克尼路上，直到最後我們碰到A10公路跟鐵路拱橋，而拱橋旁有冒芽的醉魚草花。就從這裡，金融區由南往北伸入哈克尼倫敦自治市（London Borough of Hackney），金融業的觸角在此摸上了城市裡比較不起眼的區塊，用高規格的公寓與店舖將它們變成一條金錢擴張的走廊。我們經過了「舞台」（The Stage）這個半完工的混凝土公寓大樓外殼，它就位在貝思納爾格林路的轉角，大樓外包覆著棕色的圍板。下方的示意圖描繪出一種理想都會生活的願景——

大部分訴求的是年輕人跟白人——對面則有間開在貨櫃屋裡的BOXPARK快閃鞋店。這些貨櫃不論曾經裝過什麼，現在賣的東西都變成要價不菲的服飾與生活非必需品。鐵路拱橋下的空間曾經是地下修車店的聚集地，二手輪胎堆的老高。我們沿著拱橋走在大東街上，朝著迪奇的夜間經濟中心前進。

在大東街（Great Eastern Street）上，我們來到少年頭家的另外一家店：「鐵花」（Iron Bloom），他會把這個活動空間租出去給人開快閃店，對象通常是意欲投射出特定態度的企業主。「鐵花」就像是個可配合各類不同劇碼的舞台，裡面備齊了隨時待命的場景設計師，讓這裡可以隨五花八門的形式與活動搖身一變。少年頭家說目前它轉世為「綠維克」（Green Vic）——「一家道德友善酒館」，店名是在玩BBC第一台中老牌肥皂劇《東區人》（*EastEnders*）裡的哏，主要是劇中有間出名的（假）酒館就叫Queen Vic（指維多利亞女王）。少年頭家告訴我，「這裡所有的啤酒與烈酒跟葡萄酒都有符合倫理原則的來源；他們雇用弱勢背景的勞工，食材本身也都是維根素（不殺生）；對環境的衝擊被降到最低。」放眼這一帶，有錢的企業會尋求與另類的價值體系眉來眼去，好讓自己出落得更像個「名門正派」。

前進到斯克拉頓街（Scrutton Street），少年頭家指著一棟紅磚樓房說他曾經來此參加過即興的倉庫派對，而如今那已變成五星級的「窗簾酒店」（The Curtain）跟「會員俱樂部」：「何止仕紳化！」年輕的金融從業者站在酒館外，手裡拿著一品脫的啤酒（男性）或大杯的白酒（女性）。他形容早年的肖爾迪奇有去不完的酒吧跟地下文化場域，便宜的租金吸引了許多藝術家。其他人踵繼藝術家來到此地，結果推高了房價。藝術家走人，取而代之的是來自金融服務業、財力更雄厚的嶄新人口，譬如量師。少年頭家說：「他們想要在這種朝氣蓬勃的區域生活，但他們又不想要吵雜環境。所以有關當局想要找到一個平衡點，一方面讓居民不要不開心，一方面也得讓商業不致難以為繼。所有人說起政府都要罵個兩句，但認真說起來，他們的責任深重。」夜間經濟跟一夜好眠，兩者就是不共戴天。

我們下到一個名叫「九八」（Ninetyeight）的地下室酒吧，從街上看過去「九八」幾乎是隱形的。格局又長又細的「九八」有粉紅跟紫色的照明，雜七雜八的裝飾品讓人想起兒童遊樂區：針織的泰迪熊在椅背上、吧檯上的一盅盅糖果、有羽毛裝飾的燈具、玩具猴子跟綿羊、玩具木馬。「九八闆娘」跑出來擁抱了少年頭家。這裡之所以與眾不同，少年頭家解釋說，就在於「闆娘」擁有整棟七層樓的建物。她在三十多年前買下這裡，當時肖爾迪奇還是個是非之地，一家家酒館裡據稱滿滿的都是東區兄弟。當肖爾迪奇的上一代地主收下大手筆買家給的錢，把地方讓出去以後，新地主就搬了進來，因為他們察覺到收租有利可圖。但闆娘是個例外，她這個東倫敦人才不跟你囉哩叭唆，說不賣就不賣，而如今她已經年屆七旬。就因為當年她沒賣，現在的她成了個富婆，收租收到手軟。金融與不動產投機是倫敦的財富密碼。這一帶——按她用混合著鄙夷與敬畏的口氣表示——「完全是避險基金的天下。」

肖爾迪奇歸避險基金所有了嗎？我們步行抵達哈克尼路可通往貝思納爾格林路的東側。哈克尼路的這一側明顯處於某種過渡期，咖啡廳與小商店都用板子釘起來了。當中出現一些大的空檔則代表有維多利亞時代的建築被打掉了。老牌的同性戀酒吧「木匠的紋章」（Joiners Arms；英國酒館的名字常以業種加Arms的形式出現，譬如Farmers Arms、Carpenters Arms，這裡的紋章約可以理解為辨識用的標誌，畢竟古代紋章就是一種辨識用的家徽。至於Joiner則可能有同性戀的暗示）已經走入歷史，想將它當成社區資源保留下來的努力最終還是以失敗告終。事實上當時整個街區都被慢慢清空，主要是開發商有時間養地，也有錢開出出租人（業主）或承租人（商家）都拒絕不了的數字。「雷記玻璃與裱框店」（Ray's Glass and Frames）硬是一身傲骨擋在新街道發展的面前。若按照見慣大規模都市更新的中國人所說，他們就是所謂「釘子戶」：在地景中顯得格格不入、讓新城市破局的傢伙。

從宛若池水般的橘色路燈光線中探出頭來的，是兩棟用棕色磚頭砌出的新公寓大樓，名叫「肖爾迪奇交流所」（Shoreditch Exchange）：一百八十四戶公寓，附帶健身房、電影院、「俱樂部式交誼廳」，還有二十四小時飯店式管理。房價是八十萬英鎊起，這數字大部分倫敦人都負擔不起。開發商是帝克倫敦（Regal London）這間未上市公司，其主業是在倫敦、香港、中國與杜拜收購小面積的都會區土地。按照官方網站介紹，帝克營運「背靠可觀的資產」。事實上，帝克倫敦的資金來自於私募基金業者KKR（Kohlberg Kravis Roberts & Co.的縮寫），而該集團的倫敦辦公室就設在梅菲爾的卡爾頓公園（Carlton Gardens）。帝克倫敦鑽的空，就是巴萊特（Barratt）等大型房屋建商撤離後在城市建設中留下的缺口，因為大型房屋建商只對大型開發案感興趣，小塊土地對他們來說棄之也不可惜。憑藉一千兩百九十億美元的資產管理規模，KKR是全球最大的私募基金，他們最自豪的內部報酬率（IRR）——這個數值是用來計算投資的獲利性，但常因為高估而遭到詬病——達到所投資金額的百分之二十五以上。我們發現「九八闆娘」所提到實為私募基金（一種同樣高報酬的投資工具）的避險基金也涉入了一棟接著一棟樓，一條接著一條街在重鑄倫敦的勾當中。

隨著我們沿哈克尼路晃回到「穿衣鏡」，我納悶起少年頭家有沒有辦法活得過這場作弊讓私募基金勝出的遊戲，畢竟他們肯定會不斷要求調整租金。「穿衣鏡」客滿到要爆炸，主要是其他酒館開始打烊（通常是晚上十一點），而「穿衣鏡」的深夜營業執照開始展現出優勢。有些閃電約會者留了下來，跟其他酒客一起進入深夜的世界。去而復返的量師帶回一群朋友，全都是與企業財務相關的律師與會計師，而他們也點了一輪又一輪的啤酒跟雞尾酒。我很驚訝迪奇這麼個看似時髦的另類空間，會像這樣充斥著金融業大公司的錢。肖爾迪奇讓金融工作者有住又有玩；這裡靠商業投資撐起並延伸倫敦的金錢機器，使之來到此處；而它看上去仍不失為一個下班後可以開開派對的潮地點。什麼叫大隱隱於市，金錢與富人發揮得淋漓盡致。

第2章 玻璃塔中的銀行家

「銀行交叉口」（Bank juncture）匯集了不下九條街，口語中說的倫敦「金融城」或那「一平方英里」即金錢機器長年運轉的輪機室，就是以這個路口為中心。交會於此的其中一條街是針線街，那裡有擔任英國央行一職的英格蘭銀行以沒有窗戶的科林斯柱式，巍然宏偉地延展開來。它在銀行交叉口是個讓人仰之彌高的存在，負責穩定地印著錢並定出政策，好維持聯合王國金融體系的運作。英格蘭銀行透過一種名為量化寬鬆的手法創造了數位英鎊，然後再拿這些數位英鎊去購買資產與政府債（券），藉此將這些無中生有的錢注入英國經濟裡。量化寬鬆會讓資產價格膨脹，所以也自然會讓富者愈富。央行運行的關鍵機制，天生就利於富人。銀行交叉口也是倫敦交通的樞紐：計程車稍早被禁，為的是紓解壅塞。我站在七點鐘的人行道上，天上下著微雨，但城市運作已經完全入檔了。我今早的行程是要去拜訪銀行家，地點是他所在那棟由玻璃、鋼材與混凝土堆疊出的高塔。但首先我想去各條街上晃晃，吸收一下這一帶的氣氛。

金錢機器的人類齒輪從四面八方抵達這裡。從肖爾迪奇或其以北的地點，他們會走A10這條可以一路通往諾福克郡金斯林（King's Lynn）的公路。從南邊，也從延伸到海濱的郊區、村鎮與城市，他們會行經倫敦最古老的火車站——倫敦橋站。在晨間通勤的尖峰時刻，上班族大軍就像一場沒在舉牌的抗議遊行，從車站的方向出發，穿過倫敦橋的本尊，然後湧入倫敦的古老金融區（晚間這同一批群眾會反向穿過泰晤士河，朝著回家之路而去）。利物浦街站會接收從東邊過來的混亂。而來自各個方向數以千計的上班族就從「地下鐵銀行站」（Bank Underground Station）冒出到地面上，進入到又一個工作日。那些移動中的人體震動著為金融業而奔波，也為這些狹窄的街頭賦予生命。

英格蘭銀行的壯觀石柱毫不客氣且具體地為倫敦主張了他們在全球金融體系中的重要性。透過奴隸船、勞埃德的咖啡館，[1]還有船運保險，金融城從十七世紀以降操縱著大英帝國與重商主義財富中的金融架構。金融業那將倫敦連結到世界各隅的全球性，如印痕般烙在了金融城的古老街道內；那些街道就如歷史學者大衛．基納斯頓（David Kynaston）所言，鋪對了好東西，鋪著金錢。[2]那些——由倫敦銀行界出資的——「發現」之旅開啟了新世界，催生出奴隸制，也創造了得以對人類與物質資源進行擷取的整具帝國機器，而內嵌在這些旅程中的種族政治，並無法讓人一目了然。但有一種早期用來擴張金錢的機器，伴隨其不可見的陰暗過往，確實在這些街道上留下了印跡。

金融業的古老運作在這些如迷宮般複雜的通道與巷弄中，留下了路名的線索——從兌換弄

（Change Alley）到康希爾街（Cornhill St.）的皇家交換所，[3]都是例子。不過如今在這些地方你要不是看到癮君子聚集抽菸，就是會看見靠著牆的女性匆匆把午餐吃完，好繼續去擔綱薪水沒那麼理想，但可以讓金錢機器不至於散架的服務業角色。在社會學家琳達．麥道威爾（Linda McDowell）對倫敦金融業員工的研究中，她形容那是一種菁英主義的雄性環境，當中有一種氣氛是被誇大的陽剛氣質，而這一點也讓——在行政職占大宗而與高位高薪無緣的——女性難以入主帶頭的管理職。[4]金融圈的陽盛陰衰已慢慢變得有目共睹。

從銀行交叉口走到莫爾蓋特（Moorgate，一譯沼澤門），我途經一長串被塞進古老建築的咖啡店，每一家都是家喻戶曉：Pod、星巴克、Eat、Pret、Coco。而在時尚的米其林餐廳如Hispania裡，服務生會穿著白色西裝伺候身穿深色西裝的男客。當代金融業的需求重組了這些古老街道的商業行為。密室金融服務中心填入了餐飲店舖的空檔。在像Capital House這樣的公司裡，滿辦公室的律師與會計師會扮演金融業者的嚮導，讓他們不會為監理法規所困，另外他們也會用充滿想像力的會計手法，讓富裕的個人或企業客戶把稅務負擔降到最低。我步行經過大和資本市場（Daiwa Capital Markets）這家日系的投資銀行與證券公司，也經過加拿大帝國商業銀行（Canadian Imperial Bank of Commerce）。這些渠道讓金融流通在倫敦與糾結複雜的其他地點之間。英國境內來自逾二十六個國家的兩百五十家外資銀行，就群集在這些街道上。通往倫敦金融市場的大門被轟開，靠的是一九八六年十月二十七日的那場「大爆炸」，[5]期間倫敦證券交易所的性質轉變為股份有限企業，並開始歡迎外國金融機構進駐倫敦。與此同時發生的，還有嶄新的數位科技促成了電子交易上路，而電子交易又促成了屬於成交量的第二場大爆炸。一波波包含金流、潮流與飲食文化在內的國際化浪潮灌入了這些街道，也改變了街道的面貌。

衣著打扮與行為舉止都很正式端莊的金融從業者穿梭在街上，看上去一副目標明確、依例行事、自信滿滿，偶爾也與人十分親暱的模樣，祕密與甜言蜜語在門口被悄聲傳遞。大步從我面前邁過的一個個男人身穿帥氣的深色西裝與粉彩的襯衫：領帶已經不是必備。女性的衣著規定是男性的翻版，就是多了高跟鞋這一項。街道上的奢華展現得大大方方，保全工作則做得十分低調。我經過皇家交易所的入口處，那兒站著一名非裔警衛在觀望著四下。始建於一五七一年並重建於一八四四年的皇家交易所歷經定位的調整，如今有高價位的餐廳進駐，包括我坐下來解決午餐的福南梅森（Fortnum & Mason），還有店家在販售名表、珠寶等閃閃動人的無用玩意兒——或者該說是避免人錢多到花不完的工具。這些看似不起眼的人事物把這個地方收攏起來，也帶動了這個地方。

我一邊吃著沙拉，一邊把耳朵的頻率對準隔桌一對律師母女的對話，她們秀氣地吃著海鮮，看起來份量不大。因為有錢人常懶得搭理我，所以我往往不得不主動「旁聽」。她們安靜的對話透露出這一帶的氣氛背後存在著哪些內心的焦慮。她們討論了職場的人際關係，討論了工作需要的專業能力，討論了與績效綁在一起的紅利獎金，也討論了這些獎金分配上的不公義；然後她們又接續說起古典馬術、騎術學院、競技馬術、在瑞士與巴黎舉辦的國際馬術活動，乃至於她們共同對「駿馬」的欣賞。最終，她們各自收起一模一樣的Burberry聯名蘋果筆電，走入了雨中。我另外一側的兩個男人在討論身為主管帶人的難點，討論著他們的雄心壯志，討論著麻煩的辦公室政治，也討論著那些「能為你所用」的人。「家裡怎麼樣？」「不太好：我在試著多花點時間跟家人相處。」

從莫爾蓋特走到利物浦街與金融區的東南邊，我途經一個名叫「空間」（Spaces）的房間，裡面滿滿的辦公桌要鎖定、出租給在城市裡巡迴的勞動力。我看到了更多湊在一起抽菸的癮君子，還有用潮濕睡袋裹住自己的無家者，後者告訴我比較安全的做法是白天睡覺，然後晚上醒著保持警戒。一名清道夫推著推車經過，雇用他的是法國企業威立雅（Veolia）。以上便是一部分在金錢機器轉動的街道上創造出各種律動的日常活動。

傳統的金融區戛然而止在朝利物浦街車站而去的路上——那裡有一座當代城市正在布羅蓋特（Broadgate）破土而出，那整個區域都已經開挖，為的是要建設「橫貫鐵路」（Crossrail）。這個巨大的城際運輸基礎建設計畫承諾要紓解地下鐵那令人難以忍受的擁擠。由開發商「英國土地公司」（British Land）所持有徒步區化的廣場已幾近完工，但仍以工地的圍板圍著，這麼做一方面可以宣傳廣場要招租，一方面可以把建築工人大軍給藏住，他們許多人都是來自英格蘭相對不那麼繁榮的東北部。這是一幅以上千種方式持續動盪中的城市地景。廣場旁邊有以無趣的金屬包覆起來的新建物，當中包括瑞銀集團（UBS）與德意志銀行（Deutsche Bank），而這些建物正好就代表把古老與嶄新版本的金錢城市劃分開的那條縫線。一個以玻璃跟鋼鐵建起的二十一世紀版金融區往南沿著主教門（Bishopsgate）延伸，接上倫敦橋，然後再沿泰晤士河往東綿延三英里，連起倫敦的新金融附庸，也就是那些直上天際、自信滿滿的銀行與保險業高樓；建築師羅萬・摩爾（Rowan Moore）形容那是一座「走路有風的峽谷」（canyon of swagger）。[6]

這裡就是金絲雀碼頭（Canary Wharf）——一個由加拿大開發商「奧林匹亞與約克」（Olympia and York）主導的私部門城市再生計畫。這個計畫出師不利，在一九九二年遭到清算時有兩百億美元的負債，當時幾乎沒有任何一家在「一平方英里」尋找辦公室空間的國際級金融企業被說動遷至金絲雀碼頭那些閃閃發光的玻璃高塔裡。碼頭地開發公司（Docklands Development Corporation）與金絲雀碼頭集團（Canary Wharf Group）在一九九五年接手，而奧林匹亞與約克的負責人——國際不動產開發商保羅與阿爾伯特・賴希曼（Paul and Albert Reichmann）——則繼續活躍在新公司裡。這個開發案自此開始吸引財力雄厚的投資人，包括沙烏地阿拉伯的瓦里德・賓・塔拉勒親王（Prince Waleed bin Talal；一譯阿瓦里德親王，有中東巴菲特之稱），同時交通方面的大型公共投資也開始進駐，由此金絲雀碼頭在一九九九年連上倫敦地下鐵網絡，後來又連上啟用於一九八七年的倫敦城市機場（London City Airport，位置在比金絲雀碼頭更東邊的碼頭區）。瑞士信貸、美國銀行、國民西敏寺銀行、花旗銀行、匯豐銀行——匯豐的大樓設計是由建築名家諾曼．佛斯特（Norman Forster）操刀——還有摩根大通等，都在此地插了旗、開門落戶，並共同樹立起一種城市建立的新模式，後來還被推廣到全球各地，而其中最具代表性的就是中國各地與重建的貝魯特。[7]在這個模式下，從建築本體與公共空間，再到街邊小吃跟安全防護等事務，民間開發商會統統攬成自己的責任。一個個綠色廣場與所謂的「圓形廣場」（circus）——看起來像公共空間，但是由民營保全公司密切巡邏的私人空間——提供了新的私部門都市主義的模板。

倫敦的新金融區是建立在社會住宅跟廢棄碼頭所在的土地上。一九八〇年代，柴契爾政府發起將公共住宅私有化，使公共住宅成為一種「殘餘選項」的運動。同一時間，地方政府因為預算吃緊而對公宅表現出一種策略性忽視。這兩者結合產生了致命的結果：社會住宅的社區被擺著任其頹圮，乃至荒廢，而這就導致拆除獲得了正當性，倫敦金融核心地區的東擴也順利取得了土地。至於此一東擴的前進動力，則來自原本應該讓社會住宅的租戶受益、照理要投入基礎建設的公共投資預算。金絲雀碼頭就是建立在對倫敦窮人的剝奪上。街坊與社區之間多年來累積出的軟性社會基礎設施，一夕之間土崩瓦解。那兒的街頭與建物表達著一種獨特的政治傾向，且用的是由玻璃、鋼鐵與混凝土所組成的語彙。

但，時間拉回現在，我人仍在布羅蓋特前往赴銀行家之約。曾經束縛住這片歷史區域的規畫限制獲得了鬆綁，而推了一把的人也包括千禧年早期的明星建築師，他們的作品在當時工黨政府藉「規畫申覆系統」進行的判斷中，被認為將對城市的建築做出顯著貢獻。這種論點讓建商得以突破由聖保羅大教堂為準的限高，也對國際金融界開放了倫敦的天際線。因此倫佐・皮亞諾（Renzo Piano）設計了碎片塔；諾曼・佛斯特設計了「聖瑪莉艾克斯三十號大樓」，也就是俗稱的「醃黃瓜」（The Gherkin）；詹姆斯・史忒靈（James Sterling）設計了後現代主義的商辦兼零售大樓「家禽街一號」（No. 1 Poultry）。就在一棟這樣的建築中——我不能明說銀行家在哪裡工作——保全人員站在通往大理石門廊的玻璃旋轉門旁。氣派的規模投射出此處的重要性，同時也保護銀行家不受街上的人來人往干擾。接待處一名笑容可掬的女性放我通過了玻璃隔間。另一名女性則引導我進一步走入銀行，來到一間沒有標示用途的會議室，而就跟旁邊其他彷彿複製人大軍的會議室一樣，這間的內部也如出一轍：供人討論如何讓錢長大的場景，是由桌椅跟瓶裝水共同組成。我停下腳步欣賞起藝術家戴米恩・赫斯特（Damien Hirst）的多幅畫作。

四十出頭的銀行家身穿剪裁合身的灰色訂製西裝，搭配光亮的黑色皮鞋。他向我表示，其實有「規定」不讓他跟記者或學者交談。大部分金融從業人員的觀念都是盡量「飛在雷達能偵測到的高度以下」，也就是愈低調愈好。他解釋說：「高調沒有任何好處。」各自為政與保密到家造就了這個地方；對於他能首肯見我，在欣慰之餘，我也感到十分詫異，沒想到他會願意跟我深入說說金字塔頂端的富人是如何利用金融這種黑魔法賺錢。我盡了各種努力去舒緩他對於匿名性不保的疑慮——包括稱他為銀行家。如今身居資深管理職，銀行家的工作是讓金錢機器正常運轉，確保有錢付給銀行的客戶。

銀行家成為金融業大軍的一員，是在千禧年前夕。經由前輩同事的口耳相傳，他得知在以往的交易大廳內，股票會在吵吵鬧鬧中進行實體的交易，甚至他也目睹了一九八〇年代那場大爆炸的蛛絲馬跡，當時正逢美國銀行大舉揮軍倫敦。在交易前會喊出我買了或賣了什麼的時代，東倫敦的廢金屬與市場交易員曾經可以走後台通道進入交易大廳，但人爆炸之後的他們已經在機器面前消失無蹤。銀行家入行是在「高接觸交易」（high-touch trading）年代的尾聲，客戶下的單已經愈來愈不由手動方式執行。他形容那「有點像在八〇年代的尾聲跟九〇年代當一名礦工」。「我開始做這行時，」他說，「交易都已經電腦化，銀行的人才招募政策也發生了質變。」

在這個數位化的美麗新世界中，銀行需要腦袋最好、學歷最高的人才去探索金融引擎當中更迂迴、更有利可圖的可能性，也要去利用那些在複雜性上遠超過單純買賣股票的商機。一個金融投資工具的新時代——包括那些由仲介負責營運，初試啼聲的資產管理產業——於此迎來了黎明的曙光。銀行家獲聘是在「牛奶輪」[8]場合：銀行每年都會主動前往英國各間頂大去吸收人才進入金融業。就這樣，銀行家從牛津的學生搖身一變，成為了雷曼兄弟的交易員。他被用頭等艙載到紐約，並在當地住進銀行給他的公寓，此外他在市區裡移動都靠計程車代步。二〇〇八年九月十五日，也就是雷曼兄弟破產那天，他人已經回到雷曼的倫敦分支工作了。當時的美國聯準會主席班·伯南奇（Ben Bernanke）將那形容為全球歷史上最嚴重的金融危機，而銀行家的生活就位於這場金融危機的震央。

他告訴我：「記得我星期天上床睡覺，這件事就是頭條。我們知道在紐約有危機的傳聞。我在國家廣播公司（NBC）或彭博新聞之類的媒體上追蹤著消息。」然後他看到一個突發新聞的副標橫在螢幕上：雷曼兄弟申請（美國破產法）第十一章保護。銀行家一下子不知該如何是好。他隔天早上照常去上班，就跟平日一樣，結果公司大廳站了個人在發影印資料，上頭寫著雷曼兄弟國際已經從雷曼兄弟控股的中央企業結構中被移除，在英國進入破產管理狀態。他跟他的同事被要求繼續到班一個月，期間他們不能進行交易，但雷曼正在試圖把一些部門當成持續經營的業務售出，這時候如果勞動力憑空消失，他們跟潛在的買方就會很難談。在例行發薪日的一週之前，銀行家記得「高階管理層說，『很遺憾我們沒有資金可以在二十一號發薪給你們。』」這比他想像中最糟的狀況還糟。他說，「通常你會想說在投資銀行業，就算打個比方，我身為交易員賠了很多錢，最壞的狀況也不過是被裁員。」這通常不至於成為一場災難：「你會提前三個月被告知，你可以拿到所有累積的配股，那通常就是你被遞延支付的薪酬。」但這次的情形是他連當月的帳單都付不出來。他說，當時的狀況「壓力挺大。」

雷曼兄弟的垮台讓投資銀行業危機給社會留下了很深刻的印象，主要是員工被電視新聞攝影機捕捉到捧著整箱私人物品離開金絲雀碼頭那些高塔時的模樣。回想起投資銀行的玻璃高塔變成碎片的瞬間，銀行家流露出他對於未來的不安全感與焦慮。預期中的安全網，包括變現後的股票選擇權與遣散費，暫時被扣住了，但銀行家的妻子有一份高薪工作，負擔兩人的生活費用綽綽有餘，同時他也很快就找到另一份年資跟待遇都和以往差不多的交易員工作。他的挫折是暫時的，而他的故事則讓我們看到金融業者的一種操作手法。這些公司為了保護自己，會一邊演得好像營運一切照舊，一邊設法把部分業務出售來減少損失。其國際子公司會遭到切割來為母公司止血，那是一種斷尾求生的概念。有錢的公司既狡猾，又頑強，而這些特質都令財團盡顯本色。

銀行家如今已是另外一家投資銀行的成員，那是一家國際股市交易暨財富管理公司，其業務橫跨五十國，為全球半數以上的十億美元級富人管理財富。同樣在這樣的脈絡中，倫敦也位居全球金融的中心點。他告訴我，他的工作牽涉到客製化的服務：評估富裕客戶的需求，然後以顧問身分協助他們擴大財富，而那就得透過運用光譜上的各種金融工具，包括投資、股市交易，以及遺產規畫與避稅。這家銀行為全球財閥的大宗提供「你想得到的幾乎每一種金融服務」，也為一座金權城市提供了建城的基石。

這些活動不也能順便符合公共利益嗎？金融業在二〇一六年讓倫敦的經濟規模增加了五千八百二十億英鎊，那相當於倫敦整體經濟產出的百分之十四、一百十一萬個就業機會，以及英國服務業出口的百分之二十五。[9]但經濟學家布瑞特．克里斯多福斯（Brett Christophers）有不同的看法。[10]他說金融業賺的錢向來被認為是不具生產力的錢，直到一九七〇年代才因為新的會計方式出現而改變了這一點。新的會計方式強調就業與稅賦數字，而那些數字又顯示金融業對公眾生活做出了重要的貢獻，理由是他們為城市提供了工作機會與稅收來源。諸多銀行人士堅稱金融業在創造共榮上有各種貢獻，而這種聲音一方面獲得了媒體的強化，一方面獲得了政壇的支持——金融業裡處處都有政治的身影。克里斯多福斯跟馬祖卡托一樣，都力陳金融機器只是在炒作、擴張並搜刮金錢，那不過是透過重新分配的過程把錢從外部人的手中搬到屬於內部人的富裕投資人手中，讓財富更加集中在少數人身上。就連英國金融服務監理局（Financial Services Authority，二○一三年四月後改制為金融行為監理總署〔Financial Conduct Authority〕）的署長艾戴爾・透納（Adair Turner）這樣有頭有臉的人物，都不諱言投資銀行在從事「對經濟與對社會無用的活動」。[11]「金融業對社會有裨益」這樣一種風向，屬於政治操作。金融業創造的就業全都是在服務金錢機器。但有件事很清楚：從東印度公司在十七世紀的航行，以及取其而代之的帝國投機獲利，再到今天由衍生性金融商品、債券等元素所構成的繁複金融體系，倫敦金融城都代表了用磚塊、石頭、屍骨堆積出的金融財富。

相對於銀行家的同事提供財富管理服務給全球的億萬富翁，他本人的工作是擔任法人投資人、資產管理經理人、私募與避險基金的顧問，並代表他們進行交易。他說，「身為一名交易員，我一般常見的作息是早上六點或六點半開工。你得準備迎接開盤，時間是早上八點，而準備工作又牽涉到要搞清楚你負責的股票有沒有發生什麼新聞。」他會去查前一天的美國與亞洲股市在歐洲收盤後的表現。然後他會開始忙起「正事」，也就是試著創造出新業務，讓法人客戶委託他們下單。「然後市場在八點開盤，你整天的工作就是執行客戶的委託、進行買賣，試著撮合不同客戶間的股票交易，監看新聞與掛單的流向，藉此判斷你在交易的金融工具會有何種表現。他形容他的職場是一個「高辛烷值、高壓的環境」。

銀行家會判讀市場，也判讀市場所處的廣大金融與政治地景，並從中掌握投資的機遇好擴張金錢，且最好能搶在其他交易員同業之前：說起財富的積累，相對優勢甚是關鍵。他所任職的這類投資銀行交易大宗商品、買賣上市公司股票，也涉獵期貨等金融工具（期貨是在押寶大宗商品的未來價值）。他說：「我們服務避險基金，並建議他們該買些什麼，又該賣掉什麼。最終我們會接受他們下單，代表他們執行那些買賣。」這類投資銀行也會擔綱避險基金的「主經紀商」（prime broker），意思是他們會照料好避險基金的錢與其他資產，替他們搞定各種交易。「我們會為他們提供槓桿，也就是他們如果有十億可以投資，並把這十億都交給我們處理，那我們就能替他們取得價值二十億元的部位。」他將之比擬為「價差賭注」[12]，因為就跟在賭價差的時候一樣，「你不需要下足全額資金（買斷標的），你只需要拿出保證金。基本上他們只要繳保證金給我們，我們就讓他們拿我們的整張資產負債表去投資。」經濟學家蘇珊·史傳奇（Susan Strange）稱之為「賭場資本主義」（casino capitalism）。[13]不論我們願不願意，我們在這場賭局中都握有籌碼在手裡，我們的籌碼就是儲蓄，就是退休基金與貸款，就是讓尋常百姓曝險於市場波動的金融工具，而這些籌碼都可以充實富人本就已經滿滿的荷包。

銀行家告訴我說大部分的交易都已經交給自動程式——也就是演算法——沒有高接觸手動交易這種事了。演算法會在瞬息萬變的政經地景中去自動追蹤同樣瞬息萬變的市場與投資機會波動，而設計相關程式的正是像量師那樣的人。這些程式與模型會售予投資銀行的法人客戶，再由投資銀行用來替這些大客戶進行交易。「投資銀行員工，」他說，「必須建立、維護、調整演算法來配合變遷的環境因素，包括難以逆料的各個市場表現，所以說這並不是一個百分百自動化的流程。」

避險基金是一池由老練（富裕）投資人匯集而來的資金，而這群投資人所追求的，是抵禦其投資組合不受投資工具漲跌時的市場風險侵襲。銀行家解釋說：「避險基金會代表富裕的個人管錢，但也服務其他法人級的資產經理人，這些經理人也會配置一部分的錢給避險基金管理。」高風險對應高報酬。相對於傳統的交易主要做多，也就是購入資產並期待增值，避險基金也能做空，也就是從資產價值的下跌中獲利。多空雙面押寶既能提供保障，也能讓財富成長，惟避險基金近來的成長表現可謂差強人意。金融市場是動態的存在，投資基金本就會起起落落，但比較有問題的做法包括用誤導性的投資報告去打擊某支股票，貶低其價值。而後隨著愈來愈多投資人湧入這一領域，報酬率也開始下降，然後基金就會另尋目標去追求資產價值。金錢在倫敦金融城的金融體系中打滾，遵循的就是這樣一個「炒作、轉移、搜刮」的節奏。

他告訴我，私募基金也是類似的概念。私募基金同樣是在代表其他人進行投資的操盤，且他們代表的除了典型的法人資金以外，也不乏一部分的私人資金。「私募基金的定位比較長線，所以相對於投資上市公司的股票或在市場上買賣這些股票，他們的手法會是去入股還沒有上市的公司。」避險基金與私募基金這些不在公開市場交易的另類資產，給了富豪一個直接的投資管道去擴大財富，這是一般投資人可望而不可及的專利。

銀行家說私募基金尋找的是業績好的小公司，重點是這家小公司可以藉由私人投資擴大規模，然後替投資人賺得高報酬。連鎖三明治專賣店Pret A Manger就是這樣崛起的——小創業者起了個頭，再靠私募基金把生意做大。一部分的商業街，還有從肖爾迪奇到莫爾蓋特，那些我走去銀行家辦公室而經過的街道，都可見到私募基金的斑斑斧鑿。私募基金也會投資快要不行了的企業，手法是取得具控制力的持股，然後藉此推動改革或結束營業，就看哪一種能帶來較高的報酬。他舉出被私募基金買下的君主航空（Monarch Airlines）為例：「很不幸那家公司倒了下去。但基金最終還是有賺錢，因為雖然君主航空得關門大吉，但屬於其無形資產的降落時段仍舊價值不菲。[14]這些時段一賣出，（私募基金）就賺了一筆，即使航空公司本身還是免不了破產。」私募基金還買下過彗星航空（Comet）與英國鋼鐵（British Steel）：「在這兩例中，公司都眼看就要破產。」私募基金的掠食習性塑造了英國各地的商店街。他們把握機會擴張金錢，把市場上各種遭「路殺」的企業當成他們活下去的養分。他們會從企業屍體上把還值錢的資產剝除下來，而不會設法拯救那些眼看要沉下去的企業。

我們不聊數字，但銀行家可觀的薪水中有兩大重點，那就是分紅跟股票選擇權，而這兩件事都會反映出他從交易中搜刮下來再貢獻給銀行的獲利。從一九九〇年代開始，投資銀行的獲利就蒸蒸日上，而這一點也反映在頂級金融業員工的薪水與分紅漲幅上。漲幅之大，讓他們一部分人也躋身於超級有錢人之列。「我會說大部分人來金融業上班，主要動機都是為了賺到錢，否則他們應該都會做不下去，」銀行家令人玩味地說道，「只是要餬口的話，輕鬆的辦法多得很，不論就工時或壓力而言都是如此。但話說回來，我覺得這一行做起來還是挺有趣的。」他覺得很幸運的是，「投資銀行的待遇確實不差，畢竟我確實也感覺到工作內容相當有趣。但我覺得大部分人投入的動機在某個程度上，都還是這一行的收入與地位；他們多半看上了這一行可能帶來的若干好處——舒適的生活方式、房子、休假。」銀行家是一名高淨值人士。他在攝政公園北側的櫻草丘（Primrose Hill）上有個時髦的住處，那個地方可是倫敦一等一的高級住宅區。

「收入與地位」會成為入行的動機，是因為金錢已經被視為個人價值的尺標，而且金融業的男性已經把這一行的邏輯融入他們的感性生活中。金融是一種睪固酮滿溢的競技運動，恐懼與貪婪是推著他們前進的兩隻手。[15] 銀行家把話說得比較委婉：「最後落腳在這一行的人都是聰明人，他們上過頂大，通常都算得上學霸。」一個層次更高的社會問題是，讓英國教育出的頂尖人才去替原本就很有錢的人積累更多財富，那究竟算不算適才適所？銀行家正是這樣的人才；他是「人類—演算法」金錢機器裡的一枚齒輪，隨機器一起推動金權城市朝特定的方向前進。

銀行家告訴我這台金錢機器要比我以為的更加狡兔三窟。雖然金融區舉足輕重，但他提到梅菲爾也是避險基金與私募基金一個很活躍的另類中心。如果說金融城與金絲雀碼頭那些巨大、專用的辦公室是設計給國際投資銀行使用，那梅菲爾的排屋就很適合「麻雀雖小」的避險基金與私募基金進駐。為此我決心下一站要前往梅菲爾，去探索這些獲利超級豐傾的避險／私募基金宇宙。

我離開銀行家的玻璃高樓，依循的是跟我來時同一個模式。他送我到電梯處，我們聊了點足球話題。道別後，我開始漫步回到利物浦車站，那裡有一整排計程車在等著載人到城市的各個角落。一對四十來歲的男女在邊抽菸邊以義大利文討論事情，眼看就要聊完。我進來那時有兩個女人在用披肩躲雨，她們已經離開了。雨已停。我朝著布羅蓋特那座四周圍著一圈酒吧與餐廳的凹陷圓形廣場而去。途中我想起銀行家在金融市場崩盤時的經驗。我想起了雷曼兄弟的危機處理手法，我還想起銀行家那次到頭來證明只是虛驚一場的轉職焦慮。

但我們其他人就沒那麼幸運了。在英國國家審計署（National Audit Office）形容為金融市場長期的不穩定期跟全球性的經濟衰退後，英國納稅人出手挹注金援給投資銀行界紓困，從二〇〇七到二〇一〇年間的總額達到一兆一千六百二十億鎊，為的是保障金融體系不致崩潰。公共財政這種大失血讓撙節政治獲致了正當性，而隨之促使公共服務自二〇一〇年以來遭到大幅刪除。在緊臨倫敦金融區的哈姆雷特塔倫敦自治市（London Borough of Tower Hamlets），每十戶人家就有四戶活在貧窮線以下，這在英格蘭與威爾斯算是很高的比例。[16]

下班後的「喝一杯」在我來到布羅蓋特圓環的時候，已經開始了。那就像是身處在擁擠的碗底，碗的邊上圍著的那一圈台階則可以通往高地。荷西皮薩羅（José Pizarro）與佛格太太（Mrs Fogg's）兩家餐廳的客人要麼坐在餐桌前，要麼站成一小圈。男人們已經褪去了西裝外套，說話拉開了嗓門——對彼此如此，講電話也是如此——手上換過一杯又一杯一品脫的啤酒。女性綁著金色的馬尾，秀出黝黑的皮膚、雙腿，身上配有設計師名牌包跟低調的首飾，手上則拿著粉紅色的葡萄酒跟橘色的艾普羅開胃酒（Aperol spritz，號稱義大利的國民飲料）。肖爾迪奇的酷，在此遇上了商業上的對手。布羅蓋特圓環曾經對其東邊的區域堅壁清野，但如今隨著肖爾迪奇變成一個超酷的下班休閒去處而力求開放，也開始委託人創作公共藝術——如理察・塞拉（Richard Serra）那五十五英尺高的鋼鐵雕塑「支點」（Fulcrum）——藉此昭告天下：布羅蓋特圓環也擁抱藝術家。身著制服的保全領著基本工資，自邊緣處巡邏著這個「碗」，因為那兒可以俯瞰晚間活動的開展。我擠進了荷西・皮薩羅的一張桌子前，然後打開了天線。餐廳內相當擁擠，男人們彼此搶話說，所以我很難聽清楚講了些什麼。其中一人抱怨說：「所有的動作都是衝著你去的。他還坐你的桌子。」另一人聊到他們的另外一名同事，他說：「他軟得跟什麼一樣，所以安迪才那麼嘔。他的槍裡根本就沒有子彈。」他們說：「辦公室好久沒有『新妹』了。」然後兩人一起笑了起來。第二個男人接著說話，這次他聊到的是一名「手握第一大客戶」的同事，也是他一直想讓對方知道一下天高地厚的同事。他們的友好「互虧」下暗湧著威脅、競爭，外加一點點對同職場女性的掠食心思。

在布羅蓋特圓環後面有營建吊車高聳參天。建築工人還在興建這座城市，圓環跟吊車的後方還有更高的建築在往上堆疊，創造出人外有人、天外有天的天際線。我踏進荷西．皮薩羅的店內去結帳，同時也順便看到開放廚房裡有名主廚把美到不可方物的粉紅章魚移到流理台上，準備切成一口可食的西班牙下酒小點。

梅菲爾、聖詹姆斯與貝爾格拉維亞

梅菲爾、聖詹姆斯與貝爾格拉維
N
齊爾特恩消防隊
馬里波恩
Nobu餐廳
波特曼廣場分店
牛津圓環站
龐德街站
KKR私募
基金公司
大理石拱門
戴維斯街
蘇活
攝政街
格羅夫納街
克拉里奇酒店
格羅夫納集團總部
蘇富比
高古軒
萊斯特廣場站
富藝斯
康諾特酒店
賓利汽車
皮卡迪利圓環站
安娜貝爾
法拉利梅菲爾
喬治俱樂部
俱樂部
性感魚
南奧德利街
侍者酒館
棕櫚樹賭場
沙烏地阿拉
馬克
科晉柏克萊
伯家大使館
懷特俱樂部
俱樂部
麗思酒店
多爾切斯特酒店
查爾斯街
旅行者俱樂部
雅典娜神廟
綠園站
赫福德街五號俱樂部
帕摩爾街
聖詹姆斯街
卡爾頓
卡爾頓府
海德公園
花園
排屋街
倫敦花花公子俱樂部
聖詹姆斯宮
綠園
克拉倫斯府
海德公園角站
聖詹姆斯公園
蘭斯伯瑞廣場SW1
白金漢宮
貝爾格拉
維亞廣場
貝爾格拉維亞
西敏
0
400公尺
0
400碼
埃克萊斯頓街
維多利亞站
伊頓廣場

第3章 梅菲爾的魔力

宮殿、私人會員制俱樂部、豪華飯店、藝廊與拍賣行、賣油致富國家的大使館外站、一團漆黑的賭場、滿是異國商品的大賣場、私募基金公司、財富管理部門，還有避險基金：就像個應有盡有的園遊會。各種勾當、靈感與癖好——超級富豪的生活——形塑著這些街區。這裡有許多「梅—菲爾」，也就是May-Fair：「五月的市集」，種種蛛絲馬跡佐證著這個區域在十八世紀時的過往；當年這裡匯集了戲劇演出、偶戲、喜劇演員，還有劍走偏鋒的小販——這些元素組成了一個彼時被形容為「低級趣味」，現今又得到復刻的世界。「這就是梅菲爾。跟著金錢去到城市的西邊，梅菲爾整體比起倫敦的其他地方都更閃閃發光、躊躇滿志，也更明目張膽地有錢。財富的集中時而被隱藏起來，時而公開展覽，從四面八方朝矮了一截的我身上瞪過來。我在綠園站（Green Park）出了地下鐵，因為那裡是一個探索的理想起點。

在綠園的北端，一群糾結成團的遊客在等著巡遊市區名勝的「跳上跳下」巴士，意思是你可以隨上隨下。兩名身著完整版布卡罩袍的女性除了推著嬰兒車，還得拿好幾大袋從設計師精品店購得的戰利品，她們就這樣在凝結於公車站四周的群眾間穿梭。地鐵站外有三個無家者的營地，周遭圍繞著破爛的家當，底下則鋪著厚紙板，無家者之間遵守著心照不宣的適當間隔距離。在其中一個營地，有名蓬頭垢面的男性在喝著咖啡，該營的手寫牌上直白道出我餓；第二個營地的牌示則請人捐個一鎊，好讓營地主人有地方過夜。

我走在長長一排將麗思酒店前方完整包覆的拱廊下，長廊除了在這家倫敦知名豪華飯店與馬路之間隔出一條有頂的通道外，如今也為更多的無家露營者及《大誌》[2]販售者提供了遮風避雨的地方。看守通往異世界入口的麗思酒店門房身穿雙排扣的灰色鑲邊大衣加大禮帽，退進了內縮的門口，彷彿也讓自身脫離街上的動靜。

根據銀行家的指點與我後續的研究，我得知避險基金與私募基金搬運了大筆金錢通過梅菲爾的街頭，而我想知道那些錢長得什麼模樣，又給人什麼感覺。事實證明，避險基金的中心是在皮卡迪利路的另外一邊，麗思酒店的對面，也就是在柏克萊街上，或精確說是在該條街北端的柏克萊廣場上。柏克萊街跟柏克萊廣場，還有它們四周的路街，是倫敦共計四百家避險基金中很大一部分的所在地，而這四百家避險基金所管理的資產價值達到三千九百五十億美元，僅次於紐約市的一兆零兩百四十億美元，[3]而那也就是這類基金如今被拿來估計的指標。相較之下，私募基金就顯得比較分散，而雖然不同的估計結果天差地遠，但私募基金的數量可能多達三百四十七家，且資產管理規模有三百億英鎊，[4]諸多業者同樣群聚在這個區域。但這個情況不見得會一直這樣下去：一如城市本身，倫敦的金融架構也不斷日新月異。自從英國脫歐以來，一部分私募基金的業務就已經遷到荷蘭、法國與西班牙，而這些地方全都想插旗成為倫敦的對手。就算是沒有脫歐一事，現實中也存在《金融時報》記者群所謂「倫敦市場的過度捕撈」，[5]因此某些公司的業務也被推著移往曼徹斯特與里茲（Leeds）。但至少在目前，這些金錢仍以倫敦的梅菲爾為立足點，差別只在於有的遮遮掩掩，有的肉眼可見。

我跟研究員約在科晉（Cojean）這間柏克萊街上的休閒午餐餐廳。他在這條街上任職，擔任的是某大型美系避險基金的研究員，該公司負責全球股市、匯市、債市交易的員工不下兩千名。他告訴我這條街有「地表上兩家規模最大的避險基金」進駐。所以我來對地方了。研究員集一名教授該有的條件於一身：學究感、緊繃、愛看書、正經、義大利血統。他壓低了聲音，免得話傳到別人耳裡。他很難把自己在做什麼描述給產業外的人理解，而且很顯然關於這件事，他早就放棄掙扎了。他知道自己從事的是一份被誤解的工作，因為那是以神祕晦澀的手段創造出同樣難以解釋的鉅額金錢，所以成為廣受批判的行當。身穿西裝外套、牛仔褲與球鞋的他走在這條富裕的街上，可以順利融入背景。

所以說，避險基金的活動跟那些在倫敦金融區裡的投資銀行，到底有什麼不一樣？研究員替我剖析了一番。他解釋說，避險基金裡的投資人或其他實體（若干投資人的共同資金池）可能是從五個人到幾百人一組不一而足的規模。相對而言，共同基金或退休基金可能代表數以千計的投資人，而到了這個規模，共同基金與退休基金就跟投資銀行沒兩樣了。同時，他接著說，「理論上他們（避險基金）應該要真的去避險；他們理應要比其他投資管道來得低風險一點。但當然風險的大小只是相對的概念。因此很多避險基金並不符合避險的定義。」就營運內涵而言，可以把投資銀行與避險基金看成各自分化但又互有關聯的兩種企業。

避險基金的目標是報酬的最大化跟風險的最小化，研究員如是說，而為此他們會兩面押寶：針對預期價格會上漲的標的做多，也針對預期會跌的標的做空。不論處於牛市還是熊市，他們都會持續把錢丟進去，也會持續讓錢變大。避險基金的投資可以鎖定任何一種資產：土地、不動產、衍生性金融商品、貨幣、鑽石、紅酒。不過實務上，避險基金往往會專事他們知之最詳的資產類型上，譬如黃金或藝術品。他們的投資範圍可能遍布天涯海角，也可能只集中在特定幾個國家。他們的目標是從全球利率與各國經濟政策等總經變數的改變中收穫利益。[6]研究員在尋找新機會的時候就會同時追蹤這兩種變數。「目前我專攻的是期貨。」他說。他跟我說他在尋找原油產品的季節性行為模式。這類模式有的廣為人知，但「規則裡的例外」也不是沒有，而例外正是他的基金可以把握的機會，因為他說「會有一些例外是沒人看過的」。研究員搜尋未知領域，為的是尋找還沒被人發現的視角。避險基金就是靠這些視角賺得「大把大把的錢」。隨著角度曝光，投資人魚貫湧入，原本空曠的投資空間變得擁擠，報酬率就會隨之下降，那麼避險基金就會為了資產價值再去尋找更多不尋常的切入角度，以及更多一次性讓錢變大的機會。

由於私募投資只開放給金融機構或富豪個體，因此避險基金會專門從事一些冒險與積極的操作。他們的投資可能既難以訂價也難以出售。內行的投資人往往有不同於一般人的市場觀，而這一點也錨定了避險基金的風險性與獲利性——百分之十八起跳的報酬率不稀罕少見。投資人必須能承擔損失，並支付避險基金索取的費用，費率通常也就是量師所說的「二與二十」。顯著的投資必然牽涉到顯著的風險。而風險的提升往往肇因於投資人用借來的錢去投資，就盼著能藉此放大報酬。避險基金經理人約翰，波爾森（John Paulson）說過，當投資報酬率好且資產得以成長時，手續費會「就像從空中倒下來」。[7]而如同一名我稱為「蛋糕」的私募投資人會在之後告訴我的，這是「一場零和遊戲」。如果某避險基金賺了很多錢，比方說好幾億吧，那就代表有人少賺了這好幾億。我注意到一輛酒紅色的勞斯萊斯停在科普餐廳外面的柏克萊街上，車牌號碼是 **RR08 LON**（R 0 8 可看成 R O B）。我不禁納悶，那意思究竟是「來自倫敦的勞勃（Rob）的車子」還是「勞勃在倫敦的車子」——只不過在無意間，那也道出了民間普遍認為這位勞勃是如何取得他用來買車的錢，那就是靠搶劫（rob）倫敦。[8]

我不訝異研究員不接受「賭場資本主義」的基本觀點——私募與避險基金只是複雜版的大型博弈集團。他認為他的研究降低了不確定性，因此將這場遊戲拖離了賭博的範疇。他有研究機器人技術與機器學習的金融工程背景，受過訓練的他得以把數學模型應用到金融問題上，而針對尖端研究，他大量涉獵學術性的讀物，這也讓他得以預判投資標的未來走向。又是一顆受過精心培訓的心靈自願折腰去聽命於金錢。一如避險基金在其他方面的運作，他的團隊組成也包括一名研究員、一名交易員，還有一名投資組合經理人。他的資料武裝了投資組合經理人，因為經理人可以用他提供的情報去指揮交易員買賣。「以我的例子而言，」他說，「需要做很多的實驗。幾乎就像是在學術界工作，只不過少了發表的環節……因為不允許發表。」至少他肯定不被允許。他生成的資料是公司寶貴的無形財產，怎麼能拿去跟人分享，那只能讓公司用來獲取優勢，也用來賺取別人賺不到的報酬。

那龐大的潛在報酬規模讓研究員不必每次都要做成利潤超高的買賣。「如果有人有東西要賣，而你已經做好研究功課、比誰都還了解狀況，你已經經過幾個月的分析知道某樣東西會漲，那你就能買低賣高——你內行，本錢厚，那你就能賺錢。」按照他的估計，「即便你賭對的機率只有百分之一，那也已經足夠讓你賺到錢了。你不需要——你知道的——比方說十次賭對九次。那不是在賭，那關乎數學，是對市場的認識。」他平日的工作就是咀嚼數據，設計模型，然後一次次跑出模擬：「我會一遍試過一遍。」我又為我們兩人加點了咖啡。

重點除了錢，還是錢：「你首要的責任是客戶的錢。」這份責任也往往導致長工時侵蝕到家庭與私人生活，他這麼告訴我，而研究員跟太太有個年幼的孩子。調動錢的人是依照結果論的績效來接受評價。「重點在於你做不做得出成果，」牛津的學歷並不是好用的敲門磚，「我們傾向於給（應徵者）一個任務，並告訴他們：『你有一個禮拜去完成一件你人生中從來沒做過的事情。

你去想辦法學著做成。』然後你就會看見有些人腦筋比較靈光，比較有能力無師自通。」他會注意到那些「出身環境非常普通的人」，這些人往往「特別拚」、「特別不輕言放棄」。研究員覺得避險基金偏好來自跨領域背景之人，這些人可能從事過不同科別的理工專業。「你或許不是最優秀的數學家，但只要你能做出計算，加上你是個水準以上的程式設計師，那你往往就能存活下來。」避險基金老闆對金融資產的報酬率有期待，對人也不例外，而那就代表他們要找的人才得有不計一切代價成功的決心，有各種五花八門的能力，還有與生俱來的思考創意。

勝敗的賭注只會大不會小，失敗的懲罰來得不會晚只會早。「如果團隊賠了錢，我們全體都會在同一天捲鋪蓋。」研究員解釋說因為有競業禁止條款，亦即前員工必須等待一段時間後才能替老東家的對手工作，再加上重新找工作也需要時間，所以「即使你現在坐擁高薪，也必須考慮到三不五時如果丟了飯碗，你可能得待業長達一年半，甚至兩年」。避險基金的世界不會有銀行那種年資、升遷管道與離職方略。成功與失敗只在一瞬之間；立業與失業僅僅相隔一線。這是一個高度競爭的小眾職場——他開玩笑說，殺氣騰騰的程度雖不及尖峰時間的倫敦地鐵銀禧線，但也相差無幾了。

我在想，金融行為監理總署被賦予旨在保護投資人的監理機制，但這機制是否對避險基金不如對投資銀行來得嚴格？避險基金想擴張其金錢是否限制比較少？答案是否定的，研究員告訴我。他說限制還是有，只是內容有些不同：「特別是自從（二〇〇八年的）金融危機以來，監理強度已經變得超級嚴格。只是一些很簡單的事情，像是你的電話現在會被錄音。包括你跟往來銀行的窗口出去……或是銀行方招待你去吃晚餐，但凡超過一定金額的事情，你都做不得，也不能收受任何餽贈。你跟銀行方的所有會面也都需要報備。」他跟同事都哀號著監理升級造成的額外行政負擔：「有張表格你每回都得重填。以前廠商逢聖誕節都會送禮，現在我們巴不得他們別送，因為我們實在不想填表。每幾個月我們都會有修法的研習要參加，免得自身的法律知識過時，畢竟這年頭已經不是只有基金可能受罰，個人也有可能，沒有誰想要惹上麻煩。」限制固然有，但趨嚴的規定保護透過銀行進行投資的社會大眾，更甚於保護避險基金中那些知道自己在幹什麼的富裕族群，而這造成的結果就是避險基金與私募基金可以比社會大眾更自由地去冒險，以及取得高報酬。避險基金對金融體系的完整性也不如銀行來得重要，所以就比較不受制於資本適足率的要求。接著我便讓研究員解決掉午餐，好回去他的工作崗位。

避險基金的負責人比起他們的員工更加不願意透露組織內部的運作方式。但有的時候他們別無選擇。牽涉到離婚案件的財務和解就是其中一種「這種時候」，[9]而且離婚判決是公開資料。代稱為「假髮」的法官提點我這件事後，我挖出了二〇一四年一名避險基金負責人的離婚判決資料，在此我姑且稱呼他「天才」，畢竟主持離婚和解的法官就是這麼形容他的，而這些離婚資料比起我從研究員那裡連哄帶騙問來的事，讓我對把錢變大的這個行業有更為深刻的見解。天才名下的避險基金價值十二億美元。可分割資產的那六十億美元隨著他十七年婚姻的解體，被搬到了檯面上。法律攻防的重點在於分居後的累積收入，還有那究竟是他獨自付出過人努力的成果，還是應該分他妻子的一杯羹。為了判出一個公平的結果，法官逼問起天才是如何從事這門行當。「丈夫，」判決書提到，「形容他的投資策略是他『個人特質、智慧與感性成分』的直接產物。」法官將這位人夫的能力比喻成專家級的西洋棋手，可以一眼看出局面模式的那種。法官說，這種能力與「對財務風險的胃口、對從商的決心，還有跟市場對做的策略」相結合之後，就變成了他成功的關鍵。她接著說：「他形容自己的選股能力並不是基於公式或數據，而是來自於他的腦內：『那是很主觀的東西，跟機器不同；那是一門藝術而非一門科學。』」

在形容自己是一名「行動主義投資人」之餘，天才舉了一些例子來說明他怎麼賺錢。首先他會挑選買進「歷經巨變之公司」的股票。比方在一例中，他只擁有某家銀行百分之一的股份，但他還是在股東年會時動議要在市場上兜售整間銀行。「他記得管理層說，『你應該要下地獄。』——但他回答說，『那是我的合法權利。你們的表現一直在水準以下。』結果有七成股東投票支持我的動議，而銀行也以幾乎全是現金交易的一千億美元價格，售予意在惡意拆分的三家金融機構，基金本身的投資獲利達十億美元。」在另外一個場合，他讓一名執行長被解職，結果公司股價應聲上漲。他點出自己所謂的「行動主義投資理念」，包括提議讓公司將某個部門脫手，結果股價漲幅達到九成。天才告訴法庭說：「不論用什麼手段，我們對幾乎所有的投資都進行了積極的管理。我們很努力為公司創造改變；我們不來被動那一套。這就是我們何以能創造出一般人投資股市所望塵莫及的戲劇化報酬率。我們收那麼高的費用也很合理，理由就是這樣。」身為法官口中「極為積極的場中玩家」，他出了名的高報酬為基金帶來了很多投資人。他說有投資人拿出七億美元排隊，就是想要加入基金，但他並非來者不拒，他的大前提是要為現有的投資人守住高報酬率。在二〇一四年，他個人來自基金的收益估計達一・五億美元。過人的條件、直覺，以及與市場對做的策略、大膽的進取心、對風險的胃納，還有傳統上屬於雄性的攻擊性——天才就是用這些戰術在獲取巨大的金錢報酬。

法官下了一個總結：「他獨有的才華（有人可能會稱之為金融天分）在於能辨認出特定的概念或商業機會，然後與數量有限的主體共同去取得數量顯著且往往風險極高的投資部位，並『操作這些部位』（通常是『從內部向外』發難），然後代表其投資人在最佳的時機『出場』來換取最高的報酬率。這與傳統上保守的長期投資法完全是南轅北轍。」他的做法可謂「獲利目標的一種改變。」法官說。這讓他得以「在常人難望項背的規模上創造財富」。為什麼？因為他就是辦得到。天才自己表示，「我並不需要這些錢，」雖然基金的宗旨在於「讓我的資本愈翻愈多」，他宣稱，「但我並不真的在乎錢。」但他仍不熱中於把法院要求以外的錢給前妻就是了。既然如此，那他為何要這麼多錢？那是他男子氣概的量尺嗎？還是要在有錢人相互甩屌的競賽中多得幾分？

從科晉餐廳出來，回到柏克萊街上，我注意到停在四周的一輛輛豪車。不只一部 Land Rover

徘徊在街頭，這些駕駛們在等著接回他們稍早載來這裡的人。Land Rover、勞斯萊斯、法拉利、賓利與保時捷車輛展示廳的一個功能，就是要讓人有地方花費自己的意外之財，車價在這些地方是從幾十萬英鎊起跳。這附近也有高檔餐廳雲集：日系餐廳 Nobu、主打亞洲海鮮料理的性感魚餐廳（Sexy Fish），還有在米其林摘星的印度餐廳 Benares，都在你用餐的選項之列。在這些餐廳酒足飯飽後，食客可以再前往安娜貝爾（Annabel's）這家服務名人的高級會員制私人夜店，地點在柏克萊廣場的西側，且夜店旁略顯突兀坐落著一棟十八世紀時由——其執政失敗導致孟加拉飢荒的——「印度的克萊芙」（Clive of India，第一代克萊芙男爵）居住的房屋。隨上隨下的巴士緩緩地駛過，遊客拍著照片。安娜貝爾的門房穿著顏色與圖案帶著科技感的制服，傳遞著一九六〇年代倫敦的標誌性「酷」感，那或許是反串，也或許不是。

在柏克萊廣場的北端，藝廊與私人拍賣行兼畫廊富藝斯（Phillips）占據了黃金地段。我到的時候，他們正在展出威廉．肯特里吉（William Kentridge）、戴米恩．赫斯特（Damien Hirst）與艾迪．馬丁尼茲（Eddie Martinez）的作品，最終是要拍賣這些作品。不遠處，「棕櫚灘賭場」（Palm Beach Casino）與女性美體中心「指甲與眉毛」（Nails & Brows）就在穩定湧現的外送人潮中等待著顧客上門。一雙我想像中是老牌有錢人步伐下的布羅克雕花鞋，大步邁過在廣場上流連的我身邊。一名身穿毛皮大衣與亮眼白色尖頭靴的男性將男用包包斜甩在身上，帶著搖滾明星的招搖氣勢反向走過。一群東歐面孔的摩托車外送員坐在他們的謀生工具上，等待著下一張點單，邊等邊說笑並自拍：五月的市集繼續進行著。

梅菲爾也是私募基金的家，而我對此有著濃厚的好奇心。我找到一名願意跟我對談的私募基金交易員，只不過他想約在梅菲爾北邊的齊爾特恩消防之家（Chiltern Firehouse）見面。曾經貨真價實是消防隊據點的齊爾特恩消防隊如今搖身一變，成了倫敦西城最時尚的場所，其參考的原型是「蘇活之家」[10]這間吸引倫敦年輕人進入會員制私人會所領域的前輩。於梅菲爾北邊南接牛津街而北倚貝克街的齊爾特恩消防之家只差幾條路就是馬里波恩大街（Marylebone High Street），那裡曾經是住不起梅菲爾之人的落腳處，而如今其社區便利設施已經更勝梅菲爾一籌，且靠著其在地村落的氣氛，馬里波恩很受富人歡迎，於是當地的社區建設又反過來迎合富人的需求。那兒有（昂貴的）獨立商店、咖啡廳、餐廳與熟食店。但特書店（Daunt Books）是讓人流連忘返的熱門景點。此外與之不相上下的還有康蘭（Conran）與斯坎迪恩（Skandium）這兩家專賣家具與居家飾品的設計師名店。

我管私募基金的內部人員叫「蛋糕」，因為蛋糕是他的武器之一。蛋糕是一名放鬆、頑皮、年逾七旬的冷面笑匠，人就住在馬里波恩大街旁。他在銀行與保險業混得風生水起，年僅四十五歲就當上了富時一百上市公司的執行董事。雖然在形式上已經「退休」，但實務上他顯然完全是現役的狀態。他專攻的領域是金融與科技有所交集處，也就是一般稱為「金融科技」的範疇。如PayPal這類大家用來從銀行帳戶中支付數位金錢的行動支付系統，就是他所涉獵金融科技的一例。

隨著我們在怒吼的壁爐邊陷進深深的沙發中，他解釋起如果你想要「像樣的投資報酬率」——比方說百分之十起跳——那你透過投資銀行投資就沒有意義。跟避險基金一樣，私募基金——通常由富豪與法人集資而成的私人資金池——也會在買股的時候挑選那些想要募資但無處可去的新創公司，還有那些表現欠佳但只要管理層對了就可以回報投資人理想報酬的璞玉。只不過相對於避險基金不時會積極扯企業後腿、賭企業失敗，私募基金尋求的是讓企業恢復生機。投資取得的股權可以讓他們積極參與企業的經營管理，天才是這麼說的。蛋糕如今靠自己的管理經驗而在讓事情回歸常軌的工作上發揮大用，他形容這是「在房間裡放進一個大人」。所謂的「大人」就是像他這種有經驗、可以「把錢照顧好」的經理人。「大家都知道你來是要幹什麼，」他說，「你要當道德魔人問題不大，但一碼歸一碼。」協助落難企業往往意味著開除人。那於他是例行公事。「我會帶他們去喝咖啡。他們會恍然大悟。如果我點了片蛋糕請他們，那他們就要被開除了。要是我沒有請他們吃蛋糕，那就是單純想聊聊。」

他告訴我，以一個五年為週期，投入一家待救公司的原始資金就會用罄並開始產生報酬，於是新投資人會獲邀加入這場私人集資派對。新投資人也會出資來換取公司股權。「我朋友買下一家公司的一成股權」——公司名稱他希望我保密。「你可能覺得百分之十不多，但那幾乎足以讓人在公司裡呼風喚雨。」蛋糕的朋友有家管理七億五千萬鎊的私募基金公司，而且享有能讓錢長大的不錯口碑。「到了五年週期的尾聲，公司會歷經第二次變動；新投資人會進駐。像 Worldpay 這種視金融科技為其重要特色的企業會考慮買下該公司。蘋果也可能會買下該公司。那間公司會蛻變成不同的樣子。」金錢就是這樣變身、移動，然後擴張。

蛋糕解釋，這些類投資並非如我想像的是由獲利推動，他說推動這些投資的，是由難以估量的價值所組成的煙幕彈。「Spotify 近期在華爾街獲得了兩千六百萬美元的估值，但它從來沒有過真正的獲利。」真正重要的是「公司可以用多少錢被你賣掉的主觀價值」。蛋糕舉了亞馬遜為例，亞馬遜今天自然已經是全世界價值最高的公司之一，但它也是近幾年才真正大賺錢。「推動亞馬遜價值的是其營收的增長，還有它在外界眼中（難以估價）的科技價值。」科技公司尤其常把賭注押在市占的成長上，他們賭的是未來而非現在的獲利。這個過程中，他們在放長線釣大魚。難以估價的公司就是會招來這類投機買盤，而錢，也就在這個過程裡被放大了。

身為私募基金的投資人，蛋糕嚮往的是可以把錢搬來搬去的科技。他喜歡金融科技是因為這些科技可以打破現有的金融常軌，闢出新的蹊徑。金融科技提供了最新資訊科技的解答與方案給銀行，讓銀行得以用數位的方式移動金錢，而那代表的是一片持續在變動的地景。Worldpay 這家把顧客與他們的銀行帳戶連結起來，方便他們去購買商品或服務的公司，就是一個很好的例子。銀行並不想投資在日新月異的金流科技上，所以他們的選擇就是透過高利潤的授權合約向金融科技公司承租。軟體授權費是金融科技公司的一大獲利來源。「我們的最大的銀行合作夥伴，」蛋糕告訴我，「每個月付我們五萬英鎊，而我們一行（程式碼）都不用寫。那五萬只單純是軟體的使用費。然後每次他們貸款出去，我們都可以分到一點利潤。這門生意就是這樣子拼湊起來的。」蛋糕說為了穩定營收的流入，他會定期透過談判去調高軟體授權費：這是一種格外有利可圖的尋租行為。他舉了另外一個例子來說明他如何賺到貸款的錢：「兩週前我們光一個晚上就處理了六千筆手機貸款。」這類貸款成立在消費者貸款買手機，且消費者跟電信業者的方案簽多久，手機就分期多久的情況。與此相對的是一般人會買斷手機，再來就只需要付電信費這種模式。「放貸者——通常是銀行——會把錢付給手機公司。而居中的我們則處於放貸者、手機公司與消費者之間。因此我們也能分一杯羹。不是很大的一杯羹，但我們不介意，因為我們可以分的杯數非常多。」大把大把的錢就是這樣賺來的。蛋糕是客套話的專家。他說，靠著授權費與一夜六千人貸款買手機，「這年頭我們一醒來還沒下床，就知道自己不至於賠錢。」大規模的搜刮讓他成了身價數百萬的富翁。

我讓蛋糕在齊爾特恩消防之家繼續享用咖啡，自己去馬里波恩大街上漫步。我往南拉出一條線，來到了牛津街——梅菲爾的北界。隨著日轉為夜，梅菲爾的不同面貌還等著我去探險。

第4章 梅菲爾的夜晚

晚間的梅菲爾是另外一個地方。我心裡盤算著，豪華飯店會是腳勤學者一個能近距離觀察夜貓子來來去去的絕佳場所，於是人就在公園巷（Park Lane）的多爾切斯特飯店外徘徊了起來，觀察著計程車一會兒讓人下車，一會兒讓人上車。我緊張兮兮站在門房的身邊，他身穿深綠色的燕尾服，頭戴大禮帽，工作內容是送往迎來，還有協助客人從計程車下來：「歡迎回來，先生」或「歡迎回來，女士」。我鼓起勇氣、深呼吸，然後尾隨一波來客通過了裝飾藝術風格的旋轉門，旋入了多爾切斯特飯店的大廳。我急停在好幾名入口處安全人員前方，接待櫃台的微笑女性大軍以笑臉迎向我：「歡迎回來，女士！」回來？！我很確信自己是第一次來這兒，不然我肯定會記得，也肯定不會這麼如臨大敵。「有什麼可以為您服務的嗎，女士？」我從一名聯絡人處學到一件事，那就是「有什麼可以為您服務的嗎，女士？」這話應該翻譯為「妳是誰？妳在這裡幹什麼？」向接待人員點了點頭後，我故作自信朝著在大廳唯一看得到的東西邁去，那就是設在接待區後方的「長廊酒吧」。我彷彿走入時光隧道，被傳送到二十世紀的第一個十年。棕櫚樹的盆栽、淡粉紅色的大理石柱、希臘式甕中的巨大鮮花擺飾、舒適的單人或多人沙發，共同圍繞著放有茶壺與瓷杯的茶几：一個仿英國愛德華時代[1]的客廳空間。中東面孔的男性身穿西裝與傳統的袍子，在我從旁掠過時，他們也從茶飲跟安靜的對話中抬起頭來。我就想找個地方坐下，好好觀察這一夜的開展。

在入夜後的梅菲爾，金融與奢侈品零售等生意一個急轉彎，交棒給販賣愉悅的各行各業。我的這一晚事實上開始得比這早，當時外頭的街燈還亮著黃光，我看著眼前本體是瓷器的大象：牠居住的古玩櫃也同樣亮度過強，展示品經過精心擺放，只不過這次的地址是在芒特街（Mount Street）上。白象高高矗立於櫥窗中，位在在光亮的水晶杯上方，下方還有骨瓷盤子與杯子細緻到幾乎透出光，至於象身則約有三英尺高，就安裝在紅木與綠磁磚的底座上。這頭象穿著甚是講究的王家行頭：腳踝上有金鐲，錦繡與鑲有珠寶的（陶瓷）毯子披在其背上，頂端的象轎服侍著後方的王家成員。誰買這些東西？

這種想法促使我走回幾條街外的南奧德利街，想重新檢視我稍早注意到過，貼在一家房仲窗戶上的大海報。在該區域被放大的空照圖上，印著一個問題：誰住在梅菲爾？然後是圖案上印著一系列在地「小常識」回答了此問題：**在地居民的平均花費是非龐德街居民客戶的兩倍以上**。我在想所謂的花費應該就包括那些裝飾用的大象跟填充斑馬吧。房仲除了賣房地產本身，也是在賣這個社區，當然這得以你有這個財力為前提。

初入夜。就在柏克萊廣場旁的轉角處，「侍者」（Footman）酒館擠滿了下了班卻沒回家的一套套西裝主人。有些酒客的打扮稍微休閒一些，或許是因為他們住得夠近，所以可以回家換上他們玩耍時的行頭。一群欲罷不能的群眾決定留下來多喝兩杯。其他人則轉檯到餐廳，或是撤退到某人的私人俱樂部去享受寧靜，再不然就是選擇去梅菲爾許多飯店附設的酒吧跟餐廳續攤。每天在梅菲爾上下班而在街上時隱時現的八萬五千名勞工，其人數遠非此處區區五千一百名居民可比擬。[2] 坐在酒館角落一張小桌前，我注意到下班後酒客所訴說的多半是圍繞著數字打轉的故事，具體而言可能是交易的情節或金融圈八卦的點點滴滴。酒館裡的女性紛紛抓起設計師款包包鑽進Uber車內，就這樣幾近全都離去後，男人們說的故事開始調性一轉，他們變成了酒國英雄並整夜開派對狂歡。房仲櫥窗內的海報讓我知曉梅菲爾有**五成五的家戶是單身一人**，且他們主要年齡多半不超過四十五歲，國籍組成更多達四十二國。梅菲爾是倫敦最具流動性也最有異國風情的鄰里：這裡的公寓多於獨棟，且當中有高比例屬於租客來來去去的出租房。[3] 按照房仲所言，這裡有**四成五的居民受雇於金融業、房仲業與各種專業服務業**，在倫敦各區中這個比例高得出奇，他們往往租有或持有從週一到週四的臨時住所。一名我在幾個月前認識的資產經理人年紀五十來歲，他告訴我梅菲爾是你來「玩耍」，而非度過「現實生活」的地方。現實生活按他所言，只能發生在英國各郡的「社區」裡，在一棟大房子裡，也在跟你有出息程度差不多的鄰居之間。對某些人而言，梅菲爾提供了一種另類的生活；其內含的可能性圍繞著工作存在，而且跟在其他地方過的那些偏傳統的生活方式涇渭分明。離開侍者酒館，我看到中年男性站在外面抽菸打電話。他們是打電話回家嗎？是在安排今晚其他行程嗎？梅菲爾的精髓就在於兩個字：自由。

我從好幾家餐廳前走過，分別都有知名的主廚跟米其林星星，其中一些餐廳開在飯店裡。按房仲貼出的海報所言，倫敦有百分之二十八的米其林星級餐廳位於梅菲爾。該房仲業者還宣稱「客人—餐廳比」（即每間餐廳平均會有多少潛在客人）在梅菲爾是三十一比一。這遠優於倫敦精華區的三百一十九比一。說白了，就是梅菲爾的餐廳擔綱夜生活的其中一部分娛樂功能，水準比倫敦其他地方整齊，環境卻不若其他地方擁擠。諾維科夫（Novikov）是位在柏克萊街上的亞洲餐廳，在我經過時的生意感覺相當熱絡。一群「三十來歲」的光頭俄羅斯男人身穿昂貴的西裝，此刻他們就站在店外抽菸。現場可見更多的黑色 Range Rover 與它們的駕駛在外圍徘徊，等著要把食客送回自宅或飯店。

黑夜裡，梅菲爾是一個由酒吧、夜店、餐廳與賭場集合成的地方。在梅菲爾，上流與下等生活長年並肩發生，其中一邊會滲透到另外一邊，模糊了富豪與普通人之間平日的社交界線。在諾維科夫不遠處，兩名保全站在棕櫚海灘賭場外面。我步行經過了艾斯賓諾斯（Aspinalls）這間主打「超凡博奕體驗」的私人會員制俱樂部，按其網站文案所寫，它「結合了傳統的優雅與一家皇冠集團（Crown Resort；澳洲的賭場飯店業者）物業該有的當代奢華風範」。這裡有更多身穿黑色大衣並戴著耳機的警衛。酒吧、夜店與賭場都有保全，因此光是這些店家設置的密度，就創造出受到高度維安戒備的街道。這些夜生活經濟熱點跟自成一個聚落的大使館加在一起，造就出在某種程度上，倫敦極為戒備森嚴的角落。

幾天後，我安排要跟此區一家著名飯店的警衛主管見面。條子——他以前是倫敦大都會警察局的一員——曾參與過二〇一二年倫敦奧運的維安工作。四十出頭的他有三個小小孩，他說自己並不把新職場那閃亮的大理石地板跟精心設計的花草擺飾當成理所當然，雖然確實是比警察局漂亮很多。他工作時的穿著也不會一看就知道是保全。一套剪裁俐落的深藍色西裝配上淡藍色襯衫跟紅色絲綢領帶，加上說起話來些微的東城考克尼口音，讓他完全可以融入他服務的客人之中。

條子說二〇〇五年七月七日的倫敦地鐵與巴士爆炸案使這座城市跟城中的高檔飯店都面臨了永久的「安全局勢上的改變」，而後續的恐怖攻擊更鞏固了這些改變。在那之後，他口中的「高淨值人士」——特別是鍾情這家飯店的美國人與國際企業客戶——都調整了他們看重的優先順序：他們變得比較不關心飯店的早餐如何，或房間的大小，而是更關心飯店的保全。這「就把我的世界帶進了生意的營收面」。安全性變成了行銷團隊強調的賣點，條子說，因此「警衛主管的權限可以凌駕在飯店裡其他東西之上。昨天我們開了一場會，談的是萬一有人持槍進入飯店，我們怎麼因應。光是今天我就已經收到三筆安全事務的更新事項。」他仍與大都會警局有著緊密的合作。倫敦的成功人士雲集地的形象，與其整體安全狀態有千絲萬縷的關係，而在整體安全狀態中，飯店的安全性更是重中之重。國家當局與納稅人透過警力，保障了富豪的安全與舒適。

條子的另外一項工作是確保街道上的世界不漫進飯店中。不同於銀行那種滴水不漏的安全系統，飯店的前台是對大眾開放的，幾乎所有人都能晃啊晃就走進飯店。「餐風露宿的遊民在倫敦是個大問題。你到處都看得到他們的身影。他們或許不會闖進來犯罪——可能會進飯店上廁所——但在私人企業裡我們還是不能坐視這種情形不管。」遊民晃進這種豪華飯店的人數少之又少，但萬一發生這種情形，他們會迅速在飯店人員的陪同下被送出去。不過他也坦承，「如今早已不是你得西裝筆挺打著領帶，才能進到飯店裡的時代了。所以我們已經沒辦法用外表的刻板印象去看人了。」其他的風險還包括「低階犯罪」，像是詐騙或盜竊皮包，畢竟這麼多有錢人集中在一處，對手腳不乾淨的人而言，簡直是取之不盡的寶庫。

飯店是梅菲爾夜生活的重要樞紐，讓人有地方可以吃喝、飲宴、租房來進行私人活動，甚至是尋求其他更為私密的歡愉。梅菲爾有四千張價格會把人嚇哭的飯店床位，五星級的克拉里奇飯店（Claridge's）光是一晚的套房，就要價上萬英鎊。在飯店裡，梅菲爾的訪客與住客交錯著步伐。而飯店員工則可以在第一排的搖滾區目睹夜生活的各種光景。在侍者酒館把酒乾掉之後，我直奔倫敦一間至為奢華的飯店，為的是見證這些飯店在梅菲爾夜間生態系中運行的方式。我約了要見面的人是夜班經理，他在被我找上當時所服務的那家雇主之前，已待過若干菁英級的飯店。在保密條款的嚴密規定下，他可能會因為我透露他在夜班中管理哪家飯店而被炒魷魚。集諱莫如深、個人魅力、周到禮數、灰色西裝，與四十出頭的年紀於一身，夜班經理最初在餐旅產業從基層做起，而傑出的表現就是他往上爬的動力。這種金權富豪的完美僕役讓我想起了傳統男僕。

他知道誰為了什麼原因住在哪個房間，也知道誰期待什麼等級的奢華服務跟關注：飯店的客人有各式各樣的有錢外國遊客跟來出差的本國人。他替我勾勒出梅菲爾的飯店即景。一般會把每晚八百四十鎊起跳的克拉里奇視為奢華的金字塔頂端。稍微便宜一點的康諾特酒店（The Connaught Hotel）算是第二把交椅。多爾切斯特精選酒店（Dorchester Collection）——背後是汶萊蘇丹所主導的財團——吸引著「世界各地的菲利普．葛林[4]及其同道中人」（我想他指的是商業界那種臉皮很厚但家底很粗的人），也吸引著他所謂的「中東市場」。夜班經理告訴我中東客人男女有別。「拖著妻小跟保姆等一干人的中東客人不見得會一家子住在一起。他們會分流。男人會待在多爾切斯特——他們的玩具（車子會用飛機載來）就停在前庭。」女人會選擇克拉里奇或騎士橋的文華酒店，因為這兩個地方較為「女性化」；「家庭成員（小孩子）與隨扈會前往希爾頓。」就跟條子一樣，他也說現在不容易分辨誰是而誰又不是有錢人。「最有錢的人不見得是看上去穿得最講究的。要是能讀到他們衣服上的標籤，那你就會知道他們誰是誰，但那些標籤不見得都是Prada或諸如此類的。那些牌子往往相當基本，因為他們都傾向表現得非常低調。我都形容他們是『呀』[5]之一族。有『呀』這種人，另外也有新富階層。而在梅菲爾是以『呀』居多。」

鼓勵我走一趟多爾切斯特的正是夜班經理。在我焦慮地跌跌撞撞進去後，我在長廊酒吧的愛德華時代幻夢中逗留了一會兒。因為無法側聽，畢竟我不通阿拉伯文，所以只撐了一下我就決定放棄，轉而循接待處的標誌前往另一間酒吧，名字就叫 The Bar。The Bar 是個地方不大、私密而黑暗的空間，所有裝飾都採深棕色與螺旋造形。選播的音軌是電梯裡會聽到的低沉背景音樂。這讓我一下從一九一〇年代跳到了一九七〇年代。裡面有個酒保在調酒的酒吧，它本身就占了整間窄室的全長。一名來自巴黎的服務生突然現身來替我點單。服務生與他的義籍主管——也就是酒吧經理——都會不時前來確認我的狀態，算是不動聲色蒐集情報：我是誰？為什麼會形單影隻出現在酒吧？他們的關注打擾了我的筆記工作。但他們其實很客氣，客氣到送了我一份隨機的小贈品：那是一管透明的唇蜜，其特色是在我移開管身之後，留下的唇蜜會發光，我合理推測這是為了讓我的嘴唇在黑暗中更亮眼。這讓我覺得尷尬、被監視。後來等我重新跟夜班經理接上線，向他轉述那段在多爾切斯特的遭遇後，他向我開釋：我的筆記本讓我看起來像個飯店評論家。顯然若飯店維安全人員想一讀我在寫些什麼，那是可以輕鬆做到的，畢竟他們的閉路電視鏡頭可以拉近到想要特寫的目標上。那一刻的我觀察著夜裡飯店的各種動靜；過程中，我也成了我所觀察的夜晚的一分子；而飯店也在盯著這個在盯著他們的我。我自以為的外來觀察者身分就此坍縮。

在跟服務生與他的經理聊天的空檔——輪完班的經理得踩著腳踏車回到他在貝肯納姆（Beckenham）東南郊的家——我把頻率轉去接收左右兩側的對話，試著感覺這裡都是哪些人在光顧，還有酒吧裡散發著什麼樣的氣氛。其中一側有名男士身穿灰色西裝，年近五十，輕輕撫摸著一個二十來歲美女的手，美女身上是一件薄如蟬翼的白色禮服，腳踩一雙金鞋。他們一邊喝著酒，兩人身體的間隙也緩緩縮小。我因為距離太遠，所以聽不清他們低語交談些什麼，但他們的肢體動作已經挑起了說故事的大樑。在我的另外一側，三名光鮮亮麗的奈及利亞女性將她們的設計師款包包放在桌面上，好騰出手來喝她們的草莓瑪格麗特。其中一人身穿黑色小禮服，另外兩人則是設計師牛仔褲搭配女性上衣；三人手腕上都是身價不凡的手表跟鑽石珠寶。她們在討論著親密關係：「我要跟他說，你要不要找別人來讓你開心？我可不想要個中央控制系統。」她們都笑了。「我爸的房地產，他名下其實還蠻多筆的，但不要到處大聲嚷嚷喔。」她們嗆辣而自信。其中一人提到她通過了倫敦帝國學院的考試：所以她是個有錢的學生。

過了午夜後，開始變得稀稀落落的酒吧裡走進兩個年輕女性，一身就是要引人矚目的打扮。而她們也成功了——我們全都扭過頭看向她們。其中一人穿著白色褲裝跟閃亮亮的高跟鞋，另一人則以短版禮服搭配及膝的長筒靴。她們的穿衣風格在模稜兩可中透露著情欲的可能性，而那或許正是梅菲爾夜晚的一大重點。如歷史學者法蘭克·摩特（Frank Mort）所說，情欲的歡愉始終關係到一張更大的感官享受網絡，在那之中有吃、有喝、有娛樂，[6]而這些東西在梅菲爾一應俱全。早先夜班經理曾提到他在倫敦一家頂級豪華飯店裡的經驗，藉此向我描述一些特種服務工作者是如何利用高檔飯店酒吧裡的性經濟體制。「絕對、絕對不要提到伴遊、妓女、晚上工作的小姐，」他提醒我，「沒有酒吧會希望她們跑來找生意。大體上你可以從一些習慣辨認出她們。綠茶。她們總是喝綠茶。」在涉及到伴遊的法庭案件中，多爾切斯特的店主都強力否認他們是在知情的狀況下放這些小姐進門。服務生跟他的經理對此都保持高度警戒，但這其實有很多判斷的灰色地帶——女性的衣著與舉止很容易造成誤會。此例中的兩名女子往酒吧中央的一張小桌前一坐，就好像是小酒館裡的「卡巴萊」（cabaret；類似歌廳秀的概念，酒館客人可以邊吃邊看餘興歌舞表演）那樣；她們大聲說笑並點了飲料。在吧檯的另外一頭，西裝男與薄衫女愈來愈沒距離，他已經傾身去吻她的玉頸；他喚來帳單後，兩人在合謀的耳鬢廝磨中離開。

夜班經理說飯店較樂見的是有經紀公司幫忙低調接案的性工作者援交伴遊，她們會神不知鬼不覺進出房間，去服務未預約房間的尋歡客。高檔的娼妓與伴遊不分男女，都有幾個特點。這些人年輕、外貌出眾、衣著昂貴，而且不時會從東歐或前蘇聯共和國搭機前來倫敦。他們開的價也符合住客在頂級五星飯店裡的消費水準，大致落在每晚一萬兩千英鎊上下。[7]當然，本地的服務也是有。性工作是飯店的菁英服務文化中一個不能明言的環節。若按照夜班經理的說法，「只要有人願付每晚一萬鎊，那就不會有飯店跟你說你可以怎樣、不可以怎樣，而且坦白講，今天有個傢伙想邀請三個『朋友』在房間裡共度一晚——只要他沒有引發事端或打擾到其他客人——哪家飯店會閒著沒事把生意往外推。」因為「有條不成文的規定：飯店會睜隻眼閉隻眼。這是個禁忌的話題。」高檔飯店就是咬著這點，要價不菲也心安理得：「這就是何以住客不介意付一晚一萬鎊，這錢也算是一種封口費，他們知道錢付下去，那麼不論是老闆還是老婆打電話來，」飯店都不會拆穿他們，「誰沒有沾到點邊？」夜班經理聳了聳肩。關於性工作，八字訣曰之：心照不宣、輕描淡寫。

夜班經理跟我說，在梅菲爾另一家他工作過的頂級飯店裡，曾經上演過一種「全套」的窺視秀來讓中東客人一飽眼福。「那些公子哥會聚在一間套房裡，接著他們花錢請來十名男妓女妓或之類的人，然後就要這些人在他們面前做愛。他們不會參與性行為。他們只是像現場觀眾一樣坐在那兒看。一切都按他們的安排進行。我想他們是百無聊賴才想出這種事。在梅菲爾，你可以看到很多對生活膩到不行的人，很多真的寂寞到極點的人。」他的看法是：「清晨兩點鐘隨便在地球的哪裡，人就是人。他們想要的都是一樣的東西。不論你在外人眼中是卡達政府的官員，還是英國（埃塞克斯郡）布倫特里鎮的建築工人，人就是人，你就會付錢買一個守口如瓶。」他建議我去找家飯店的禮賓部問問，看他們有多常被叫去買保險套：「億萬富翁會跑去找接待人員說：『這裡是五十鎊。感謝你幫我們訂餐廳，現在你能不能幫忙買三百個保險套？』禮賓部的帥哥會跟他說不行嗎？不會吧？」我想聰明人都會讓這三百個保險套順利到達客人的手上，不要多問什麼。梅菲爾的情色可能性與各種光景，就如夜班經理所形容，終究只能是空虛、機械式而無趣的，統統只能像所有東西一樣是用錢交易而來，並受到菁英級飯店守密規定的嚴密保護。

這麼看來，性、安全與服務共同撐起了梅菲爾的夜晚，並透露出：錢只要多到一個程度，便可以予人一種不公平的力量——有錢人可以對服務他們的人提出各種要求，再有違良俗、再怎麼離經叛道都沒有關係。一段時間後我又回來追蹤這條線，這次我找上一名三十五歲的哥倫比亞籍女性，她在頂級倫敦飯店的VIP服務上有著無懈可擊的資歷。VIP服務者會貼身服務一擲千金者。一擲千金者可以是任何人；「花錢」是VIP待遇最主要的資格門檻，而這所構築出的就是一種她所謂的「遵命文化」：「他們的一切要求都悉聽尊便。」她跟我說，有客人要求在他的套房中間裝一台按摩浴缸；另外還有一名俄國人買下了他專屬的冰箱、主廚與試毒員，因為他擔心被下毒。VIP服務有天花板嗎？她說她自己某次還得回絕一名想花錢跟她發生關係的美國男客，但她也只是彬彬有禮威脅對方要叫警衛過來。她接著說道，在另外一個場合中，「我對一個想要把套房地板變成草皮的要求說了『不』，對方想這麼做是因為他們帶了自家的狗，而那隻狗只在真的草地上上廁所。」「我不是在開玩笑，」她看著我臉上的表情補充說，「我對那隻狗印象非常深，因為狗兒甚至有牠自己的菜單，我們還得拿去給主廚參考。主廚氣炸了。」錢授予有錢人的，就是這樣的權威——一種別人服務他們，他們還可以去羞辱別人的權威。

過了午夜，我才從多爾切斯特的旋轉門走出來。外頭的街道如今感覺比之前更加黯淡，更加空蕩。夜間的活動若不是在進入尾聲，就是已經從街上撤離，出了人的視野外，到了我無法跟去的地方。我在深夜的戶外待了一下下。就算聽說了梅菲爾夜晚的那些事，我仍然能感覺到那揮之不去、源自於明亮燈光與城市的歡愉，以及那「五月市集」之俗艷帶來的刺激；城市蘊藏的威勢與驚奇帶來了刺激。我招了輛計程車往東回家，也回到了床與夢鄉。

第5章 幫魚擠卵

「重點不只在於不擇手段賺錢。」被我稱為「傳承」的新朋友堅稱。但我覺得就是。從之前跟蛋糕的對話，也藉由我與天才之離婚文件的（虛擬）會面，我已經開始了解私募基金背後的動力就是不計後果，拚了命把錢變大。而正是懷抱著這種理解，我才會很驚訝，竟聽到上述這麼另類的觀點是在一間私人國際投資集團的頂級辦公室裡，被人說出來。我瞪著光亮的桌面，一邊啜飲玻璃杯裡的水，心中猶疑該如何開展這場對談。私人投資的重點還能是什麼？傳承告訴我那關乎一門「商業的藝術」。照他所說，這就是讓他這類投資人前進的推力。他口中的「這類投資人」指的是年長、成功的商人，是《財星》百大企業的前執行長們，是勛爵們，是那些努力不懈的億萬富翁，是那些把他們這輩子需要賺的錢都賺完了，但卻不太知道該如何罷手的人。他們為什麼不退休去享享清福？我開始納悶起，那些往往跟財富有關聯的「有閒階級」，究竟跑哪裡去了？我肯定是沒有見到他們。難道賺錢這件事就這麼讓人上癮嗎？我想多了解一點。

所以繼夜間各種邂逅帶來的興奮感之後，我又到了梅菲爾。在經過一番奮鬥，又一次穿過地鐵綠園站跟麗思酒店周遭的人群，也再次閃避掉飯店賓客、遊客與無家者營地日復一日在這兒排練上演的舞碼之後，我穿過了皮卡迪利路，繞過柏克萊廣場，朝著毗鄰的梅菲爾廣場街而去。最終我來到傳承的辦公室，想再多挖掘一下私募基金的真相。我想看看自己可否潛到表層以下，是不是能發現什麼東西在驅動這些投資人。我想知道除了技壓其他投資人、累積更多金錢那種空洞的貪婪以外，還有什麼是我在梅菲爾的排屋跟金融城的銀行裡所沒聽到的。我想知道是不是還有其他目標的存在。我想知道成功的投資者如何看待自己的所作所為，我想知道他們人生的意義來自何處。我是想，年長一點的人已經不用每天殺進殺出去把錢變大，所以應該比較有時間思考這些哲理，我循著一名人脈的人脈往下追，最後終於得以見到傳承本人。商業的藝術是吧。他這話到底是什麼意思？

我穿行在那照慣例有門禁管制的各種路障之間，靠著又一名笑容可掬女性接待員的協助——這麼一直笑用看的就累——最終我被導引到一處舒適豪華的等待區。傳承沒讓我等，一下子就跑下來迎接我：他年約五十出頭；有纖細的金髮；開頸襯衫與剪裁合身的西裝顯示出一種精心雕琢過的企業菁英樣，但菁英形象中也帶了點休閒的風格。來迎接我的他顯得溫暖而大方。他領我過去談話的會議室一如金融企業世界裡的每一間會議室：拋光的木桌、俐落的座椅、水、玻璃杯——內斂中透著貴氣。

我首先想知道他從事的私募投資是何種版本。傳承強調他所屬的集團有一種別於其他所有類別私募投資人的運作原則與時間尺度。他說，私募投資通常強調的是「短線投資」跟「千方百計賺錢」。他說那背後是一種純粹的擴張哲學，也是由季報循環的業績壓力所推動。[1] 他話說到這裡都跟我理解的相同。但他強調，在梅菲爾廣場街上的生活遵循的是不一樣的驅力。他說梅菲爾廣場街上的投資人都已經事業有成，他們「已經在年輕時建立起龐大的事業」。他們已經賺到了這輩子想花也花不完的錢，但仍憑著一股動力繼續工作，實踐他們所謂的「藝術」，並把累積的專業應用在他們的財力上。

具體而言他們究竟在做些什麼？這門藝術到底是什麼東西？「我們會辨識出某家我們認為前景看好的公司，或那種具備條件可朝我們認為符合下一波發展趨勢，或朝著高成長領域前進的公司。」如果該公司能通過他們的盡職（due diligence）調查，那投資集團就會入股，且手筆會大到足以讓他們憑藉在董事會上的幾個席次，便扮演積極投資人的角色。他們會談妥一種策略去改善公司的前景，然後開始放長線釣大魚。如傳承所說，「有些事情就是需要時間發酵，再開花結果。長線投資的真諦在於買進公司跟建設公司，使之在十年、十五年、二十年後變成一筆家喻戶曉而且**足以傳世的資產**。」建立傳世資產的事業更需要耐心，也因此暗示其更能帶來回饋，道德上也高出一等，這在理論上是千方百計賺錢所比不上的。傳承之所以會說這是一門藝術，道理就在這裡。不過，聽起來頗像是金權富豪版的退休生活就是了。如果車子停不下來，他們索性把變速箱降到低速檔，然後就慢慢在那兒滑啊滑。

我想知道已經非常有錢的傳世資產投資人會繼續滑行，背後有什麼動機？關於這一點，傳承發現他的同事不可避免會跟他說，「『職業生涯中我最喜歡的一點，就是當我第一次擁有自己的事業的時候。』這句話裡有一種對創業以及對於讓事業成長的真愛。」但那種感覺也會慢慢失落在企業變大、變得體制化的過程中。隨著成功的企業家脫離第一線，成為治理公司的高層，「一開始讓他們順利創業的幹勁就變得多餘了。我是說，不信你可以看看這個國家。」傳承的聲音中多了一種新的言之鑿鑿口氣：「我們的世界是由先驅者所建立，世界各地的人開啟貿易通道，試著找出西北航道[2]，發現了美洲。這裡大部分人都沒日沒夜地工作，只因為他們熱愛工作；這就是商業的藝術。他們熱中此道。他們想要在某種事業創立時參與其中。」商業的藝術——那推動創業的先驅本能，遭到了財富與成就的侵蝕。反過來說，傳世資產的建立則保存了他認為與先驅衝動密不可分的幹勁與遠見。這就是何以金錢可以活得比終將入土為安的財閥更久，何以有機會永垂不朽。在此過程中，傳承判斷，打造傳世資產會被提升至一種藝術性的境界、一種神聖的天命；透過各種「發現」（也就是在我看來相當於侵占他人土地跟資源的過程中），那也與英國的「國家建立」密切配合。我在內心納悶，是什麼動機在推動著這種對道德價值與崇高天命的追求。傲慢嗎？是在為某些社會價值有爭議的活動洗白嗎？是為了證明自己是個男人而投入永恆的追逐嗎？

就在心裡還為這種把商業說成藝術的奇異觀念左思右想的時候，我離開了傳承，再次穿越皮卡迪利路，繼續往南走上聖詹姆斯街到梅菲爾的附庸：聖詹姆斯區。我要去見另外一名成功的商人，好進一步挖掘私募投資幕後的行動動機。而在這一路上，我探索了一片又一片披著貴族豪門等「舊錢」外殼的地景。聖詹姆斯的建築物在宏偉中透著威嚴，宛若長年埋藏在這些街道中的皇家珍寶。在聖詹姆斯街的盡頭，矗立著聖詹姆斯宮，街道會在那裡以一個直角彎入帕摩爾街（Pall Mall），也就是聖詹姆斯區的南界，止於林蔭大道（The Mall）與白金漢宮前。帕摩爾街是與林蔭大道平行的街道，街上那些維多利亞時代建築的宏偉設計令人目不暇給；那些建築是為了達官貴族的重要活動而存在。一派王家風範的大器建築容納了一干老派貴族的俱樂部，門口有低調內斂的銅牌刻印著數字，而非名稱。這裡帶有扎實、堂皇的本質：梅菲爾那「五月市集」的輕挑尋歡氣息，在此不見蹤跡。我步行經過倫敦遊艇仲介商會（London Yacht Brokers），那裡以廣告宣傳著其所提供的遊艇買賣租管等服務。我還經過了貝瑞兄弟與路德（Berry Brothers and Rudd），他們做的是高檔酒商的生意。在我前往「葡萄酒俱樂部」（The Wine Club）這個帕摩爾街上的私人俱樂部去赴鱘魚之約以前，這似乎是個我可以停下來瀏覽一下的好地方。

葡萄酒俱樂部不令人意外，是招待好酒鑑賞家的地方。此處有一間他們引以為傲的「美酒圖書館」，以及一座藏酒豐富的地窖：有多達有八百種頂級酒款供單杯品飲，算瓶的選項更是多到讓人腿軟，更別說現場隨時駐有一名頂級侍酒師供人諮詢。有些有錢人在此處建立了藏酒，出售自用兩相宜。這種消遣已然化身為一類資產——只要用對的價錢買下正確的葡萄酒，那都是會增值的。葡萄酒俱樂部棲身於一處蔓延的維多利亞地產中，該場地原本的用途是銀行大廳。在接待處丟出鱘魚的名號便讓我進到了大廳，我得到一杯水跟一個在小桌前的座位。他人還在另外一個房間裡開另外一場會。不同於帕摩爾街上那些傳統的紳士俱樂部不鼓勵或甚至禁止（除了建立人脈或發揮私下影響力等擦邊球以外的）公事，工作在這裡理所應該，甚至是受到鼓勵的，這點可以從空間的規畫看出來。勞動與休閒在此比肩同行，主會客室旁設有一些小房間供會議使用，也供人在裡面使用筆電辦公。葡萄酒俱樂部對現今那些金權富豪的工作習性抱持的是支持態度。

鱘魚像個頑童般跟我說葡萄酒俱樂部是他的倫敦俱樂部。微禿、個頭不高、幹勁十足、友善、開放、五十來歲，符合以上描述的他一身速度與熱忱朝著我過來，他開口說的是有濃重俄羅斯口音的英語。雖然早在二〇〇七年他就已經舉家在倫敦置產落戶，但一直到前不久，他都是把這裡當成度週末的地方，平常還是生活在莫斯科。但如今莫斯科反而變成他們度週末或假日的家，留著是「為了孩子，因為我們希望能保留住他們說俄語的根」。因為他已經賺了很多錢，所以在莫斯科的生意不需要他時時盯著。他們在南肯辛頓有一棟大房子，同時他告訴我他喜愛關於倫敦的一切：文化、歷史、學校，而且距離他們在法國聖特羅佩（Saint-Tropez）的第三個家很近，那裡是他們每逢學校放假以及想要享受好天氣時去的地方。

鱘魚的一天以兩小時的健身房行程為始。像今天他先健身，之後回到家，消化了兩天份的電子郵件，因為他昨天搭早上七點的班機到日內瓦處理他其中一家公司的事情，回到家已經是深夜，所以電郵才會堆這麼多。沒有私人飛機，我注意到這點，另外也沒有自宅的健身房。我們上午時分展開的對話，已經讓他今天開的會累積到第三場。他的工作量有多大？「很大，」他不諱言，「我應該多留一點時間給自己跟家人。平常就算回到家，我通常也會繼續在電腦前工作到十一或十二點。」他在家吃飯嗎？「是，但也不是。要看我有沒有應酬。」他補充道，「最起碼，我會盡量把晚上時間留給家人跟孩子。他們有權利見到自己的父親。」他太太也是職業婦女，且大多是在替他的公司效力，至於家務則有一名保姆和一名管家會搞定。

我從來沒有直接拿錢的事情去問我面見的富人。我相信突然來一句：「所以你到底有多少錢？」絕對會讓我們這一席內容敏感的談話戛然而止。錢，永遠是房間那頭鑲著珠寶的陶瓷大象，所以我只想讓牠好好待著。但錢的話題卻也很常被富人自己——或許拐彎抹角——給帶出來。在建立人脈與蒐集故事期間，我訪問過一對年長的夫婦，他們在漢普斯特德（Hampstead）有一棟獨棟房子跟位於聖詹姆斯的一層公寓，其中後者不遠處就是詹姆斯．戴森（James Dyson，就是戴森吸塵器的那個戴森）的家。詹姆斯．戴森何許人？他在二〇二一年的《週日版泰晤士報》富豪榜上排名第四，估計身價不下一百六十億英鎊，而我只是走在他居住的鄰里——至少是其中一個住處所在的地區——街道上，都不斷感受到他的存在。那對老夫婦有意無意在我們的對談中提到他們賣掉了名下的其中一家公司，價金是三億英鎊。我試著了解他們對倫敦的想法。「我們就是倫敦。」他們略顯正經地告訴我。我在想，他們之所以購入聖詹姆斯的公寓，應該是因為有一堆錢沒地方花。他們自己也承認，在此置產是為了方便他們看完戲不用開六英里回去漢普斯特德。當然啦，他們的公寓也是一筆可望慢慢增值的資產。同樣地，鱘魚也很怕我不知道他是一名億萬富翁；在提到他眾多事業中光是一家科技企業時，他說：「我把那家一人公司拉拔成如今業績超過十億美元的規模。」「如今那公司的主要營收都是在俄羅斯賺的，我在公司裡也不再是負責操盤的經理人。如今我只是個董事會上的閒人。我會找時間去巡一巡，也許一個月一次吧，再多就沒有了。」換句話說他是個五十來歲的億萬富翁，人坐在一輛賺錢機器的後座。

鱘魚的錢是從ＩＴ產業與科技新創中賺得的。科技一詞範圍非常廣，所以我做了一點調查。「這年頭你很難在科技與非科技（之間）畫一條清楚的界線，」他反駁說，「科技其實圍繞在我們身邊；你也可以說科技無所不在。這年頭就連冰箱都可以用來上網訂購東西。」鱘魚定義下的ＩＴ是破壞現有市場與社會習慣的「各種討人厭的科技」。「破壞」至此已經在我的訪談對話中出現了好幾次，最近一次是在與金融科技大亨蛋糕的交談中，而且每次提及都被當成一種美德、一種優勢。鱘魚列出了一些例子：「人工智慧、包含電動車與無人車在內的新式汽車產業需求、加密貨幣與區塊鏈。沒人知道比特幣能不能活下去，但整個（加密貨幣）領域絕對會高速成長。中國軍方是第一個使用區塊鏈存放敏感數據的單位。」物理性的實體資料中心難以承受攻擊：「萬一發生戰爭，要炸掉資料中心輕而易舉。而沒有了數據，通訊就難以為繼。但如果你有分散式的數據系統（區塊鏈），同一批數據就可以存在於世界上任何角落。就算想也無從摧毀。」

區塊鏈是一種能掌握數據位置的演算法，它控制著一小塊一小塊串成一條鏈而非儲存在一地的數據。鱘魚還在如獵人般尋覓「非常、非常好的IT新創」來投資。就很像傳承所形容的，他的財富是一種衝鋒（與登高）的個性所造就：他被企圖建立新事物的各種挑戰推動向前，也由往上爬所需的幹勁推著走。

我問起鱘魚的出身背景。「我是在蘇聯時期從學校畢業。我們在莫斯科有一間不算小的公寓。我們家算滿有錢的家庭。」他的祖父是一名俄國陸軍的將軍，而他父親是名教授，而且還是名支持共產黨的教授：「他終其一生都是共產黨員，而那並不是因為他喜歡共產黨（的黨本身）……而是因為他不喜歡現今發生的一切。」如同其他環境不錯的俄羅斯知識分子與商人，鱘魚說他們一家都不是普丁的支持者。普丁卯足全力要在俄羅斯聯邦的基層大眾中取得聲望，但鱘魚來自蘇聯時期的知識分子貴族階層。他畢業自屬於菁英階層的蘇聯軍事太空學院（Soviet Military Space Academy），並在那裡獲取高水準的技術與科學知識，外加其他的菁英社會人脈。雖然原本不是為了賺錢才讀書，但有這種教育背景與個性，確實在葉爾欽經濟改革讓一群屬於少數的前蘇聯公民變得極其富有的同時，他也晉身成一名億萬富翁。[3]

鱘魚拿了他數十億財產中的一部分，去投資他手中實驗性質的永續性魚子醬生意，他將其形容為「一個優質的興趣」。他說：「就我們投入的資金而言，這是一門生意，但就做出來的結果而言，這更是一種熱情跟興趣。我們對自己在做的事情非常自豪。通常魚子醬的生產者都會直接把（鱘）魚殺死來取卵。」但鱘魚這位仁兄不這麼做。他的做法是把鱘魚變成魚界的「乳牛」，幫牠們「擠奶」。為此他們首先會把魚麻醉，然後透過按摩來取得魚卵。「這是一種相當昂貴的科技。」他說，而且那是與一家大品牌的國際食品廠商共同開發出來的技術。說這是一種興趣，是因為迄今（還）未能在經濟上獲利，只能停留在一種實驗的定位，而正因如此，這件事對他個人就比較有樂趣可言。「我們建立了這種科技與食材共同組成的結晶，」鱘魚興致勃勃告訴我，「我們的養殖場極其自動化。一共只聘用七個人。餵食、控溫、給氧——一切都是由機器完成。」魚身中都植入了晶片，然後透過Wi-Fi連結到 個中控系統，這樣「魚經理」就可以追蹤魚的體溫，判斷何時可以接受採卵。在採完卵後，魚兒會被放進一個特別的池子裡去恢復元氣，「因為採卵對魚兒來說是頗高壓的過程」。永續型魚子醬掌握了當下的一種時代精神，那就是奢侈品也要有永續性的出身背景加持。他既不需要工作，也不需要賺錢：工作與賺錢對他而言都已經是消遣，是戒不掉的習慣。為了用有意義以及具挑戰性的活動讓生活變得充實，他必須從事這些事業，好刺激自己智識上之好奇心。

我告別了鱘魚，讓他去開他的第四場會議，而我也從葡萄酒俱樂部出發，步行穿越皮卡迪利路，再一次進入了梅菲爾。我思考著那想當先鋒的幹勁和腎上腺素，那種由商業的藝術所提供的解藥：智識性的好奇心得到滿足、對新（事業）疆域的追求、不朽功業的打造，還有男子氣概的維繫。此外鱘魚也強調崇高的意義、美學與技藝，而這三者常常是跟藝術一詞有關的概念，也都是跟骯髒、嗜殺的企業資產剝除以及金錢累積站在完全對立面的概念。藝術本身就有許多用途，而梅菲爾當然也沒少專注在藝術的商機上。我算了算，梅菲爾有二十間私人藝廊，外加一間梅菲爾掛頭牌的公設藝廊：皇家藝術學院。藝術跟私募基金就是是這樣的鄰居關係。柏克萊廣場這個私募基金的大本營有高密度的私人藝廊。事實上，私募基金與私人藝廊在空間上互有競爭關係。藝廊有著巨大的足跡。我踏進位在廣場北端的私人藝廊富藝斯，其占地廣達整個街區，範圍延伸到會繞過轉角，來到戴維斯街。富藝斯廣大的白色房間有親切的非裔警衛看守（我一而再、再而三遇到這種場景——非裔男性把守著倫敦的珍寶）。我在富藝斯寬闊的木地板上與廣達數英畝的白牆間穿梭，然後駐足在一幅艾德．魯沙（Ed Ruscha）的畫作前：《天曉得在哪》——**God Knows Where**三個白色的大字以印刷模板風格寫在由下而上的沙地、白岩與藍天上。那幅畫預期可以賣到兩百五十萬到三百五十萬鎊，當然了，還得外加買家（按成交價付給拍賣行）的佣金與增值稅。齊斯．哈令（Keith Haring）的《無名，一九八一》（*Untitled 1981*）這幅以大膽的黃紅黑配色畫出一張油布上的抽象人像，則被認為有機會達到三、四百萬英鎊的身價。在以所謂「酸性」顏色寫成的「青年英國藝術家」[4]橫幅下，展示著上述兩人在金匠學院的一名老師麥可．克雷格—馬丁（Michael Craig-Martin）的一幅作品，標題是《滿》（*Full*），而該畫作預期的售價會是相對客氣的八萬到十二萬英鎊。克雷格—馬丁的另一名學生戴米恩．赫斯特（Damien Hirst）則展出了《夏日微風》（*Summer Breeze*）這幅藍天配上白蝴蝶的畫作。不遠處，赫斯特的一件藥櫃作品開價落在一百二十萬到一百八十萬鎊之間。在赫斯特的旁邊，相對沒沒無聞的藝術家吉爾伯特與喬治在兜售他們巨大的畫作《城市仙子》（*City Fairies*），我後來發現這件作品在拍賣中是以超過十五萬九千英鎊的價格售出。所以說藝術真的也可以讓人變得有「大把大把的錢」。

在戴維斯街，我經過了梅菲爾一間很著名的畫廊：高古軒（Gagosian）。Live in Your Head（住在你的頭裡）這幾個粗黑字體以印刷模板形式印在主櫥窗上，而透過該櫥窗我看到又一名非裔警衛身穿黑色西裝，在玩著他的手機，人就坐在展覽廳的中央。那個展覽名稱是「理查·阿特史瓦格的古玩櫃」（Richard Artschwager's Cabinet of Curiosities），乍看下警衛好似也成了展覽的一部分。高古軒屬於一個全球性且共有十五處據點的畫廊網絡，負責人是賴瑞·高古軒（Larry Gagosian）這名據稱身價高達六億美元的美國畫商。高古軒畫廊的所在地——紐約、新加坡、香港——也正好同時是全球的金融重鎮，兩者可說重疊得相當緊密。在藝術界，高古軒是以全球布局聞名的其中一家國際企業，且經常舉辦博物館等級的展覽，不過主要是活躍於次級的藝術市場，也就是藏家跟機構之間私下的轉賣市場。在一次與賴瑞·高古軒的訪談中，藝評彼得·M.布萊恩（Peter M. Bryant）稱這種市場是「藝術這門生意中幾乎不斷在進行投機的區塊，原因不外乎其交易大體都發生在幕後，讓人不得不為了是誰、為了什麼理由、賣了什麼東西而爭辯不休」。[5] 高古軒本人就如眾所周知，是「神祕兮兮」的角色。[6] 私人畫廊是藝術市場中的主要造市者，也是中介買賣、讓藝術品與金錢進行雙向轉換的要角。他們展出的東西就是要賣掉的東西，而這一點也是他們與皇家藝術學院這類公立畫廊在舉辦畫展時最大的差別。

在梅菲爾的藝術與金錢遊戲中，蘇富比拍賣行是其中一個極具影響力的中介者。但蘇富比是一本無字天書。進去是沒有問題，蘇富比本身是對公眾開放的。我站在熙來攘往的入口處，那裡有蘇富比一身黑色服裝的員工在招呼潛在的買家入內，你可以實實在在感受到他們對業績的期待。主廳中有一場印象派與超現實主義的拍賣正在進行中，現場那些坐著的觀眾綳著撲克臉，決心不對他們垂涎的畫作顯露出興趣。一名年輕的女性拍賣官身穿亮紅色的服裝，在講台上展現流暢的口條，並接收著肉眼看不出來的訊號；在她面前，一排蘇富比拍賣的與會者電話不離手坐在那裡，隨時轉發看不見的下標者從天曉得什麼地方拋來的出價。觀眾席中鮮少有人參與競標——主要的生意都來自電話線上。「電話線上的茱莉安女士」或偶爾的「在現場的克里斯賓先生」會從拍賣官的口中說出。一幅梵谷的《挖掘馬鈴薯的小農》（*Peasant Digging Potatoes*）以四十萬鎊透過電話賣出，但現場似乎沒有人覺得這有多麼諷刺。這輪拍賣上其他作品落在一、兩百萬鎊這個價位——這些錢都在電光石火之間就花掉了。這就是所謂觀賞用的拍賣會——既然「在現場」的人鮮少實際參與競標，那他們自然就是觀眾。梅菲爾的藝術品世界就是這麼不透明。就算是畫都掛在牆上，交易的過程也發生在公共場所，金錢還是可以順利掩人耳目。

我回到剛剛的高古軒，跟文青碰了面，我希望他能增進我對蘇富比的認識。文青是個溫文儒雅、穿著休閒的策展人，年紀五十來歲，目前經營梅菲爾一間頂級畫廊。他獲得的授權是改造畫廊，使其展出屬於未來、活躍於現今的藝術家作品，並以此取代已作古畫家的經典作。目前他的工作以顧問為主：他提供方向給那些想要累積私人收藏的人，並在公共藝術領域中擔任顧問委員會的成員。我們一起走在街頭，他告訴我公共與私人藝術界已然在過去三十年間變得「我中有你，你中有我」，主因是公共資金的欠缺與其所導致的大型公共畫廊對私人贊助的倚賴。私人藝術收藏與藏家形塑了藝術體制，而也正是這一點，讓倫敦地位最重要的公共畫廊：泰特現代藝術館（Tate Modern）有可能存在，文青說道。「讓泰特現代藝術館跨出關鍵一步的，是活力十足的藝術現場，而要推動藝術現場的發展，又得靠資本的穩定流通，」他說，「鑲嵌於代代相傳之傳統富豪世界裡的鑑賞家們，長久都是以倫敦為其活躍重鎮，但這座城市也開始朝著收藏家、新興財力與國際化靠攏。」而倫敦的（金融）財富也順應了這樣的趨勢。

文青表示，拍賣行就是這波潮流裡一種「終極的民主機制」，因為只要你手一直舉著不放下來，那東西遲早會被你買到。「先於某種規範出現的，是一個俱樂部。」這姑且也算一種民主吧，我在想；但那也是一種富人限定的民主，一種新興財富扭曲了競賽場地的民主。雖然比起紐約還略遜一籌，但倫敦無疑是不容小覷的藝術市場。「全球所有排得上號的畫廊都在倫敦插了旗，就算這些據點賺不到什麼錢也無妨，這些畫廊只求能跟倫敦的客群搭上線。」「這些客群」是「來自其他地方的一群人」，而他們來倫敦追尋的是「一種連其他歐洲國家都沒有的（金融與政治上的）穩定」。對於跟藝術牽扯在一起的各種錢來說，倫敦是一個避風港，而畫廊是那座避風港「一種天然的延伸」。倫敦的政治與金融體系對藝術品炒作算是配合度高。雖然藝術品屬於應稅收益，但有心人可以將藝術品存放在境外的自由港或瑞士等非歐盟成員國，以避免繳納增值稅（在英國的稅率是百分之二十），這對價值百萬鎊以上的藝術品來講就相當於省了一筆可觀的費用。文青認為有一大群有錢的買家放棄了實際觀賞藏畫的樂趣，就為了節稅。一如上好的紅酒，藝術品原本是一種樂趣，現在則變成了一種資產。

「過往的藝術從未被視為資產，」文青告訴我，「以前，藝術是超級富豪頭頂一顆錦上添花的小櫻桃。」但如今的藝術已經在交易性、流動性與國際性上前進了一大步。文青主張，從前的藝術是資深豪門那些「舊錢」流通的領域。「過去你擁有一幅畫，多半就是會長期持有。如今，持有畫作更像是身處在新創公司中。兩者是一碼事。假設你花一百鎊買畫，然後過了十年漲到一百萬鎊，那真的會讓人覺得暈頭轉向。」有錢人收藏畫作是因為「他們都幻想著這樣的增值幅度。」但他們收藏畫作也是為了一種歸屬感，文青這麼想。這個藝術收藏家俱樂部的超級窄門也創造出屬於他們自己的焦慮。「有人會在你身後探頭探腦，想看看別人有些什麼。」當然，不是每個人都會遇到這類狀況。他回憶起，「我最早提供顧問建議的第一個顧客說，『這個嘛，我想要能訴說故事。』而我想說，『這話說得挺好。』他們實際上視自己的收藏為一種穩定自身身分的手段。」從這個視角來看，收藏可以是「一種我的欲望、我的興趣、我熱情的體現」。不論理由是什麼，文青認為收藏家是「透過收藏在尋求自我定義，是以一種成熟講究或簡單粗暴的方式在塑造自己的公眾人設」。文青此話就藝術收藏家的財富與品味傳達了重要的訊息。

在藝術這門生意中，文青的工作是確保他的客戶要「不花冤枉錢」。問題是什麼樣的價格才不冤呢？資料庫會追蹤一件藝術品在拍賣行成交過的價格。只是就如文青所言，「價值是人付出來的。」換言之價值這東西在藝術界跟在金融圈裡，沒有太大區別。「價值這玩意兒牽涉到貨幣價值，但也關乎文化價值。文化價值與貨幣價值經常並駕齊驅，但也偶爾會有其中一邊走在前面。」市場拚了命囤積現在還不貴，但「錢途」不可限量的作品。如同私募基金，藝術收藏講求的也是做足功課之後去賭一把直覺。

文青跟我說了他某個客戶在蘇富比拍賣會上的一樁實例。該客戶鮮少在乎自己買了並不真心喜歡的東西；他會生氣都是因為有某件藝術品從他手中溜走：「『我原本可以買到那個的。』『嗯，但你就是沒買到。』」文青看到一幅他認為被低估的重要作品出現在某場拍賣會上，就建議他的客戶出價。該作品開價是一百到一百五十萬鎊；他的客戶授權他出價到一百三十萬，並要求一同前往拍賣現場。「所以我們一起去到了拍賣會，」文青說，「我當場就看到了競價的對手。我的心一沉，因為我知道那傢伙代表的是一個很有錢的客戶，對方口袋多深我心裡有數。一百三十萬鎊的出價對對方不是問題。」他轉頭向客戶要求多出十萬鎊的權限。他的客戶聳了聳肩。「讓我很遺憾的，是我沒有繼續出價。那時應該要追加出價的。我應該要拚下去才對。我應該要幫客戶把那幅當初如果買下來，現在價值會翻十倍的畫弄到手才對。」

他的故事補齊了我在蘇富比不曾看到的一面。「你不會在前線看到收藏家本尊，就算是他在現場也一樣，」他解釋說，「拍賣室已經不像以往那樣可以看出很多門道了。實際上我的各種技巧，至少是在替私人進行採購時的技巧，永遠就是要拿著一支手機打，就算我在現場也是一樣。」這麼一來，就不會有人知道他在競標。「我講電話的對象可能是坐在我旁邊的人，或者我可以讓我的客戶坐在我的旁邊，而我講電話的對象可能是坐在六尺外的蘇富比員工。」藝術線女記者楊・達利（Jan Dalley）指出，不同於股票跟房地產，藝術品的持有者沒有登記制度。事實上，我們甚至不知道世上某些極為出名的畫作落在誰的手中。李奧納多・達文西的《救世主》（*Salvator Mundi*）在以四億五千萬美元易手之後，「似乎就『不假外出』了」。她補充說：「由於藝術市場高度仰賴顧問、經紀人與中介者，包括外資與境外的業者，因此藝術品所有權人的疑雲就變得更加雲山霧罩了。」[7]還有一樣是那句老話，對藝術品交易的中介商而言，本大利小利不小的原則也同樣適用於高額價金的小額抽成上。藝術這門生意絕對有利可圖，也絕對有很多人在鴨子划水。

藝術這門生意還不僅止於藝術品的實際交易。文青說，「藝術界的錢，絕對不只有一幅畫的定價所顯示的那些。」蘇富比等拍賣行往往也會涉足私人金融來為藝術品保價。文青解釋說：「假設你有一幅現代雕刻大家賈科梅蒂（Giacometti）的作品，而且你認為其售價不應低於一億鎊。」這時候蘇富比就會跳出來保證你能拿到一億鎊，但交換條件是，拍超過一億鎊的部分都歸蘇富比所有。問題是，蘇富比可能沒有錢一口氣拿出一億鎊。因此，「他們會找上一家第三方的金主，由這名金主保證以一億元買下那尊賈科梅蒂。」如果賈科梅蒂在拍賣中賣不到一億鎊，「金主會付賣家一億鎊並留下作品。」但如果作品賣到一億零一百萬鎊，買家就會帶走作品，而金主可以分到那多出來的一百萬鎊的五成。文青說，「這是一種跟藝術其實沒有關係，但又可以參與藝術世界的辦法。」

藝術金錢所引發的漣漪，會傳到梅菲爾以外。這些錢會帶動整座城市的房地產價格上漲，間接形塑全體倫敦人的生活。都市學者雪倫·祖金（Sharon Zukin）用《星際大戰》電影的哏形容藝術家是仕紳化的風暴兵。[8] 仕紳化牽涉到原本遭到忽視之破落社區的美化與復興。很不幸，這些改進都會反映在房價與租金的漲幅上，用價格把那些住不起的人趕走。正因為藝術家與私人畫廊來到肖爾迪奇與鄰近的霍克斯頓（Hoxton），才創造出迪奇的現代風貌，也帶來了像「穿衣鏡」這樣的酒吧。文青如此形容這個區域的變身：「短短十年，這裡已經變成倫敦最炙手可熱的其中一區。」霍克斯頓與肖爾迪奇曾短暫被認為是梅菲爾在藝術領域上的勁敵。但那沒有維持很久，理由很簡單——藝術牽涉到更廣大的時尚與各種奢侈品市場，也牽涉到超級有錢人。文青說：「錢不會往東走，至少血拚的錢不會就是了。」藝術很快就在梅菲爾重新站穩腳步，只把高房租跟高房價留給了肖爾迪奇。他接著說戴米恩·赫斯特會選擇在梅菲爾而非肖爾迪奇賣畫，不是沒有原因的。「如果你想要定義英國藝術界的中心點，那就拿根大頭針往地圖上的克拉里奇飯店一插，如果從那裡出發要走超過五分鐘，那就脫離核心區了。」他形容柏克萊廣場是藝術的「最適地點」。梅菲爾沒有太多空間足以容納畫廊的建築物。為此，畫廊老闆們會打通好幾棟建築的牆來創造出合適的空間。但這一招只適用於一種如今儼然稱霸該區域的特定畫廊：「營收夠大」所以負擔得起這麼做的畫廊。藝術這門生意結合了特定的展示或隱藏手段。它整合了梅菲爾多變的面貌，並重塑倫敦的其他區塊，像是肖爾迪奇與霍克斯頓，還有布里克斯頓（Brixton）；而同時，藝術家為了尋找他們負擔得起的工作室空間，便在這些地方遷入又遷出。

藝術市場跟洗錢是天作之合。國際透明組織（Transparency International）稱英國是洗錢的「避風港」，其中又以英國的奢侈品市場最為惡名昭彰，其中藝術品偕不動產一起扮演著要角。國際透明組織認為，這類可疑的藝術品交易金額可能上看數十億鎊。《金融時報》（*Financial Times*）一名專欄作家形容一個她口中的「資深畫廊人士」對近期歐盟打擊洗錢所推出的規範有下面這種反應：「驚慌，徹底他媽的驚慌。」[9]在二〇一八年，美國政府起訴了英國藝術品經銷商兼梅菲爾美術藝廊（Mayfair Fine Art Gallery）共同負責人馬修・葛林（Matthew Green），指控他用畢卡索的一幅畫作洗錢超過九百萬美元，據稱那些錢來自一場證券交易所的詐騙案。涉及此案的蒲福證券（Beaufort Securities）的各投資經理人對美國聯邦調查局一名臥底幹員解釋說藝術品是「唯一不受監理的市場」，且藝術品是一種有利可圖的投資，箇中理由正是因為具備洗錢的潛力。[10]藝術品的價格具有彈性，所以變成了犯罪者的潛在財源。藝術品這個樞紐把倫敦的梅菲爾跟國際上的黑幫、企業或國家犯罪連接了起來：那是一個見不得人的地下世界，一個跟藝術品的溫文爾雅或文化背景八竿子打不著的世界。

我看到的梅菲爾——那個有金錢在當中翻湧的梅菲爾——比起私募跟避險基金那些掠食式的交易，是更為講究一點、也複雜一點的世界。在這個美酒與美術交織成的清高世界裡，金錢——在其創造者與消費者的眼中——獲得了提升，變成一種更有價值的東西，也化身為一種遺產或甚至一個國家的根基。隨著金錢開始累積，它便披上了高尚文化的外衣昂首闊步起來。在堅稱商業具有藝術性的同時，金錢機器那些在梅菲爾的運作員與受益者扶正了他們的獲利，淡化了他們的貪婪。文化與金融共享著梅菲爾的街區，在此地相互角逐空間。典雅的建物門面後頭，文化與金融都是靠模糊自己的真面目及手段，方得以長長久久。

第6章 一場俱樂部與大富翁的遊戲

步行穿過梅菲爾與聖詹姆斯，我在尋找的目標是會員制私人俱樂部，或者偶爾會有人稱之為「紳士俱樂部」。這些俱樂部是金權倫敦行之有年的傳統特色，而在走訪過葡萄酒俱樂部去與鱘魚對談之後，現在的我迫切想繼續進一步的俱樂部探索。相對於有銘牌昭告天下這裡是這個或那個俱樂部，我遇到的都只有低調黃銅門板上的數字。我駐足在帕摩爾街一〇六號的前面。任誰都可以從這兒走過而完全不起疑心。但我已經說服了一名大學時代的老友邀我進他所屬的俱樂部。它占據一棟落成於一八三二年的宏偉宮殿式建築，設計者是也設計過國會大廈（即西敏宮）的查爾斯・貝瑞（Charles Barry）。要不是有我朋友的指點，我也不會知道自己站在旅行者俱樂部（The Travellers Club）的門外。他對於俱樂部的選擇總是讓我莞爾：在我的朋友當中，他是對旅行最沒興趣的一個。但他的名字卻能讓我在一名擺進牛津學院也不顯突兀的門房面前順利通關，再進到一樓的主交誼廳。吊燈、高高的天花板、沿著天花板裝設的飛簷，還有華美但略顯陳舊的家具，在在給人一種落魄宮殿的印象。愛丁堡公爵（即伊莉莎白二世的夫婿菲利普親王）也曾經是這裡的會員。

就算錢不是問題，也就算我能說服若干名會員推薦我入會，旅行者俱樂部依然有一道我永遠也跨不過去的門檻：這間俱樂部不收女性會員，只不過根據他們的網站所說，「女士歡迎來作客。」但當我想以「女性賓客」之姿晃進裡面的圖書館時，這才發現自己在俱樂部裡的活動範圍僅限兩個區域：交誼廳跟餐廳。他們的女廁也同樣沒有標示——就跟俱樂部本身一樣，客人得熟門熟路才會知道廁所的位置。由於這一晚的其他女客少之又少，我才意識到讓女性在此覺得格格不入，就是他們要的效果。這間俱樂部的存在，就是為了讓特定年齡層的男性有一個處所可以群聚、閱讀跟打盹——或是來用餐，獨食或在大眾桌吃都行。俱樂部的本意旨在成為一個「給歸國旅人、外國訪客，或是派駐倫敦外交官碰面的場所」——這都算是一個路子的旅行者。時至今日，俱樂部的內規限制手機的使用，恪守工作文件不能公開示人的規矩，還要求公事必須到預約好的房間裡去談——所有規定都反映了一種紳士探險家不工作的舊時代精神。服裝要求是西裝加領帶，外加：「女士理應在衣著上符合一定標準。」我朋友跟我討論過我能不能穿休閒正裝的長褲去，還是非得把家裡的連衣裙挖出來不可。最後我挖出了連衣裙。有一說是旅行者俱樂部是退役間諜的最愛。先不論此說的虛實，確實是有某些會員言談間透露出他們的人生走過了少有人踏上的路徑。在一場對談後，我留下來用晚餐，並選擇在大眾桌坐下。今天的話題一直是緬甸，而且是當地因人權問題而從原本的觀光景點變成去不了之禁區前的緬甸。講者秀出的照片顯示他可不是以觀光客的身分去那裡的。當我一一問起同桌的男士都從事哪種行業時，其中一人含糊地說「資訊科技」，而且還帶著一種要人別再問了的口氣。

我離開了旅行者俱樂部，好進一步探索下去。但這進一步也真的就是一小步而已，因為隔壁的一〇七號就是另一間叫「雅典娜神廟」（The Athenaeum）的俱樂部。雅典娜神廟在一八二四年是和若干知識分子的學會共同創立，其中成員有大學校長、教會裡的高級幹部，以及科學界、藝術界與文化界有頭有臉的人物，而他們入會一來是為了進行智識性的對話，二來則是為了利用俱樂部內三座美輪美奐的圖書館。由於俱樂部的會員中不乏學術界同仁，因此三不五時受邀來吃個午餐或晚餐並非難事。這裡的餐廳感覺像五星級飯店跟氣派私人公館的綜合體。男男女女一落落坐在小桌前，針對大學政治的主題談得正投入。值完勤的主教坐在單人沙發上，打著午餐後的小盹。雅典娜神廟壯麗、豪華、有水晶吊燈和高高的天花板，而且比起旅行者俱樂部來得更加閃亮、更加受到良好的養護，此外還有柱子夾道的樓梯間跟裝飾藝術風格的燈光。這棟建物本身就是一顆建築設計上的瑰寶，出自維多利亞時期建築師得西莫斯．波頓（Decimus Burton）的手筆而呈現希臘復興式風格。[1] 一道希臘式的簷壁飾帶順著外牆頂端延伸，位置就在頂樓窗戶與鍛鐵陽台的上緣：有時候，似乎只有古典的帝國才堪稱宏偉莊嚴。倫敦一些最美麗的歷史建築都是會員制的私人俱樂部在使用。

一如雅典娜神廟與旅行者，大部分俱樂部都專攻小眾的菁英人士。皇家空軍俱樂部（皮卡迪利路）、陸軍與海軍俱樂部（帕摩爾街）與「進與出俱樂部」（聖詹姆斯廣場）[2]都曾一度是高階軍官的專屬空間。而如今陸軍與海軍俱樂部已開始招募非軍事背景的成員加入，為此他們強調有五星級飯店環境以及用餐和水療設施。聖詹姆斯街上那間僅收男性的懷特俱樂部（White's Club）自許為倫敦歷史最悠久的紳士俱樂部，並將查爾斯王子（現在的查爾斯三世）跟威廉王子都列為常客。在梅菲爾，查爾斯街上的馬克俱樂部（Mark's Club）位於一幢美麗的老排屋，接納女性會員，並主打自己是聖詹姆斯街上那些紳士俱樂部外的另一種選擇。有趣的是其服裝規定——一字曰之優雅——明訂禁止了牛仔靴。柏克萊廣場上的摩頓俱樂部（Morton's Club）位於在英國國家遺產名錄中被登記為二級的喬治時代建築中（該名錄的登記建築依重要性分三級，最高為一級），並在私募基金公司與民間畫廊的團團包圍下經營一種比較青春、現代、輕鬆的形象。摩頓附設一間內部的夜店，主要鎖定三十歲以下穿著帥氣牛仔褲與高跟鞋的年輕人。他們網站上的介紹文字捕捉到會員制私人俱樂部的精髓，他們自稱為一個「在冠蓋雲集的首都，你可以來看人跟被看的地方，會員——行事低調之餘——不失其身分之高貴」。大部分這類傳統俱樂部的會員門檻不是會費，因為有的會費還算是相對親民——我說的親民是一年一千五到三千英鎊——他們的會員門檻是現任會員對申請者的提名與審查：這些程序會讓會員範圍限縮到以現有會員為圓心形成的小小交友圈。

不論是對年輕人的文化致敬，又或是在傳統的做法上進行調整，這些都顯示首都倫敦的俱樂部圈子處於一個不斷變動的過程。許多新進者重畫了俱樂部的版圖，使俱樂部的範圍突破了傳統上的梅菲爾與聖詹姆斯等核心地帶，進入到蘇活與切爾西——甚至還隨著肖爾迪奇之屋（Shoreditch House）的出現而插旗東倫敦。陳腐的規矩與古老的家具慢慢凋零，取而代之的是高規格的室內設計、頂級的便利設施、一定的彈性、工作友善的環境，而這一樣樣鎖定的都是年輕的自雇創業者。而餐廳品質的食物也取代了老派俱樂部那種學校供餐式的晚餐。這些俱樂部仿效五星級飯店，且對所有財力負擔得起的人開放，已經不再是富貴人家的專利，它們達成了奢華的民主化，起碼讓新銳的年輕有錢人也可以一親俱樂部的芳澤。如一名《經濟學人》的記者所言，俱樂部正在爭相追捧「日益以倫敦為家的女性、企業、國際型的富裕菁英」。[3]

皇家咖啡廳俱樂部（The Club at Café Royal）——這是梅菲爾東緣、位在攝政街上的五星級飯店內的會員制私人俱樂部——示範了「俱樂部星球」的這種發展態勢。從氣勢磅礡的大理石飯店入口，一名身穿俐落黑色制服的門房領我去到位在二樓的皇家咖啡廳俱樂部；從那裡的窗戶可以俯瞰月彎狀的攝政街街景，其設計者是約翰．納許（John Nash，一七五二－一八三五）。身體陷進一張單人沙發後，我化身海綿吸收著四周的氣氛。大器的開放式房間迴盪著微弱的筆電嗡嗡聲跟內斂的開會聲。兩名三十來歲的男人討論著他們想要製作的一個電視節目——共三十集以時尚設計為主題的企劃案，節目形式會依循現有的廚藝競賽模式。他們關心的是「正確的初登場安排」。一名女性電視製作人加入了他們，她先親吻了（帥到犯規且）戴著頭巾的服務生，左右兩頰一邊一下。帥哥服務生盤旋在這幾人外圍，等著要點餐：一瓶紅酒。他們關於時尚的對話還在持續進行：我聽到一些片段提到了女帽設計師獲得的財務支持，也提到了奢侈品牌亞歷山大．麥昆（Alexander McQueen）與英國時裝協會（British Financial Council；英國時尚大賞的主辦單位）——還有如何讓「時尚這門生意」做得下去。隔桌兩名女性在規畫新的慈善事業。一名裝備包含背包加腳踏車安全帽的朋友路過要去吧檯。我後來得知，身穿牛仔褲坐在我旁邊的男人剛賣掉了他的多媒體製作公司，價金高達數百萬鎊。位在皇家咖啡廳飯店裡的這個俱樂部會策畫具文化性質的節目供會員參與，包括他們會邀請作家、設計師與藝術家來演講；相較於供會員享用完午餐後有皮沙發可以打個小盹的旅行者與雅典娜神廟，這裡是另外一個世界。但有點反直覺的是，在這個付出相對親民的費用就誰都可以來的俱樂部裡，雖然有許多看似向現代化與民主化致敬的做法，但那反而又重申了這裡頂多比較新，卻還是很高的門檻。這裡的會員依舊財力驚人且事業有成；他們只不過是白手起家的新富，也不過年紀比較輕一點。

後來，在剛入夜的時候，我步行離開皇家咖啡廳沒多遠，便站在倫敦最難進的會員制私人俱樂部：赫福德街五號（5 Hertford Street）的外頭，那是一幢不同凡響的十八世紀梅菲爾排屋，我納悶這地方不知道在紅什麼。我之所以在外面，是因為他們不讓我進去：客人的隱私不能給學者打擾，他們這樣告訴我。之所以設立赫福德街五號，是要它成為比起柏克萊廣場上的安娜貝爾俱樂部（Annabel）更有私密性的選項；安娜貝爾的老闆馬克．伯利（Mark Birley）將它擴建成一個新的奢華場域，包括在裡面增設了餐廳、酒吧、健身房，還有水療設施，以此吸引光譜上更廣大的客群。伯利跟安娜貝爾・葛史密斯（Annabel Goldsmith）生的兒子羅賓（Robin）創立赫福德街五號俱樂部，是在他老爸將他從安娜貝爾開除掉之後的事情。記者們馬不停蹄報導了赫福德超凡的高社交圈進入門檻、會員組成的高品質——全都是一線名人——還有就是該俱樂部長得驚人的會員候選名單，這一切的一切都蒙著一層傳言與祕密的面紗。一名英國《旁觀者報》（*Spectator*）的記者在某次走訪時注意到那裡出現了三種人：保守黨首屈一指的政治人物與避險基金的老闆們，外加一小群美貌的妙齡女子。他形容該俱樂部就像「插旗在資訊／傳播菁英與政治跟金融圈有所交會的地盤」。[4]羅賓・伯利自身神祕的程度不亞於他所經營的赫福德俱樂部。但《泰晤士報》報導說他對英國獨立黨（United Kingdom Independence Party，UKIP）[5]提供了政治獻金，而《週日版泰晤士報》則提及智利軍事獨裁者皮諾契將軍（Augusto Pinochet）在面臨戰爭罪行引渡而流亡倫敦時，羅賓・伯利給予他支持。[6]我只能想像在赫福德內的對話具有高度的政治意涵，並且不是特別的進步。

幸運的是我發現了另外一種辦法可以去看一眼赫福德街的內部。我一個年輕律師朋友：調查者在舊金融區一家私人銀行暨財富管理機構上班，而她有一名同事是赫福德街五號的會員。調查者的同事跟她同年齡，都是三十六歲，也都是有一頭金髮的美女，厲害的是這朋友還頂著頂尖大學的博士學位，在投資圈堪稱奇才。有個週六晚上，這名同事邀請調查者一同前往俱樂部，但同事的意圖讓調查者有點不太自在：她是要去找金龜婿，也就是有錢的老公，而且最好能在這一年的會員資格到期前搞定，否則她又得多繳一年會費。我問了調查者，她同事是如何擠進這麼難進的高級俱樂部窄門。結果很顯然是她們的老闆替這個同事美言了幾句。在這之中有一種性經濟在運作，秀外慧中的單身女子身分是她通往會員資格的捷徑，而這就代表女人扮演著吸引男性會員上門的誘餌。她既是俱樂部的會員，也是俱樂部的賣點。纖瘦、貌美、大眼，外加一身優雅的黑色小禮服跟漁網絲襪——調查者的美女同事在我們事前於某酒吧會面時跟我說了她的計畫，而她話中那空門大開的直率讓她散發出一種不設防，甚至是天真的氣場。說好的掠食者呢？調查者對這趟任務懷抱著焦慮，但她也對俱樂部的內部是什麼模樣甚感好奇，因此她承諾會把所見所聞回報給我。就這樣，她們以迷人的風姿闖進了星期六的黑夜。

我提議調查者利用方便時的空檔傳 WhatsApp 訊息給我，讓我知道她對俱樂部內的人跟俱樂部本身有什麼發現。她首波傳來的訊息讓人有點沒勁：內部的裝潢、人員與食物都意外地「很落伍」，意思是她覺得老人味很重，而且「沒品味」。很顯然，俱樂部裡雕琢過了頭，欠缺簡單的雅致，甚至不時直接淪入昂貴卻不高貴的俗氣境地。她說俱樂部裡有大量印著圖案的地毯。她在訊息中詳述了與他人的短暫接觸。「我們遇到一名三十七歲的家族辦公室[7]美女老闆，她抱怨自己剛被男朋友甩了。他說他覺得自己的生活太忙碌，不適合談戀愛，但其實他的工時跟她沒兩樣。」（家族辦公室處理富裕家族的理財，偶爾也經手其他事務）。調查者補充說這位前男友多半是受不了女朋友的成就跟他不相上下。「洗手間有兩名中年美國女士都身穿黑色晚禮服。其中一人抱怨老公覺得她有大把的空閒時間，但她在家做的事要比他知道的多。她會為了在餐廳跟孩子們一起吃碳水化合物而有罪惡感。」有錢的男人在公司難搞，在家裡也一樣龜毛；而女人要一面變老一面保持身材的難度很高。「剛遇到一名老爺子帶著兩條狗在身邊。他其貌不揚而且歲數不小，但他出雙入對的女人卻跟我同年紀。我同事說現場沒有帥哥。一名奔五的有錢義大利男人回了一句：『長相不是他們最值錢的資產。』對於俱樂部裡的女性，這男人則評論說：『錢不是他們最值錢的資產。』」這一局很好懂：性與金錢這兩種資產在大眼瞪小眼，比誰的氣長。調查者於此時下線，臨走前她為自己打錯字道歉，還說她只喝了兩杯，因為那裡的酒實在太貴。

我的俱樂部探險並沒有到此為止。為此我很開心能接受另一名朋友的朋友——西裝外套——的提議，去他在梅菲爾芒特街上的俱樂部碰面。身為一個認真面對這檔事的「俱樂部玩家」，西裝外套同時是八個俱樂部的成員。他很顯然對建立人脈重度成癮，而我不解的是他哪來時間塞進這麼多人際關係。在約好見面的當天，他來電把時間提前，結果就是我不想遲到都不行。我加快動作，狼狽搭著計程車趕了去，到現場才發現他已經離開。他住在梅菲爾，但給喬治俱樂部的一名服務生留了話，說他會回來，要我在樓下的酒吧等。最終我跟他還有一番頗具波折的互動，才正式開始我們的會面。他仔細檢視過我所屬大學所出具的倫理責任證書，後來總算相信了我會在研究的實務上恪遵學術倫理。他對於我的研究方法合適與否提出了質疑，並堅持認為我在約見他之前沒有做足功課去搞清楚他是誰。我走下樓梯，沿路我注意到主要的（餐廳）樓層掛著大衛，霍克尼（David Hockney，英國普普藝術兼立體主義畫家）的一幅幅畫作。在地下室酒吧那舒適而燈光黯淡的氣氛中，我試著透過身邊的人群與對話勾勒出現場的輪廓。一名三十來歲的義大利男性在兜售他的智庫服務給一名穿著入時，但對各家智庫那種「不分尺寸」之做法頗有微詞的英國男人。他們的爭執聲中夾雜著另外一組人的言語齟齬：房間角落的電視在播放一場國會的唇槍舌戰，議員們在螢幕上爭辯著英國與歐盟該保持什麼樣的關係。

我試著想像喬治俱樂部內以前發生過的對話。二〇〇九年的一個九月天，在讓大衛．卡麥隆（David Cameron）的保守黨一舉重新掌權的那場大選前夕，時任媒體「國際新聞」（News International）主席的詹姆斯．梅鐸（James Murdoch）與卡麥隆就曾一起坐在這個房間裡。詹姆斯在這場會議中告訴卡麥隆說他父親，也就是媒體大亨魯伯特．梅鐸（Rupert Murdoch）已經把走民粹路線的《太陽報》編輯台立場從支持工黨調整為支持保守黨。事實證明這一手出得非常關鍵，也非常及時，選情因此倒向有利於保守黨。一名《衛報》記者認為，喬治俱樂部比起富麗堂皇的同類場地更受億萬富翁與富時一百上市公司常客的青睞，他們要的就是喬治內部的「一片死寂」。[8] 在幾近無聲的靜默中，喬治俱樂部顯然為很多追求僻靜的對話擔任過東道主，並在過程中見證這些對話對民族國家、民眾生活的走向改變產生了深遠的影響。

西裝外套默默從我身後來到現場。年近六旬的他一身精心打扮——仔細熨過的米色長褲、海軍藍的單品西裝外套跟襯衫，還有佩斯利渦漩花紋跟整齊摺在胸前口袋裡的手帕一模一樣的領帶：一派英屬印度的官員剛下班的樣子。他的家族屬於某英國前殖民地的本土菁英；他對於英帝國體制的崇敬，特別是對王家成員的敬意，是絕對十足的。他說英國王家「懂得怎麼善待他們的臣民」。儀表與禮節對他來說很重要。他在我對面坐下，告訴我他才剛揮別的下議院的辯論，也就是還在俱樂部角落電視上砲聲隆隆的那場。他支持英國脫歐，但也對保守黨沒提出一個讓人信得過的計畫而感到失望。

西裝外套跟他的妻子在十八年前搬到梅菲爾，因為「那是大富翁棋盤上最昂貴的房地產」。他們認識該地區是因為之前常來訪，而且喜歡上這裡的餐廳。他說梅菲爾並不適合闔家大小在此生活，因為這裡是「大人的遊樂場」；西裝外套跟他太太並未育有子女。「我們很幸運，」他回憶說，「理想中的屋子出現在市場上，而且被我們看到、愛上、買下——那是一棟賞心悅目的六層樓房，空間大概是七千平方英尺（近兩百坪）。我們對房子很滿意，也很愛周遭的鄰里。」他很樂見美國大使館在格羅夫納廣場（Grosvenor Square）轉角處的原址被重新改建為五星級飯店，而在它對面也有一棟四季酒店重新翻修過。他將這些歸功於地主西敏公爵（我之後會再談到他）；他認為多虧有公爵的影響力，這個區域方得以恢復其「過往的榮光」，才得以變回那個「像我們這種值得敬重的高淨值家庭都能住得舒服」，且精品店、餐廳與咖啡廳都在周遭很方便到達的地方。他跟太太另有一棟鄉村別墅：六十英畝的基地上蓋了三萬平方英尺的房子，馬匹、馬廄、游泳池與網球場一應俱全。

西裝外套並不是很想談他的身價問題。他致富是靠私募基金，時間是落在一九九六到二〇〇四年之間的網路泡沫時期，當時「真的叫一個點石成金」。企業的價值完全取決於網路流量，或者按西裝外套的講法就是「眼球」的數量。愈多人來訪的網站愈值錢。「那是一段瘋狂的歲月，我們只是運氣好趕上了。」西裝外套說——這是他第二次談到運氣了。於私他走運，於公他也是個幸運兒。「我們在對的時間出現在對的地點。那不是普通地令人興奮，當時的交易金額都是現象級的，各報形容我是同代人之間最多產的交易員，我也很榮幸能再三主導某些非常非常重要的大型交易。」他並不想明說那包括哪些交易。他的交易員生涯已經結束：「我現在已經不太為了賺錢而忙。」透過他的基金會，他現在反而會把錢送出去，那在他眼裡「是在做有意義的事，是在為人生創造目的，是在為我們今天能享有的尊榮生活回饋社會」。他熱中於在企業間推廣倫理道德與社會責任的觀念。「我認為私募基金、（新創）創投資本與大型資產家正緩緩開始意識到，他們持有企業的手法該開始納入道德考量了。」西裝外套對當前的標準商業模式頗有微詞，他覺得現行企業過於把股東權益的充實置於社會責任之前，並認為個人財富累積與社會整體需求之間必須取得一個更好的平衡點。當然，他現在完全唱得起這種高調。

以他一名保守黨捐款者的身分而言，西裝外套令人意外地對倫敦財富集中的規模抱持一種尖銳的態度。他覺得像他這樣住得起一億鎊豪宅的「外國人」並沒有付夠該付的稅。他認為他們這些人不當利用了倫敦提供的「創意性會計」空間。他認為稅務優惠應該留給那些投資方式有助於創造社會整體財富與工作機會的人。「那些人才應該得到條件最好的稅務減免，」他主張，「而不是那些請得起最貴的律師事務所、那些能成立最理想的信託與基金會來築起財富護城河的傢伙。」他樂觀地認為事情正在朝更進步的方向前進。稅務漏洞正在慢慢補起來。「我們要是想成為這裡的公民，想享受這個國家所提供的一切福利，那我們就必須彌平貧富差距。因為不這麼做，窮人有朝一日就會揭竿而起，要求他們應得的權利。」完全是前殖民地臣民的口吻！就算西裝外套對於社會不平等的立場是基於實務考量，是基於對本地人口產生躁動的焦慮，也是基於他已經累積到的財富，那並不會改變他的觀念算是進步、有所自覺，並因此跟我一路上遇到的其他財閥有所不同的事實。超級有錢人並不是鐵板一塊，我慢慢發現到這件事。

西裝外套的慈善心態引起了我的興趣。一個有錢、進步的女性藝術贊助人跟我在幾週前的倫敦海格（Highgate）有過一談，她跟我提到了做慈善在有錢人之間的重要性。她主張，「多到爆的有錢人能從捐錢中得到不輸花錢的強烈快感。人就是這麼回事。」她認為慈善事業是有錢人身份的延伸，或者是他們想要對外營造的觀感。社會學者瑞秋．雪曼（Rachel Sherman）對紐約的富人進行了研究，結果同樣發現他們為慈善行為賦予了一種道德價值象徵的重要性。[9]但除此之外，行善對富人而言還有其他的好處。一如會員制的私人俱樂部，慈善捐助也提供了一條管道讓富人去結識其他有錢有勢之人，去「參與社會」。贊助藝術可以帶來社會地位，可以讓富人受邀參加活動，並在活動上與藝術家跟其他贊助人產生互動。我在海格聯絡上的那位贊助者就參與了一筆六億鎊的慈善信託，原本是由她當時仍在世的丈夫打理，其宗旨是捐款給沒那麼出鋒頭的慈善理念。「我們從來不支持任何跟動物有關的機構，」她解釋說，「因為動物募款一點都不難。天曉得英國每頭驢子都有多大把的錢可以花。」跟一般人所想不同的是，她說，「錢要給得好就跟賺錢一樣難。要當個散財童子很簡單，但只要你跟他（她亡夫）一樣是個好商人，你就不會想要看錢被浪費掉，而要浪費錢不光是買包包做得到，做慈善也一樣可以。」她指出有四成的慈善捐款公共財政是不接受的，因為那當中牽涉到稅務獎勵：「我認為要做就要更負責任地做。」做慈善可能圖利富人跟他們選定的受益者，並造成政府稅收的減少。

我問起西裝外套他是如何捐錢的。他說慈善「始於內心也終於內心，而在這過程中控制一切的是理性。」對他而言，慈善的重點在於你要真正在情感上足夠在乎一件事情，然後你才會發自內心想要捐錢。這就是屬於心的部分。「然而，很快他們（慈善家）也意識到，雖然小改變可以累積出大改變這話不假，但這個世界面對的大部分問題都屬於系統性的問題，任哪個個人也改變不了分毫。」在這種狀況下，西裝外套說：「這時就是理性該上場的時候了，這代表你會開始用比較有全局觀的方式去看待自身行動的影響力。」在觸及人的生命與實際改變生命之間，他認為，「存在著巨大的差異。」他更寧可資助有系統的大計畫：打造永續性社區、教育資源與普惠性的資本主義。就金額而言，五萬鎊以下的捐助意思是「你其實不在乎」，他只希望受贈者可以善加使用捐款。「五到二十五萬鎊的捐助金代表你需要在其中扮演某種角色，不論是進入委員會當顧問，還是發揮某種監督的功能……你都確實需要某種像樣的席位來確保你給出的錢有花在正途上，該執行的問責都不會有所疏漏。」

「像樣」就表示要檢視有哪些錢會流向固定費用，又有哪些錢是花在理念本身之上。考慮到人員薪資、租金與行政費用，「固定費用在百分之五到十之間是合理的比例」。超過這個比例，慈善工作就會有「效率欠佳」的疑慮。一旦發生這種狀況，西裝外套就會使出他所謂的「要是……如果」測試：要是他這個捐助人不干預，相較於現狀，他們這個慈善團體會處於何種境地？量化後的結果必須要能讓大金額的捐款站得住腳：有機會上學的女孩能因為外力的介入而增加多少人？錢，不能一看到吸引人的訴求就亂給。錢給了哪裡、在什麼狀況下給出去，在複雜性上都不遜於捐助者平日透過本業跟投資賺錢的過程。慈善工作也有其商業模式跟經營策略。

隨著我們的對談進入尾聲，我很詫異西裝外套並不認同那讓他致富的私募基金，也很吃驚他默認了私募基金在金融市場與社會環境裡造成的破壞。他在狗咬狗的私人金融競技場中賺錢的方式，跟他以慈善家、企業家之姿對自己關心的社會公義與貧富差距問題所進行的干預，形成了強烈的對比。他是在為過往的罪孽尋求救贖嗎？這是一種利己者自我洗白的表面工夫嗎？又或者這是一種保羅歸信[10]般的幡然悔悟加立地成佛之路？即便如此，西裝外套也不打算放棄他的社經地位與影響力。雖然是個外國移居者，他仍得以在傳統體制圈內的最高層走動，而這一部分就得歸功於會員制私人俱樂部那種高進入門檻的菁英人際網絡。由於西裝外套正是赫福德街五號的其中一名創始會員，我問了他一句，「你覺得羅賓．伯利會跟我說話嗎？」「我很懷疑。」他說，算是打發了我。不肯認輸的我離開了喬治，晃去看了一眼四季酒店這個梅菲爾最大的工地蓋得如何。西敏公爵擁有大半個梅菲爾，包括四季酒店的建築基地與美國大使館的舊址，而他的宅邸正是我的下一個目的地。

第7章 公爵殿下的蜜蜂

我在追蹤貴族的足跡。維多利亞站看似是個很好的起點，其中一大原因便是我確信貴族成員鮮少利用地鐵。通勤者在車站進進出出，他們用腳步聲敲響連結工作與住家的日常節奏。其中有些人的旅途會長一些；維多利亞站是倫敦通往英格蘭南邊海岸與蓋威克機場（Gatwick）的門戶。火車站拱形的天花板迴響著發車與到站持續不斷的廣播。在地面上，俗世間熙來攘往的嗡嗡聲裡有各種日常買賣，要吃的有Pret A Manger三明治，要飾品配件有英國本土品牌Accessorize，要女裝有Dorothy Perkins。沿著路邊，公車聚集在各個轉運站，不同的路線往返於英國與歐洲各地；有些東歐移民在這裡展開了他們的倫敦新生活，有些在這裡結束了他們的倫敦生活，準備踏上歸鄉之旅。客運巴士是庶民的交通工具：便宜、不方便、移動起來的速度會需要你暫且聽天由命，暫時懸置所有的人生期許。

離開車站後，我沿著白金漢宮路走著。一轉到埃克萊斯頓街（Eccleston Street），不一樣的世界逐漸映進入眼簾：有間店在賣婚紗；兩三家非連鎖的餐廳，服務生在外面抽空吞雲吐霧。沿埃克萊斯頓街往北走，我突然來到一個超現實之地，有成套的木蘭花色灰泥房屋，以及受到精心照料的花園廣場：貝爾格拉維亞花園（Belgravia Gardens）。貝爾格拉維亞花園從位於其北界的海德公園延伸出去，地處騎士橋與海德公園轉角這兩站地鐵站之間，往南幾乎快要到切爾西橋邊的泰晤士河，其西界有斯隆廣場（Sloane Square）而東緣有維多利亞車站。一種自命不凡的住宅元素重複性主宰這些街區：黑色的金屬欄杆、杆頂有如立正姿士兵的尖矛、裝飾鐵門口的柱子、顯眼而如出一轍的黑色前門。就連花盆都像穿了制服一樣全是黑的，這麼看來要是那些植物同樣都得符合某種規定，也沒什麼好意外的。硬挺且袖珍的常青灌木被修剪成規矩的形狀，有些甚至直接用假樹，養護的功夫跟各種風險都可以免了。一座座陽台建在有門廊的門口上方，還種了橄欖樹，整體而言有一種地中海風情。往巷弄裡走進去，可見零星的馬廄，以前曾經是宏偉的排屋用來養馬的地方，如今則是貝爾格拉維亞這一帶比較親民的住宅——或也許也沒有真的多親民，畢竟外頭也停了不少代表住戶是有大把大把錢的瑪莎拉蒂。拱頂入口處上方的鼠尾草綠標誌讓我不必懷疑自己踏上了誰的土地：格羅夫納莊園，西敏公爵所有。

倫敦有許多東西都稱得上優雅高貴，但我今天要找的是有頭銜的那種：我們要尊稱其一聲His Grace的西敏公爵。修．格羅夫納（Hugh Grosvenor）成為西敏公爵七世時，年僅二十七歲，那是二〇一六年的夏天，他父親撒手人寰，而按照長子繼承制的規矩，上有兩個姊姊並不妨礙修成為年輕的公爵，入主格羅夫納莊園，外加繼承估計達九十億鎊的財富。要在梅菲爾與貝爾格拉維亞走動而不踩上公爵大人的土地，那是不可能的；那些街道是他的，一座座廣場跟雕像也是他的。我沒辦法讓公爵本人為此現身說法——一個千禧世代的貴族並無意回答一名學者的問題；但多虧有另外一名聯絡人的聯絡人，公爵的手下慨允見我一面。而我決定，接近公爵大人最好的辦法，就是蜿蜒穿行在他祖傳的土地上，朝著位於梅菲爾的格羅夫納莊園前進。

我循著公爵大人的土地穿梭前進，來到了伊頓廣場（Eaton Square）。灰泥從一棟屋子擴散到另一棟屋子，從一排露臺跨越到另一排露臺，蔓延了一個又一個街區：這整個世界都鍍上了一層精美而有整體性的粉刷，用色是木蘭花的那種灰白。大師級建築師湯瑪斯．邱比特（Thomas Cubitt；一七八八－一八五五）在這一區處處留下了自己的手筆，建築年代落在一八二〇與一八五〇年之間，成就了此處的維多利亞時代早期風格，因而也被現行法規列為英國國家遺產中的第二級，而這種殊榮附帶著各式各樣在改建與維護上的限制。發包此處興建工程的是格羅夫納侯爵二世，是他開發了在十七世紀因為女繼承人瑪麗．戴維斯（Mary Davies；格羅夫納從男爵三世在一六七七年娶得的妻室）的嫁妝而獲得擴張的家族土地。戴維斯的嫁妝便是如今我們稱為梅菲爾與貝爾格拉維亞的土地。這裡的建築原本蓋成排屋，但有不少在一九五〇年代改建為雅致的公寓，包括有些經過橫向發展後，達到了超越一棟屋子的寬度。廣大的橢圓形花園位在伊頓廣場中央，足足有三分之一英里長。花園本身自然是保留給居民私用的。從廣場東側的欄杆望進去，那景色不啻為英式豪宅經過仔細修剪後的庭園。而在廣場西側，則可看到一座網球場。

這個廣場莫名帶有一種鄉間的靜謐：它不會讓你感覺是都市的一部分。昂貴的名車停在街邊。每隔一段距離就有一位禮賓人站在那裡，身穿條紋長褲、黑色西裝外套，以及黑色大衣配上軍裝風格的鈕扣、博勒帽（bowler hat，就是卓別林在電影裡戴的那種圓頂硬氈帽；一八四九年由製帽者湯瑪斯・博勒與威廉・博勒共同發明），外加一種現代發明：可以跟維安本部保持聯繫的耳機。他們在街道來回巡邏，偶爾兩兩一組站著聊天。其中一人告訴我這裡在週末與假日有多麼安靜，主要的住戶在這些日子都會退隱到其他住處。他說這個地方會保持原本的樣態，是根據格羅夫納的「要求」，合理推測在租約中會有條款規定公寓外牆要每隔五年就刷成木蘭花色一遍。格羅夫納家族的倫敦住家就在這個廣場。此外還有誰住在這裡呢？根據房仲業者艾爾頓・懷利公司（Ayrton Wylie Estate Agents）的席默斯・懷利（Seamus Wylie）表示，這顆「貝爾格拉維亞王冠上的寶石」住著「產業領袖與搞避險基金的傢伙」，包括了廣告業大亨與藝術收藏家查爾斯・薩奇（Charles Saatchi），也就是英國美食作家奈潔拉・勞森（Nigella Lawson）的前夫。

鄰近議會與皇家司法院的地理位置讓伊頓廣場在十九與二十世紀初成為高官與貴族的住宅區首選。過往的住戶清單逐一讀下來，就像是拿著政治影響力的點名單在唱名：美國企業家兼慈善家喬治・皮巴迪（George Peabody）、曾任外交大臣並在賈瓦哈拉爾・尼赫魯（Jawaharlal Nehru，印度獨立後首任總理）發起公民不合作運動期間擔任印度總督的哈利法克斯伯爵一世愛德華・伍德（Edward Wood, 1st Earl of Halifax）、當過英國首相的布尤德利伯爵史丹利・鮑德溫

（Stanley Baldwin, Earl of Bewdley），還有同樣當過英國首相的內維爾．張伯倫（Neville Chamberlain）。惡名昭彰、唯恐天下不亂的種族主義者——保守黨國會議員暨內閣成員伊諾．鮑爾（Enoch Powell），後來也搬進了這裡的三十三號，跟張伯倫的故居只差幾戶。但不同於他那些大名鼎鼎的鄰居，鮑爾的舊址沒有掛上紀念用的藍色牌示。保守黨政治人物勞勃．布瑟比爵士（Lord Robert Boothby）、英國知名女演員費雯麗（Vivien Leigh）、工黨政治人物兼英國國民保健署（National Health Service，即英國健保局）之父安奈林．「奈」．貝文（Aneurin "Nye" Bevan）與他同為議員的妻子阿什里奇女爵（Baroness of Asheridge）珍妮．李（Jennie Lee），全都住過伊頓廣場。簡言之，伊頓廣場擠滿了喊水會結凍的菁英居民，一個個都是能形塑英國社會與政治的大人物，甚至有些人還管到其他國家去。

我繼續往前走，來到了另外一個廣場——貝爾格雷夫廣場（Belgrave Square）。這裡也是千篇一律的五層樓灰泥房屋，同樣有鐵門加黑色金屬欄杆圈起一座花園，房屋則環繞於花園四周。我試著打開鐵門，但上鎖了。告示上寫著私人產業，這幾個字下面則註明凡犬隻皆須向格羅夫納登記備案。我注意到遠遠有隻（應該是登記過的）狗在廣場的另一頭：一隻蒼白又皮包骨的靈緹（灰獵犬），牠一會兒繞著遛牠的人類跑來跑去，一會兒又因天氣寒冷而發抖。

貝爾格維夫廣場上四散著紀念大人物的雕像。在我站著看狗的地方南邊有一座航海家克里斯多福．哥倫布（Christopher Columbus）的雕像；右手抓著一卷地圖的他指著遠方，我想是在指著等待他「發現」的那些看不到的地方。我想起了傳承。我逆時針繞廣場走，經過了塞爾維亞大使館——這裡是使館區——還有沙烏地文化中心。一面藍色銘牌上紀念著這裡曾是野戰元帥戈特子爵（Field Marshal Viscount Gort）的故居（居住期間為一九二〇－一九二六年），他是敦克爾克大撤退的指揮官。跟此地有點不協調的是一座西蒙．玻利瓦（Simón Bolívar；一七三八－一八三〇）的雕像，就站在戈特子爵身旁，他是委內瑞拉的軍事與政治領袖，曾在對西班牙帝國發動的革命中發揮重要作用。經過千里達與托巴哥大使館後，便是土耳其大使館，那裡有身穿防彈背心、手拿自動武器的警察在看守。再旁邊是馬來西亞高級專員公署，而角落則有宏偉程度明顯超出其他使館的墨西哥大使館，那得歸功於嵌在牆壁與入口處的裝飾柱。這樣看來，公爵大人是全世界的房東。菁英版的歷史在菁英各種心思的塑造下，在此由石材賦予了實際形體。

公爵大人也是歷史的房東。在廣場北端，我停下腳步注視著西敏侯爵一世勞勃．格羅夫納爵士（Sir Robert Grosvenor, the 1st Marquess of Westminster；一七六七－一八四五）的雕像，而他正是格羅夫納王朝的創建者。在他腳底的基座上有引用自約翰．魯希金（John Ruskin）的名言，反映出第一代侯爵對城市建立的哲學：要建城，就要建千秋萬世之城。基座上描繪了格羅夫納家族的歷史與紋章，那上面除了有一種現已滅絕的塔爾伯特（Talbot）獵犬，還有一束用來象徵家族與鄉間之淵源的麥穗。基座上的銘文將此家族土地的權利追溯到古代的征伐中，宣稱他們的祖先是隨著征服者威廉（William the Conqueror，一〇二八－一〇八七）一起來到英格蘭。就此累積了十一個世紀的財富與特權後，他們在蘭開斯特共計十四萬英畝的地產連同後來擴增的梅菲爾（一百英畝）與貝爾格拉維亞（兩百英畝）土地，至今依舊屹立。富人建城，當然追求千秋萬世。

我沿蘭斯伯洛廣場（Lanesborough Place）前進，中間停下來看了一眼半島酒店，那是格羅夫納房地產集團與半島酒店連鎖集團的合資事業，此時的酒店在興建當中：古老的莊園仍在朝新時代的奢華擴張。飯店一旦建成，將享有倫敦一處極具代表性的景觀，它鄰近維多利亞時代名建築師德西莫斯・波頓（Decimus Burton；一八〇〇－一八八一）所設計的威靈頓拱門跟阿基里斯雕像，其中後者為特洛伊戰爭中的希臘英雄，而拱門與雕像當年是建來紀念威靈頓公爵一世（1st Duke of Wellington；一七六九－一八五二）在法國作戰時的彪炳戰功。該拱門立於兩座皇家公園之間，分別是海德公園與格林公園：公爵大人的倫敦勝景，分別塗上了木蘭花色與深淺不一的綠色。

我繞過白金漢宮的後方，進入到林蔭大道，這段路所穿越的是一個層級甚至高過公爵，歷史悠久的古老封地——王家地產（Crown Estates）。這塊地來自於君主制的建立，且獨立於女王伊莉莎白二世及其他王室成員以個人名義持有的廣大土地（例如由英國王儲所擁有的康瓦爾公國）之外。以企業規模而言，王家地產是一家價值一百四十三億英鎊的房地產公司，且在海外持有大量的各種產權。王家地產擁有聖詹姆斯半數的零售、住宅與商辦建築物，以及皮卡迪利路與牛津圓環之間、由約翰・納許在攝政街上設計的新月形排屋區幾乎所有的房子。在倫敦的這一帶區域，他們的房地產包含三座宮殿——白金漢宮（即女王在倫敦的正式居所），以及肯辛頓宮，也就是劍橋公爵與公爵夫人在倫敦的住處；此外就是聖詹姆斯宮，而詹姆斯宮內部又分成好幾個宅邸，提供各個地位排行高的王家成員在倫敦的據點。我順著林蔭大道走，然後爬了幾級階梯，朝著納許又一筆灰泥建築作品前進。那棟豪宅的門牌是十三號，號稱價值五億英鎊，屋主是印度裔的英國籍投資人：辛杜加兄弟（Hinduja Brothers），在《週日版泰晤士報》的二〇二一年富豪榜上排名第三，估計身價在一百七十億英鎊上下。這群超級富豪不惜砸重金置產，就是為了當王家的鄰居。我走過雅典娜神廟俱樂部，再穿過皮卡迪利路，從聖詹姆斯出發前往梅菲爾。

由於跟公爵大人手下約好見面的時間尚早，我不疾不徐在梅菲爾的街上繞著路，朝該名手下的辦公室而去。柏克萊廣場曾經是另外一棟貴族宅邸的基地，本來是為了斯特拉頓的柏克萊男爵一世（First Lord Berkeley of Stratton）而建，不過那棟宅邸已經在十八世紀拆毀。[1] 但貴族階級不是沒有對手。新時代的土地兼併正如火如荼進行著。該廣場的十英畝地與一百筆房產由英國石油公司的退休基金在一九六七年買下後，又在二〇〇一年售予一個沙烏地王室主導的財團，價金是三億四千五百萬英鎊。率領這次出價收購的不是別人，正是瓦里德．賓．塔拉勒親王御駕親征，此外還有額外的中東資金以匿名的方式助陣。當時有報導表示，根據公爵大人事業內部的消息來源，他們也有出價，只是最終不敵對手。其實公爵這邊搬出了三億三千五百萬英鎊的誠意到檯面上。[2] 這麼看來，石油的財源偶爾還是能讓古老的特權吃鱉。

過一個轉角我就來到了查爾斯街，此處設有沙烏地阿拉伯大使館。使館位於一棟優雅的喬治時代風格的獨棟豪宅，名為「克魯館」（Crewe House），建築隔著黑色金屬欄杆往內退縮。一排男男女女站在外頭手握海報大小的照片，上面印著沙烏地國內的政治犯。「釋放阿什拉夫・法雅德」是他們呼喊的口號。阿什拉夫・法雅德（Ashraf Fayadh）是一名巴勒斯坦出身的詩人，二〇一六年在沙烏地阿拉伯被判處八年有期徒刑加八百下鞭刑，罪名是「叛教」（apostasy）與宣傳無神論。如果說在倫敦，理論上你身邊六英尺之內一定有隻老鼠，那麼在梅菲爾，你走不到兩步就會見證人權遭嚴重侵犯的事件。

我走過在南街（South Street）上的埃及大使館，外頭有兩名武裝警察把守：倫敦某處門口的槍枝會帶來國際政治的臨場感。我停下腳步站在南街與公園巷轉角的哈洛德房仲（Harrods Estate Agents）窗前，我看了看待售物件；那些不動產價格落在三百萬到三千四百萬英鎊之間，有梅菲爾和杜拜的物件可挑選。梅菲爾的韋瑟羅爾房仲（Wetherell Property Agents）形容中東地區對梅菲爾與倫敦西城其他區塊的影響力，可謂強而有力。多爾切斯特本身就是由汶萊蘇丹掌握的某財團所持有。在騎士橋屬於地標等級的哈洛德百貨，如今背後的老闆是卡達投資局（Qatari Investment Authority），此機構與卡達王室關係密切，而把哈洛德百貨賣給卡達王室的前任老闆，則是埃及富商穆罕默德・阿爾・法葉德（Mohamed Al Fayed）。依照韋瑟羅爾所說，中東買家穩定貢獻著梅菲爾約一成的住用物件營業額，可以說在梅菲爾，傳統貴族的土地正在看不到的地方受到化石燃料挹注的金流鞏固。倫敦的房地產對石油獲利的功能就像是個存錢的保險箱，存放著那些原本可以用來讓中東現行的碳基經濟獲得分化的投資基金，也存放著本可以拿去提供中東百姓福利、教育與其他社會補貼的預算。超級富豪拿錢到倫敦買房地產或奢侈品，這樣子他們的錢便可避開老家那些中東同胞的眼線。阿布達比的統治家族正好也是梅菲爾第二大的投資人，手筆僅次於西敏公爵格羅夫納。[3]財閥的倫敦不只屬於英國，也屬於中東。古老的特權與全球化的石油財富於此交織在一起，而這塊奇特的錦繡最顯眼之處，莫過於梅菲爾跟貝爾格拉維亞的街頭。想當年英國曾在二十世紀初插手中東事務以控制石油與政治形勢，中東如今跑來倫敦黃金地段分一杯羹，感覺也是禮尚往來，剛好而已。

我沿著格羅夫納街走到七十號，映入眼簾的是格羅夫納房地產集團在一九六〇年的總部。我喜歡在維多利亞時代的金屬陽台上看到屬於現代風格的延伸，也喜歡那種古老的運作方式被包裹在現代建築中的概念。以一間家族企業而言，格羅夫納看上去也有一點大企業的作風。我發現，這兩者其實並不互斥。我走進了他們的玻璃滑門，朝著極簡主義的接待櫃台而去，在那裡的是一名年輕小姐跟一個較年長的男士。他替我打了個招呼，讓我進到了等候區，他們請我坐在一張矮矮的現代風沙發上。在大理石茶几上，擺了蘭花的假單花跟葉子的插花花藝；等待區的另外一邊則有高大花瓶中的橘色天堂鳥。接待櫃台後面是一排小會議室，附有圓桌跟椅子的氣氛感覺既親密又隱匿，宛若銀行一般。但牆上掛著格羅夫納家族的一幅幅肖像。年輕公爵一張近期的肖像被擺在較早期的三張旁邊——中間是一個女人，左右兩邊則分別是一名父親跟一個兒子。著休閒正裝的員工出現後，他們跟櫃台人員稍微寒暄了一下。氣氛中有著優雅、效率跟禮節，外加與同事交際取樂時的收斂。

西敏公爵的緩衝者——也就是面對我這種想求見年輕公爵的人物，負責擋駕的員工——西裝筆挺也打了領帶過來，全身上下體現著都會風格。他是一名幹練俐落，對城市了若指掌的房地產專家：換個時空，我可能會把他誤認為個性是好好先生的都市學教授。他領我進了一間小會議室，我們在裡面坐了下來，我把筆記本、錄音筆放在兩人之間一張潔淨光亮的桌上。他告訴我說有三百名員工在辦公室，也就是格羅夫納房地產集團總部，全稱「格羅夫納不列顛與愛爾蘭公司」(Grosvenor Britain & Ireland)，他們都為這間公司效命。

替他口中這間「偉大的房地產公司」工作有許多一般人沒有的好處，而其中一項特權就是眼光可以變遠：「我們擁有遠見已經三百年，也希望下一個三百年也如此，我們對這樣的悠久歷史非常自豪。」鄰近的大型房地產集團包括在隔壁肯辛頓—切爾西區的卡多根房地產集團(Cadogan Estate)，他們也三百歲了，但規模比起格羅夫納就小了一些。緩衝者表示，對這些地產的「看管」代表的是對其背後的歷史與建築傳承有一份責任，同時也代表必須恪守一套維護的倫理——而那便是他們與短線商業考量最大的差別。「我是說，很顯然我們是來這裡賺錢的，」他不諱言，「我們是一家房地產公司，不是慈善團體，但在我們的地產上卻有不少慈善工作在進行。」古老貴族家庭的這個事業觸角堪稱放眼英國極其成功的一家地產開發商；格羅夫納房地產集團是現代倫敦城市的一部分，他們對家族負有一份要使其「繼續繁榮昌盛」的義務，但同時也恪遵歷史的責任。公爵大人的家族企業若持續興盛下去，會不會和公共利益產生衝突呢？緩衝者認為不會：對歷史跟公益的責任完全可以和大把大把的錢以及現代城市共存。

緩衝者證實了我原先就有所懷疑的事情；格羅夫納房地產集團對已建成的地景之「任何顯著的改變」握有可觀的控制力。包括在他們已無任何永久性產權的伊頓廣場上，「我們都有權確保那裡的房屋要漆成固定的木蘭花色，木工樣式也要統一，這樣能讓那裡的景觀保持和諧，並保有其固有的面貌。」靠著法規管理與木蘭花色油漆，格羅夫納房地產集團保存了一顆時間膠囊，膠囊的內容物是一種十九世紀美學，而膠囊本身則是現代城市裡一個原本應該要不斷變遷的人造環境。該集團與格羅夫納大多地產所在的倫敦西敏自治市政府之間「緊密的合作關係」，確保了木蘭花色灰泥建築的風格會永遠流傳。我猜他們對美國大使館的改建比較說不上話。緩衝者說：「我們擁有那塊地的永久性產權，只是簽了一張很長的租約，而美國人將租約賣給了卡達投資局，但土地還在我們手上。」而這就讓格羅夫納集團在開發案中有了「發言權」。卡達投資局是卡達國家的主權財富基金——又是用化石燃料賺來的錢。但這種資金背景並沒有讓格羅夫納集團的網站怯於拿對方的「永續性」發展實績當賣點。緩衝者說他們也「非常期待」看到半島酒店蓋在他們的地產上，並說他們正在與一間國際連鎖的私人診所兼醫院業者合作，對方希望能把他們的倫敦行政辦公室設在那裡。在倫敦城的這個地方，現代貴族與當代城市開發的利益得以相互配合。

諷刺的是，明明外觀看起來就像穿著制服一樣，緩衝者卻最常用「融合」一詞去形容格羅夫納集團心目中的城市願景。他說的「融合」，指的是建築的用途與公共開放性的結合。「社區空間、文化空間，我們都略顯短缺。」他承認。「貝爾格拉維亞的主要公共建物是教堂與梅菲爾圖書館，其中梅菲爾圖書館供社區運用的功能就十分理想。我們同時想要推動這些教堂成為文化場所的一環。」他認為去創造一些不全然要貨幣化、不以營收為考量而設計的空間，是有其好處的。同時他也理解，有需要為這個區域吸引更多元化的群眾前來，而不能只照顧那些住得起這裡的有錢人。酒館加上更改用途的教堂，扛起了格羅夫納地產對於社會融合的鴻圖大志。緩衝者拋出了它們的名字：邱比特、柳橙、坦尼生。「它們無庸置疑是酒館，但裡面有很不錯的……不是酒館附帶的餐點，而是真正的附設餐廳。還是那句話，我們認為那能讓融合進行下去。」融合的重點在於創造出這些街道上所欠缺的東西——能夠賦予這些街道活力的庶民生命力。

但實際的狀況是，生命力是以更為經過刻意控制的方式策畫出來。比方說，格羅夫納地產跟切爾西花卉展（Chelsea Flower Show）合作舉辦了一個叫「盛開的貝爾格拉維亞」（Belgravia in Bloom）的活動：「我們鼓勵所有的租客為了切爾西花卉展盛裝打扮，也將他們的店面或房子用花或裝飾打扮一下，為此我們舉辦了一個比賽，看誰是最棒的『盛開的貝爾格拉維亞』。」這類社區比賽的本意是要推翻那種「這裡只有一堆根本不是天天住在此地的超級有錢人的觀感」，「我們對那種觀感是挺介意的。」緩衝者主張「貝爾格拉維亞一向如此。」從歷史角度來講，確實有所謂的「季節性」一說，有錢人會在某個「季節」來臨時來到倫敦，但一年當中其他時候則會在鄉間度過。「媒體偶爾喜歡渲染」那種寂靜的街道上燈光盡皆熄滅、住家空空蕩蕩的形象，是有點「太過分了」。「沒錯，如果你晚上開車穿過伊頓廣場，那裡是挺安靜的，但如果把車開進伊莉莎白街、切斯特巷（Chester Row），那兒都算是熱鬧，酒館生意也都很好……貝爾格拉維亞的酒館其實長期都高朋滿座。」

新的商業開發計畫也同樣有創造地方生命力的目標。緩衝者跟我說了一個在埃克萊斯頓場（Eccleston Yards）的開發案：「那對我們來講也是挺新鮮的事，完全像是祕境一樣的小天地。」當地原本是個工業區，有製冰業，也有人做電器修理的生意。如今當地已有「貝瑞訓練營」，主打「精品健身房的概念」，也有小型辦公空間供人租用。「那裡會有服裝設計師，」緩衝者說，「他們可以以碼為單位租用架子，創業需要剛起步時的起點；那兒還有有機食物餐廳、露天活動，而且老樣子，沒錯，都是在訴求大約二十幾、三十幾歲的族群，就是我們希望能出現在那裡的受眾，但當然我們也不希望引起貝爾格拉維亞這裡的人反感，我想融合的狀況很不錯。」那姑且算是一種融合吧，一種「祕境一般」、昂貴，並在美學上受到高度管控的融合。

公爵本身就是千禧世代之子：也就是出生於一九八一到一九九六年的這個世代，而他們普遍被認為是傳統價值出現豹變的幕後推手。這個世代不論對於永續性、氣候變遷與消費中存在的浪費，都有著強烈的觀點。放眼倫敦大多數的角落，最不可能買房跟擁有穩定工作的，就是千禧世代。我問緩衝者覺不覺得公爵身為千禧世代的身分會影響到他與自己財富之間的關係？他跟這個問題纏鬥了一番，我想他若非覺得我這麼問很無厘頭，那就是很愚蠢，只不過他很有風度，沒有這麼說。他拿出耐性，跟我解釋格羅夫納的祖產與各種新的發展方向，都不是個人一時興起可以決定的事。他們有一群董事，而董事加起來就成了董事會。「所以相對而言是新官上任的西敏公爵七世，很顯然會是其中一名董事，但還是有一個非常清晰的組織架構。」他們經營著這個巨大的全球房地產帝國，而這個帝國又是以倫敦為中心，也以格羅夫納的家族企業為中心。「替格羅夫納家工作的一個樂趣，是你確實會有種在替家族企業工作的感覺，而且這個家族還在倫敦有很高的知名度。然後這個家族住在貝爾格拉維亞。」董事都有房地產業或金融業的背景，而緩衝者向我保證他們無一不是「非常和藹又好相處的人」。策略性的改變——那些會影響格羅夫納集團發展的改變——按緩衝者所說，都來自於高層，也就是來自於整個董事會。關於「個人可以讓集團的發展方向產生巨變，只為了跟上時代潮流，乃至於塑造潮流」，他基本上抱著存疑態度。

誰會想要改變這一切呢？集團的職責所在，其一就是要保存緩衝者口中存在於貝爾格拉維亞「那麼點討人喜歡的靜謐」：「有人說過，那是一種要花很多錢才能買到的靜謐，而我覺得這話多半是對的。所以我不太認為只因為有個二十八、九歲的年輕人站到了集團的舵前、成為集團的門面，事情就會有天翻地覆的改變。」我追問了永續性的問題。「我們已經懷有那些價值了，因為很顯然，格羅夫納旗下的惠特席夫集團（Wheatsheaf）全心投入在環境的改善上，也致力於糧食永續的研究。」他反駁說。他表示雖然永續性是一個很流行的主題，但格羅夫納集團在這方面的努力並沒有獲得廣泛的媒體報導。「我們確實是非常看重這件事，也都努力確保我們全新或翻新的建築已經盡可能符合綠色建築的標準。這是我們非常熱切關注的議題，也是我們的企業價值與核心價值之一。」他也不諱言，「這恐怕是十分具有千禧世代色彩的價值，但那確實也是我們集團想要耕耘的領域。這裡的建築屋頂上還有人在做城市養蜂。」所以，這是不是二十一世紀的現代貴族呢?「這是一個非常現代化的集團，但我無意深入探究公爵閣下在集團經營中扮演的個人角色。」是時候我繼續往下走了。

第8章 肥水不落外人田

格羅夫納房地產集團是一個家族辦公室，而家族辦公室是不少財閥調度他們錢財的管道。假髮是一名我稍後會在這趟步行之旅中認識的法官，他也是這麼跟我說的：「首先你會擁有一艘入門級的海洋遊艇……然後你會往上晉級，換成更大的海洋遊艇。接著你會加入某個私人噴射機的共享方案，期間你會每年累積很多的飛行時數，然後到了某個時間點，你會有一架自己名下的私人飛機。」到了這個階段，在貨真價實的寡頭天地中，「你的海洋遊艇上會有直升機的降落坪。但在這一路發展中的某個時候，你會擁有自己的私人辦公室，而那就像其他的每一樣東西，都以其特殊的方式象徵了一件事……你已經更上一層樓了。」擁有家族辦公室就是在對內行人發出訊號：這家人有大把大把的錢。

我與格羅夫納房地產集團的會面凸顯了一件事情，那就是繼承來的財富仍在大街小巷流動著，而這些錢有相當的重要性。於是我循著這些錢來到金錢調度之處：家族辦公室，也就是替超級有錢的家族管錢的私人公司。家族辦公室是很重要的一種理財基礎設施，其存在的目的是為了守好財富，並將財富傳承給未來的世代。而市場上對於這種服務的需求可以說有增無減。在過去十年間，家族辦公室的數量已經呈爆炸性成長，畢竟個人財富的成長也相當顯著。《富比世》雜誌（Forbes）報導說放眼全球，光是服務單一家族的這類辦公室自二〇〇八年的金融海嘯以來就成長了十倍。那之後的政府撙節政策加速了貧富差距的擴大，而著有《二十一世紀資本論》的法國經濟學者湯瑪斯．皮凱提（Thomas Piketty）主張，財富集中在少數人手上的趨勢愈來愈普遍，朝代式的財富傳承也愈來愈不容小覷。[1]在全球範圍內，現正營運中的家族辦公室估計有一萬個。隨著這些辦公室所管理的資產突破四兆美元，[2]他們同時控制了世界上很大比例的財富，而且他們的營運對各國經濟的影響也動見觀瞻。

我這最後一趟梅菲爾之行的起點是康諾特酒店，那裡是所謂財富展示的典型中的典型：該酒店位於卡洛斯廣場（Carlos Place）上一個小小的圓形徒步區。外頭有一棵大樹會定期被噴泉噴上水霧；一面英國國旗飄揚在一名戴著高帽、身穿制服的非裔門房頭頂。我沿著芒特街走，半路停下來欣賞了一下放在Valextra櫥窗中的包包；號稱義大利愛馬仕的這個牌子，包包平均要價兩千五百鎊——而這些櫥窗對面就是保時捷的經銷商，那些跑車的平均要價……不提也罷。我沿著布魯克街（Brook Street）往前晃，那裡是梅菲爾最北端的大動脈，也是格羅夫納家的土地。比康諾特更宏偉的克拉里奇酒店坐落在布魯克街與戴維斯街（Davies Street）的轉角——柔和的粉紅磚頭上掛有綠色的遮陽棚遮擋光線。我途經「陽光追尋者」（Sunseeker）這家販售二手遊艇的龍頭；櫥窗裡的模型船具體而微召喚出一個浮在海面上的奢華世界觀。在高級義大利地毯專賣店Sahrai的外頭，我看著一名身著制服的司機在用迷你刷子清理勞斯萊斯的輪子：看起來很忙的他在等待著主人。

我的研究告訴我家族辦公室集中在以戴維斯街為中心的區域，但我遍尋不著。前門上的黃銅銘牌與成排按紐上基本只看得到號碼，偶爾會有公司名稱，但也完全看不出那公司是賣什麼的。站在街頭觀望，家族辦公室就跟所有累積大把大把金錢的工具一樣諱莫如深。不過倒是有某間排屋牆上的綠色銘牌宣告那裡是貝瑞、羅賓與莫里斯·吉布（Barry, Robin, and Maurice Gibb）的故居——也就是著名的比吉斯樂團（Bee Gees），他們從一九六八到一九八〇年間就是在那裡生活跟創作。

在十九世紀排屋辦公室夾道的查爾斯街（Charles Street）上，一間家族辦公室的經理人同意跟我見面。管事者——職責包括該家族辦公室的運作與家族財富管理——是一名出身私人銀行業的投資專家。他記得曾有段時間，私人銀行會有點像會員制私人俱樂部那樣在追求尊榮不凡感，他們會盛氣凌人不把潛在客戶當一回事，一邊還掂量著收下某名客人會不會危及自己的口碑。名聲臭掉的家族或來源無法清楚交代的存入資金，都有可能反噬銀行，將銀行的聲譽拖下水。如今的銀行已經不再那麼斤斤計較。超級富豪的起起落落——其實只有起沒有落——已然導致資產管理產業的興盛。管事者的家族辦公室究竟是做什麼的？「我們從事一些資產管理，也有一支避險基金，但那本質上都屬於家族辦公室，背後是一個高淨值的家庭。」管事者替我化繁為簡解釋了一番。「基本上，就是有些家庭錢很多，所以他們設立了辦公室來替自己管錢。就這麼簡單。」只不過事情其實還真沒這麼簡單。他們管理的究竟是什麼？「可能是投入到避險基金裡的資金，」他說，「可能是直接投入新創（私募基金）裡的資金。可能是各式各樣的東西，但重點是，假設你確實屬於有十億元資產的富裕階層，那就值得去請一群人幫你管錢。」有大把大把的錢到一個程度，那些錢就需要人來照顧，需要有人去用這些錢幫主人賺錢。管事者替我把點連成了線：避險基金、私募基金公司與家族辦公室是相互連鎖的基礎設施，會聯手負責家族財富的擴張、鞏固與搬動。避險基金縮編並變身為家族辦公室並非罕見的情形，那相當於基金公司放棄管理多個其他實體的錢財，他們要專注服務其中的一到兩個家庭客戶。

管事者管的到底是誰的錢？無可厚非，他不想把話挑明，畢竟他無疑簽過了保密條款。但他先是話中有話，後來更承認了他是中東王族的專家，而我推測那也就是這間家族辦公室的客戶，只是此事沒有經他證實。他的原話：「這些阿拉伯王室格局很大。我是說他們不光是有錢；阿布達比的王室是有錢到讓人難以想像。」肯定是相當大把的錢。而我要的答案只能任由我自己想像。

在服務富豪家族過程中所習得的技能，反過來也讓管事者變成了有錢人。比起他的家族辦公室生涯，他明顯更願意跟我聊他的房地產開發副業，於是我索性讓對話朝此方向進行了一會兒，看會聊出個什麼所以然。他跟太太經營一門為超高淨值買家提供完美無瑕服務的生意，目前在諾丁丘（Notting Hill）有一個大案子，他說。他的客戶像潮浪般一波波打來：中東人、俄羅斯人、近期的中國人，外加錦上添花的少許本地人。經濟學家克里斯托貝爾．楊恩（Christobel Young）的研究顯示，雖然財閥並不特別有地理上的流動性，但那些遷居到倫敦之類城市的財閥往往來自於較窮困或者政治較威權的母國，甚至以那些遷居到倫敦的中東統治者而言，他們**本身就是母國政權**。英國政府並不會對石油經濟體國內的社會不公義丟出讓人不知怎麼回答的質疑，也不會對獨裁政府的人權侵犯問題說三道四。

管事者說五千萬鎊等級的房地產市場在海外買家之間很搶手，在我沒多問的情況下，他主動提到二〇二〇年一月生效的反洗錢新法衝擊到這塊市場，而這意外的話鋒一轉，就直接觸及了在倫敦房地產市場核心中的種種問題。他侃侃而談說起，「那些錢究竟是不是都乾淨，天曉得？我猜是有些乾淨，有些則不好說。」把倫敦房地產用來存放金錢很安全，而他承認了有些錢是來自犯罪活動的說法，那也在近期一些調查記者的報導中獲得證實。[3] 如一則CNBC的報導所言，「倫敦房地產對尋求把髒錢洗白的犯罪者而言，是非常有吸引力的選項。」[4] 但管事者並不需要過度擔心：倫敦的房仲想確實遵守這些反洗錢新規並不容易。二〇二〇年七月，英國國會情報與安全委員會的《俄羅斯報告》針對俄羅斯方面的資金與影響力提出了警訊。倫敦是不是俄羅斯人的乾洗店？諷刺的是，管事者認為倫敦的價值就在於它是一座法治的城市。英國所具備的強力法律機制，可以提供程序正義來捍衛——可能以黑幫、毒品與犯罪活動等各種方式累積而來的——私人資產。非法與合法資金的界線要比很多人想像的更模糊，而家族辦公室也會竭盡所能保持這種模糊性。何謂合法、何謂道德、何謂可行，在這種灰色地帶之既得利益者的刻意維護下，難有撥雲見日的一天。

讓犯罪與逃稅等非法活動得以藏匿起來的祕密性，也同時促成了避稅等或許在道德上有爭議、卻仍屬合法的行為。倫敦在藏錢這件事上的專業性揚名國際。巴拿馬報告，也就是由莫薩克·馮賽卡律師事務在二〇一六年遭外泄的文件，就透露了這一點。[5]這些文件讓外界獲悉，該事務所專門指導客戶透過一系列的空殼公司與境外管轄權來藏匿財富，使之基本上變得無法追蹤。簡稱ＩＣＩＪ的國際調查記者同盟（The International Consortium of Investigative Journalists）報導表示，英國——倫敦——在以金融、法務與其他服務促成這些流程的中介國排行中傲視群倫，而這便協助了莫薩克事務所的客戶，讓他們得以順利設立信託，並加以利用境外的金錢藏匿處。國際調查記者同盟宣稱「英國有舉世無雙的傲人避稅產業」。[6]在針對外籍屋主編纂的英國土地登載清單上，莫薩克的客戶赫然有兩千八百人列名其中，包括巴夏爾·阿爾·阿薩德（Bashar al-Assad）的黨羽，而阿薩德正是對本國公民發起血腥內戰的敘利亞總統。[7]到了二〇一六年，多達三萬六千三百四十二筆高級倫敦不動產是由在境外立案的企業所持有。[8]後續釋出的天堂文件（二〇一七年）與潘多拉文件（二〇二一年）中的調查報告進一步坐實了這種惡名，因為在那之中還有更多足以定罪的證據，以及更多政客涉案的實例。管事者在他家族辦公室及不動產事業的辦公桌上見證到的，不過是冰山一角。

管事者肯定不會明知故犯去替亡命天涯的資本尋找安全港，但其他的不動產開發商就不見得這麼有是非觀念了。儘管如此，不停在增值的昂貴不動產仍是撐起財閥生活很重要的一塊基礎建設，這一點對英國本土與國際型的菁英都一體適用。對外國買家而言，法務問題姑且不論，英國的魅力還有一部分來自於管事者口中的「讓人夢寐以求的英國鄉村生活」：「英國貴族的生活方式有歷久不衰的魅力。偌大的莊園是有錢人必備。」我想起在梅菲爾櫥窗裡見過的那些身穿花呢的假人。或許就連財閥也有他們憧憬的東西，只不過憧憬十九世紀感覺是個很特別的選擇。總之大莊園需要大家族來將其填滿，而大家族又需要家族辦公室來替他們管理大莊園。

我試圖把我們的對話導回到管事者白天的工作上，但我僅有的少數線索很快就撞上了一堵名為守密義務的大牆。他只是替某個有錢家族在管理金錢：全劇終。他把錢拿去投資，使其成長。家族辦公室是在為超級富豪提供私人的財富管理顧問服務，就這麼簡單。或者你也可以說就這麼晦暗而複雜。我需要去別的地方搜尋更多答案。我離開管事者的辦公室時，一個想法開始在我的腦海深處成形，只是我一時還沒有意識到。我們是同時代的人。我們都在八〇年代同一個時間獲得博士學位，當時的學術職缺非常少。從同一個起點出發，我們各自去到了非常不一樣的地方。他把跟我並無二致的學歷條件，變成了一大筆錢。我在大學教書著述。不後悔。但我很驚訝，自己竟然沒注意到他走上的道路也是一種選擇。在這座城市裡分道揚鑣的我們，竟是這般各自有著分歧的目的、特定的路徑，也各自只知道悶頭往前行。

我的下一個聯絡人要比管事者更加對家族辦公室的內情守口如瓶。遛狗者登場。他坐在附近的梅菲爾辦公室裡，解釋起家族辦公室的定義會怎麼因人而異。他們在財閥服務業裡統包了所有事項。他說，究其根本，「家族辦公室就是家族內建的一個法務與金融專家網絡，由這些專家負責保護家族的錢、把家族的錢變大，然後盡可能提供建議，讓這些錢能以最高的節稅效率傳到後世子孫手裡。」家族辦公室所創造的，是下一代財閥的本錢。當然了，富豪家庭可以直接向個別的專業公司購買這些服務，但把專家引入自家內部可以讓服務更加客製化，也因此家族對相關事務能握有更大的控制力，而這件事再加上安全性與隱私性，就成了家族辦公室最大的吸引力。

遛狗者區分了所謂的多重家族辦公室與單一家族辦公室，其中前者會同時服務好幾個富豪家庭，而後者正如管事者那種——也可說是西敏公爵那種——類型，只專心服務單一家族。金融專家估計，多重家族辦公室的門檻價是一億美元，單一家族辦公室的價格則是兩億五千萬美元起跳。不論規模大小，遛狗者說家族辦公室的第一項任務都是「把錢顧好」，確保錢不會不見，也不會浪費掉。這表示要做很多事情，包括提防外部的掠食者，也包括要避免家族被當成凱子亂收費。那名遊艇船長是不是在收供應商的錢？那個藝術顧問是不是拿了畫廊的回扣？家族辦公室的第二項任務是照顧這個家族，這部分的工作就要複雜許多。

雖說家族辦公室的數量愈來愈多，但我們依舊知之甚少。人類學者露娜・葛拉克斯伯格（Luna Glucksberg）設法受邀參加瑞士一場家族辦公室的大會，希望從中增進相關的認識。[9] 葛拉克斯伯格得知這份工作最不好掌握的部分，在於某些家族辦公室會提供的門房服務，也就是她一名線人口中的「遛狗」服務。「遛狗」服務的內容包括為前往國外其他住處的家族成員打包行李。葛拉斯克伯格的家族辦公室臥底告訴她，他們的有錢雇主有多少個住處，就有多少雙一模一樣的鞋子，此外所有的用品也都會經過複製，好讓他們在四處移動時即便風景改變了，周遭的環境也能保持一致、有親切感。同樣的一雙襪子必須在每一個家中，或甚至在每一艘遊艇上，都放在同一個抽屜裡。葛拉斯克伯格聽說過的其他「遛狗」服務還包括去營救一名在尼泊爾徒步旅行半途病倒的祖母，還有組織法律團隊去協助奢華度假期間玩過頭、惹上麻煩的年輕成年人脫身。

家族辦公室會為有大把大把錢的人在每一處轉角排除障礙；他們會負責照顧某人太有錢時必然得面對的繁複行政細節。他們會讓有錢人的生活變得一路平坦，外加有時候，他們的工作還包括解決實務上的問題，以及對家族碰到的緊急狀況做出回應。社會評論家彼得・約克（Peter York）提到家族辦公室的員工時，稱他們是「非常優秀的管家型人物」，畢竟照他所說，他們當中許多人都是「出身名門的英國人」。[10] 要管理好一間家族辦公室，你光是個金融專家是不夠的。透過這些個人化服務，葛拉克斯伯格的線人與他們的客戶建立起親密的信賴關係。或至少他們是這樣相信的。

在瑞士的家族辦公室大會上——葛拉克斯伯格的其中一名女性家族辦公室員工形容那是個「又男又白」，也就是白人男性的場子——與會者發現「遛狗」服務既不容易做對，又不好變現。這些服務的價值就像富人生活中其他許許多多層面，都沒有一個定數。但家族辦公室員工都同意，真正最棘手的，還得算是應付家族本身。金錢跟情緒生活是相互交纏的一體兩面；確實，金錢會按照自身的規則，重新引導情緒的走向，並塑造金錢所帶來的體驗。關於如何深入了解這些家庭，並順利在他們身邊工作，會議上一名講者構建了一套富豪人家的類型學。他主張有錢人家裡最難搞的一種，是那群會相互看不順眼、老是在鬥來鬥去的家族成員。這點毫無疑問。第二類則是所謂的「價值驅動」家族，這群家族成員彼此處得不錯，而且「凡事跟著情緒走」（家庭生活本來就是情緒掛帥？）。第三類則是「願景驅動」與「面向未來」的家族，這類家族會以比較開放的態度去聽家族辦公室講道理，並接受家族辦公室的指引，而也就不意外，他們是最受青睞的一種富豪家族。葛拉克斯伯格並沒有對此發表評論，但這種類型學確實把富豪家庭轉變為一種近似於品牌身分，或是一種電腦作業系統般的存在，這樣一來需要去替他們管事的家族辦公室就會比較好進入狀況。這讓富豪家族變成一門又一門生意，而也確實對家族辦公室業者而言，有錢家庭就是這麼回事：擴張快速又很有賺頭的一門生意。

瑞銀集團的「全球家族辦公室辦告」號稱是關於家族辦公室用戶與業者最詳盡的一份研究，而該報告發現在二〇一七年，家族辦公室平均支出的營運成本與投資手續費為一千一百萬美元，合理推斷那包含了家族辦公室本身收取的費用。[11]但瑞銀集團堅稱這些成本——從有大把大把錢的家庭刮來的油水——並沒有白花。該報告肯定了家族辦公室是一種增加家族財富的有效手段，這包括他們認為家族辦公室可以為富豪家庭確保兩倍於常見水準的資本投資報酬率（達到百分之十五）。能讓已經很有錢的家族取得這般錦上添花的獲利，靠的是由私募基金主導的股權投資（股票買賣），再來就是不動產投資。房地產價值的上漲與私募投資資金——原本就是有大把大把錢的人累積財富的主要推手——透過家族辦公室與他們的專家陣容，又獲得了更進一步的鞏固。也難怪家族辦公室會這麼難以追蹤：這些代代相傳的財富是靠著什麼樣的機制，才能在他們的管理與傳遞下愈來愈蓬勃，他們自然不肯輕易示人。

關於富豪家庭與其財富，我感覺還有很多面向是自己不明白的，其中那些複雜運作中的法務層面，就讓我有加以了解的欲望。為此，我從梅菲爾的街道前往一英里多一點開外的霍本（Holborn）的律師學院。[12]我跳上九十八路公車，要去假髮的辦公室見他。律師學院是在倫敦市中心一處平靜的綠洲，讓人想起某個劍橋大學的學院，裡面有大大的綠色方形庭園。這裡也是服務有大把大把金錢一族很方便的服務中心，距離有錢人在梅菲爾的輪機室不遠。我通過一道設有黃銅門環的厚重黑門，進入一棟十分氣派的排屋，到了樓下經過又一名笑容可掬的女性接待員，最後爬到一棟十九世紀建物的頂端。在房屋變窄且天花板變矮的一個空間，我看到假髮在一落巨大的文件背後伏案工作。我遇到假髮是短短幾週前的事情，那是在伊斯靈頓市政廳（Islington

Town Hall）一場樂團的演唱會上。他是個比我想像中要更加嬉皮的御用大律師（Queen's Counsel；QC）兼法官，七十歲的假髮會在信託與婚前協議等事務上與家族辦公室有所接觸。

家族辦公室在假髮的眼中，是做什麼的呢？他告訴我，家族辦公室會統籌各種活動來管理你的財富：替你取得稅務的建議，那無疑會是長期需求，為此他們得經營一群廣大的稅務顧問網絡。此外，「你還會有某種內部的投資人員，他們會負責協調各式各樣的投資活動，然後多半還會有人替你管理或至少協助管理家族的基金會。」家族辦公室就如我已經得知的，也會處理日常的行政庶務。「他們會確保你正宮與小三的信用卡上有錢可刷；他們會替你繳小孩的大學學費，替你付每個家中員工的薪水，替你處理每棟房子的修繕，乃至於你的車子、遊艇、飛機的維修。」他們會「替你遛狗」。有大把大把錢的家族運作就是這麼一絲不苟，就是需要一整個辦公室的專業人士來替你分憂。

他接著說，家族辦公室是管理者的管理者。「那表示在你與你的金錢之間，還有一層額外的管理。」假髮跟我說了一個故事，主角是他一個替某超有錢中東家庭經營家族辦公室的朋友。雖然他朋友的收入豐碩到足以在切爾西有一棟大房子，出門也是司機開車代步，但他為此得二十四小時全天候待命。「他的一項主要任務就是確保老闆沒有被敲竹槓。他是那種你會信任到把祖母或孩子的命託付出去的人。」

假髮在這當中扮演的角色是家庭法專家。他會針對婚姻與離異在家庭信託中造成的漏洞給予專業建議。家庭信託是一種用來保護資產不受稅務侵蝕的法律策略。信託有形形色色不同種類，但本質上它們的設計中都有一名「委託人」（settlor）——富有的捐贈者——會授權給名為「受託人」（trustee）的第三方，由受託人將資產圈存起來供受益者未來使用，而所謂的未來通常有個年齡門檻。也就是說受益人必須年滿某個歲數，才能取用信託的錢。信託的運作是有規矩的。但基本上信託就是一種法務跟金融工具，目的是讓人可以把財富傳承給後代，但不用擔心要繳一大筆遺產稅。各路稍稍有點錢的人都會使用信託，但信託這種東西是財富愈驚人則效益愈大，所以往往會成為財閥守成與確保肥水不落外人田，不讓公庫分到一杯羹的利器。

離婚是假髮的擅長領域，它可能是金錢順利轉移路上的程咬金。當家族在設立或重組信託時，他說，「我會提醒他們要注意萬一某個受益人的婚姻觸礁，那他們的配偶將可以主張對信託資產有一份權利。」他舉了一個自己幾年前的客戶為例：「我當時給建議的對象是一名俄羅斯人，他的信託結構相當複雜。他有兩個女兒，兩人都還沒有結婚的打算，主要是她們當時都還是學生的年紀。」但是，「他還是想要我給一些深入具體的建議，就怕有朝一日會有女婿跑來染指這筆家庭信託，畢竟兩個女兒將來說不準何時會走入婚姻。」詳盡的規畫可以確保家庭資產不被人找到突破口。葛拉克斯伯格的一名家族辦公室員工開了一個親戚的玩笑，他說不亂來的親戚是**in-law**，但打起家產歪腦筋的親戚則是**outlaw**，也就是「不法之徒」。

婚前協議是家族財產的另外一道屏障。假髮給我舉的例子是他目前經手的一個案件。「這對夫妻要在七月結婚。」兩人都不是英國公民，他們都出身某個歐洲國家。「我（所代表的）的當事人是想要保護家產的準丈夫。還是一樣，我並不清楚這名丈夫有多少身家，但我猜幾個億應該跑不掉。而你知道，他是個非常好的年輕人，跟我兒子差不多大（三十歲），但他非常執著於守護家族的財富。」這代表他得跟好幾個國家的律師進行磋商，看他們能不能在萬一婚姻出問題的時候，讓局面對他「盡量有利一點」。「而我想，若不能有一個令他滿意的婚前協議，這婚恐怕就不結了。」所以這除了是人步入婚姻的一大門檻，也讓我們進一步看到了金錢與情感之間有著多麼複雜的糾葛。假髮說，如今婚前協議想在英國法庭上成立，最好是要能找到判決與和解的判例。婚前協議固然不具法律約束力，因為那不被認為是等同商業契約的東西，但「今天它們確實被賦予了更大的重要性，且比起從前，你想要從中掙脫的難度已經愈來愈高。」

信託的作用不僅止於保護家產不被外人奪走，還可以當成某種永生的載具。假髮提及稍早他介紹過的俄羅斯人：「他嘗試透過信託讓自己永垂不朽。他想讓自己的財富像水往低處流，一階一階地代代相傳。他想在這些錢將來花用的方法上留下自己的印痕。」他的其中一些目標立意很好，假髮說。「他不希望自己的孩子被寵壞，諸如此類的。他希望能守住這些家產，讓這些錢在他百年之後很久也不要被敗光。」他希望自己在瞑目之前能「知道後代子孫——至少好幾代人——可以回首他這位祖先，視他為家業的開山始祖，因此會在花錢的時候先三思，也會希望某筆錢能花得讓他這位早已入土的祖先認同。」

財閥可以隨心所欲任自己的傲慢與控制欲去追求這些安排嗎？他們可以透過法律工具，從棺材裡遙控自己遺產的使用方式嗎？假髮說，那些家產其實是控制在信託的諸位受託人手中，一如我在格羅夫納集團處得知的狀況。設立信託的委託人可以手撰一封「意願書」（letter of whishes）。雖說這封文書也不具備對受託人行為的強制力，受託人依舊在法律上保有對金錢使用的裁量權，「但實務上，意願書代表委託人對受託人的一種指示，而後者有高度的可能性會照辦，」假髮說，「歷史上，這整個信託的法律架構會在英國法的體系中發展出來，一個理由就是要保護家產，特別是要保護家產不被揮金如土的不肖子孫敗光。」正因如此，「在某層意義上，那就是信託自古以來宗旨的延續。有錢人可以按他們的心意去行事。」他舉了一個例子，假設某個受益人搞不好有海洛英的毒癮或賭癮，那這就是信託基金的金流須受到管控一個甚具正當性的理由。對比一般狀況下的實際情形，信託對家族親戚的行為控制力要大上許多。假髮還另外舉了一個例子來說明金錢與情感之間的牽扯糾纏。

繼承規畫會讓家族辦公室的員工與財富管理專員興奮莫名。瑞銀集團的調查顯示百分之四十三的家族辦公室設有繼承計畫，而七成的家族辦公室說他們預期「下一代人」將在未來十年間「接手家業」。依照目前在他們手中管理的那種天文數字的財富，這將是史上最大規模的財富轉移，而對於倫敦這類城市的潛在影響猶未可知。我問過緩衝者一個問題：公爵殿下會不會因為繼承了財富而過起不同的生活？之所以問這個問題，就是有鑑於這輪財富轉移的規模，也考量倫敦的生活會不會因此出現重大的社會性變遷。或者新一代人還是會過著跟繼承之前大同小異的日子？瑞銀集團認為他們口中的「意義驅動式財富」正在崛起，也認為他們所謂的「影響力投資」正在引起愈來愈多人的興趣。這就表示很多人會去從事能造福社會跟環境的投資，當然了，同時也希望獲得正常該有的報酬。調查者——潛入赫福德街五號內部替我做第一手調查的律師——表示說股票投資的組合往往是大雜燴，你很難把對社會、環境有益的投資標的與其餘的標的區分開來。那麼在這種投資組合中取得平衡就變得非常要緊。同時她也認為有一種看法是，我們應該選擇投資道德上不那麼完美的產業，而非徹底拋棄它們，這是為了獲致某些能推動改革的槓桿力量。

瑞銀在報告中引用一個富豪家庭的話：「我們的職責是留下一些東西。」**當我們在打造什麼的時候，且讓我們設想那要流傳千秋萬世**。社會責任與尊重環境這類語言如今是投資話術中的顯學。我記得西裝外套曾以一副對社會有益且符合道德標準的金融代言人自居——但這些都是在他從私募基金裡賺到錢之後的事。具有社會關懷、道德底線的企業跟世代傳承的觀念，共同催生了一種新的語言。而這些語言除了模糊掉金融資本的貪婪本色，還一口咬定多有錢都不是原罪，甚至對社會整體是好事一樁。讓財富的累積與轉移變得讓人比較吞得下去，是不是真能確實改變我們周遭的任何事物？是不是就能推動更進步、更以環境為本的理念發展？這些還有待觀察。凡此種種若不是擁有大把大把錢的那群人在混淆視聽，那就是有進步革新的改變真正在發生。時間會證明一切。

家族辦公室的生計靠的是它們所管理的那些募自私募基金、不動產炒作與避險基金的錢——梅菲爾令人難以理解的特產。私募基金與避險基金自然是那些有錢人才玩得起的金錢擴張遊戲。如我之前所發現的，這些基金是掠食者，以路殺為食，而所謂路殺就是那些死在路上、失敗了，或時運不濟的其他企業。家族辦公室會放大這些基金收益，繼而從險中求得的富貴分一杯名為手續費的羹。他們還提供了一種辦法去放大、鞏固，並把王朝世襲性質的家族財富輸送給下一代，那便是思慮縝密的繼承規畫：藉著一連串在當前完全合法的法律手段去最小化對國庫的貢獻，而那原本是可以用來挹注健保、教育、社會福利等政策的本錢。家族辦公室確保愈疊愈高的鈔票可以留在本土／國際背景的倫敦財閥手中。同時，他們也讓那些錢多到需要一整個辦公室的專家來管理的富豪得以過著無憂無慮的生活。家族辦公室管理家族也管理家族的錢。一如彼得·約克所說，不同於倫敦金融城的那一平方英里，梅菲爾被金融業改變的方式要低調許多。小公司在沒沒無聞但升了級的辦公街區中占了一些樓層。他們低調到「大部分人根本不知道他們在那裡」。[13]這個嘛，大家現在知道了。

第9章 離異的藝術

假髮有另外一個故事要告訴我，這次他講的是離婚與稅務。我人還在他林肯律師學院[1]的辦公室，從那裡俯瞰狹窄的街道，還有穿著飄逸黑袍來來去去的大律師，只見他們抱著一大疊文件一會兒衝進來，一會兒飛出去，在其他間辦公室的門內門外穿梭著，要不就是朝著中央刑事法院[2]而去。繼承的話題導引我們觸及富豪家庭生活中另外一個複雜的問題。在他要說的故事裡，假髮的億萬富豪客戶在考慮跟妻子離異。她還不知情，但隨著兩人的關係多年來愈來愈糟糕，她肯定想過雙方走不下去是一種可能性。假髮的角色是針對離婚的法律面向擔任富豪的顧問，就像「全球各地的稅務顧問也是他的軍師」。這名億萬富豪必須決定要不要支付高昂的成本來把他的錢跟稅務移到境外。雖然這麼做真的不便宜，但確實能削弱夫妻二人與英國的連結，而這就會讓他的妻子若想主張在英國法體系下訴請離婚，難度變得較高；在財產的分配上，英國法一般對沒有直接涉入創造收入的伴侶相對慷慨。果真在英國法體系下離了婚，他將損失慘重。但反過來說，將錢移到境外也要價不菲。所以究竟該把錢移出去，還是按兵不動呢？一如世界各地的稅務顧問，對假髮而言，這樣的兩難也只會出現在極有錢的客戶身上。假髮雖無意貶低這件事對億萬富翁在情感上的意義，但離婚確實是一種附帶各種財務後果與機遇的金錢算計。

最終，假髮的客戶判定跟太太離婚的成本恐怕會高過把稅務移至境外的花費。假髮估計，富翁客戶得花上一億鎊才能在英國法律下與太太離婚，這是因為英國法秉持婚姻資產分配的兩造公平原則，同時還會回溯婚姻前中後的資產累積。在聽了假髮的建議，外加身邊一堆國際稅務專家的指引之後，億萬富翁把稅務遷到了境外，而這有機會替他省下未來的幾千萬鎊。由於這場離婚在當時英國媒體上是大新聞，因此假髮不想指名道姓，但他暗示自己經手過好幾筆類似的案例。不論外界如何解讀億萬富翁的舉動，他的決定在本質上都帶有工具性、經過算計，且以財務為核心，是以這樣的角度在處理自己的愛與金錢。成山的金錢會推著你——甚至逼著你——去進行這些自保的算計，即便那些錢其實完全足夠兩個人分享了。

倫敦的超級富豪並沒有比一般人更容易離婚，但離婚確實會在他們的生活上開啟一個不足為外人道的新角度，顯露出一些原本應該藏在檯面下的細節。許多我面談過的超級富豪都帶有防護罩——他們都很小心不要透露太多資訊。離婚讓他們感覺不設防。離婚會滲透進倫敦最富有街道中的住家與辦公室，剝除它們的門面。有錢人的生活會被赤裸裸展露在冷血、法醫報告般的書面描述中，成為倫敦高等法院家事部門的一篇判決。就在假髮的辦公室裡，我發現了這個奇妙的小寶窟——而在那裡面我找到了天才的名字，還瞥見一支避險基金的運作內幕。假髮教會我可以怎樣取得某法官口中「錢多多案例」的離婚判決書。我因此得以翻遍這些公開文件，把其中關於倫敦財閥的小八卦與有趣的細節看個清楚。

假髮專攻家事法中涉及國際層面的事務。他會應對那些訴請離婚的案件可能在兩個司法管轄區審理的案子，比如億萬富翁的狀況就是一例。他的專業對應到超級富豪的現實生活——他們的日常往往有國際規模的跨度。財閥從世界各地被吸引到倫敦來，可以在離婚跟稅務等問題找上門時，在各個不同的管轄區中挑揀適合自己的——不像我們普通人大多被綁在一個地方。這些有錢到足以在各國狡兔三窟，也因此可適用多個離婚制度的富豪，會借助假髮的專業去對各種管轄區的利弊進行權衡——就像將離婚編成一張張損益表——藉此比較在哪個地方離婚對自己的荷包比較好。

假髮解釋說不同國家會用不同的方式去處理離婚跟財務和解。爭端會出現，有時是因為怨偶無法對在何處離婚達成共識，而這又是因為不同的法律體系會對離婚兩造各自有不同的利弊。「十之有九，」他說，「英國法的體系會比較站在主張權利人（claimant）這一方，這通常指的是妻子。當代表的客戶是妻子時，我都會盡量把事情拉到英格蘭的轄區中。反之當我代表的是丈夫時，我通常會試著把案件推到英國以外任何一個國家的司法管轄區中。」他的錢多多俄國客戶無一例外，都會在莫斯科而非倫敦發動離婚程序，免得讓準前妻占到便宜。在這些案例裡，兩邊爭的是大筆的錢財——數以億計的英鎊金額。

離婚申請要在英國審理，前提是兩造都有相當的英國生活背景。如果兩人在倫敦擁有房產——在假髮的經驗中，這些房產價格多落在一千萬到三千萬鎊之間——並且有居住的事實，那他們的離婚申請就會在倫敦審理。但這並不是一翻兩瞪眼的事情。他說倫敦的房地產常常不在夫妻二人的名下，而是在境外公司名下。而如果屋主是公司，那麼該房產在法律上就會被定義為公司資產而非個人資產，這種時候適用的就只是百分之二十的基本稅率。這種與稅務有關的小手段主要是有錢人的專利。不考慮房產在誰名下的問題，「英國或其他歐盟國家的管轄前提就是有無常態性的居住事實。」但是，「萬一某人在世界各地有個兩三棟房子，那常態居住與否這個問題的答案也會跟著變模糊。」

假髮舉的例子是一個來自黎巴嫩的百萬富翁。很顯然這男人的主要住處在倫敦，他大部分時間都在倫敦生活。但是，「出於節稅的考量，他在稅務的設定上並非英國居民。」他的律師就抓著稅務設定這點，主張說他的離婚案件理應在黎巴嫩審理——畢竟他在黎巴嫩也有個家，甚至在法國也有個家——而不應在倫敦審理。假髮是「妻子的代理人」。他說一個人分配時間的方式，對於實質連結的建立非常關鍵。有時候，會有「昭然若揭的細節」讓「真相」曝光。那名黎巴嫩先生有一把獵槍的持槍證。而這張證要有效力，持槍者在證照的登記地址就必須有居住的事實。根據英國的《槍械法案》（Firearms Act），謊稱自己居住在倫敦屬於刑事犯罪。令人震驚的是，身為一名身價數百萬的富翁，「他也同時持有『敬老票』（Freedom Pass）。」所謂敬老票就是倫敦市政府發給六十六歲以上居民的交通卡，持卡者可以免費搭乘倫敦大眾交通工具，重點是這是倫敦市居民才有的福利。常態性的居住地指的是攸關你切身利益的地方。「夏天時的你把冬衣放在哪裡？」表面上不重要的細節，其實可以為看似在其他轄區與國境間來來去去的生活賦予定位。

即便錢多多離婚案中雙方都同意要交由何處審理，還是會有其他新的事情可以吵，那就是有多少錢可以分，或是用一名法官的講法就是有多少「共有財產」（kitty）。這一點會讓達成財務和解的過程變棘手，因為英國法很強調對雙方的「公平」原則。假髮說那些丈夫通常都對家中的財務部位了若指掌，但不見得會對妻子或律師「和盤托出」。妻子則「可能會懷疑丈夫實際上有錢得多。」他可能在交往初期自誇過自己多有錢，後來又藏起那些財富。假髮發現妻子往往不是太清楚家中的財務狀況。「她們常常受到有錢丈夫的控制，畢竟那些丈夫都控制人習慣了。」有錢的女性一旦把一切都賭在婚姻上跟母職上，就會面臨這些風險。在另一方面，人妻可能會心生報復之意，而這又會阻礙她們提出合理的要求。財富這檔事的真相，按照假髮所說，是很複雜的。在超級有錢人的世界裡，金錢既欠缺透明性，也談不上誠實正直的原則。

境外公司再一次成了有錢人的救星。經過信託而非自然人所持有的複雜境外公司網絡打了模糊仗之後，任誰也很難確切評估出有多少財產可以爭。信託就像煙幕彈，可以讓實質擁有房地產跟企業的受益人變成幕後藏鏡人。「你可以在某個國家持有一個信託，」假髮解釋，「比方說開曼群島。而該信託會持有一家控股公司，比方說在英屬維京群島。然後這間控股公司會滿山遍野在全世界設立隔在你與財產之間的子公司。在這之中，可能選出一個離家近的地方，嗯，比方說開一間在澤西島[3]的公司，然後這間澤西島公司會直接持有你的房子。」要遵守洗錢規定的不是你，而是澤西那間公司，因為它才是房子的直接持有者。假髮的結論是，這些具有「流動性」與機動性的企業結構可以讓有錢人獲致「最大的避稅槓桿」，並讓他們「累積很多搬錢的經驗」。而這些事會導致在超級有錢人的離婚案中，想追蹤金流成為複雜難題。

比方說在二〇一六年，有對以倫敦為家的馬來西亞夫婦要離婚，結果法官形容那位億萬富翁級丈夫的生意「宛若由多家相關企業交織出的蜘蛛網」。具體而言，構成那名丈夫事業主體的二十六家公司分別設於馬來西亞、香港、英屬維京群島跟英國，而這些公司之下又還有子公司、孫公司。在實質資料闕如的狀況下——丈夫兩手一攤說沒東西——法官只能自行估算他真實的身價。他想付一千五百萬鎊達成離婚和解，但他太太想要五億兩千萬鎊。法官說，「她從來沒有以符合『上班』意義的方式工作過任何一天。」而她先生則「對她施以超乎尋常的控制」。他是個控制狂。她則滿腹委屈。她把離婚鬧上法庭並非全為了錢：那主要是在宣洩憤怒與恨意，她想爭取的是這股憤恨該含有的對價。而他之所以不肯就範，是因為不甘心自己失去了對她的控制。

法官形容這場一打就是四年的苦戰是「浪費又奢侈的訴訟」。她說這官司已經耗費了八百九十萬鎊的（英國）律師費，而馬來西亞方面的成本還得另計，就只為了讓夫妻雙方爭論兩人究竟有多少錢。法官表示：「不論丈夫究竟有錢到什麼程度，真要說起來，他們的共有財產都已經多到就算很努力花錢，這輩子都很難花完的地步。」他們結縭已經超過四十年，兩人都年逾七旬，其中太太七十歲，先生七十八。他們最終的和解涉及數筆英國房產，以及若干在英國之外的房產，此外還有法官口中屬於丈夫的「商業帝國」。丈夫財務的不透明讓妻子懷疑他有旁人不知情的私房資產。把錢在狡兔多窟之間搬來搬去、四處藏匿，或許能帶來稅務跟隱私上的好處。但這會在富豪家庭內部催生出不安與不信任感，而一旦碰上夫妻離異，就什麼都藏不住了。

同時因為離婚而曝光的，還有倫敦財閥坐擁何等誇張的財富，以及他們過著多麼奢華的生活方式。一名沙烏地億萬富翁的美籍妻子在倫敦長期定居，而他本身則在利雅德與倫敦，乃至於這兩地之間的幾個地方輪流生活，兩人最終的離婚和解金額可讓我們一窺他們驚人的花費。她是丈夫的第二任妻子，是個五十四歲的退役模特兒，十年前她為了結婚才放棄了工作。億萬富翁的準第三任妻子要年輕許多，一如第二任取代第一任時也比元配年輕許多。按照英國法，她主張離婚和解金額應該要能反映她在婚姻中所享有的生活方式。為此她在法庭上有如下描述：「我們有幸能享有的豪奢與鋪張程度實在很難言傳。考量到維持（我們這種生活的）費用之高昂，僅有極少數的家庭能夠負擔，這話就算對全球超級富豪而言也依舊成立。」

法庭要求她把這種生活方式逐條列出明細，並標上對應的花費。但法官表示她對自己那種生活方式究竟要花多少錢，其實並無概念，因為她平時根本無須為錢傷腦筋，而那也就說明了何以她會找上國際級的PWC會計事務所來替她估價。會計師首先研究了她的年度旅行預算，對此法官說金額超過一年兩百一十萬英鎊，其中光是私人飛機的包機費用就不下六十萬英鎊。「她一開口就說自己花了將近五十萬鎊租了一台遊艇兩週，然後一次出航的補給費用直逼十四．五萬鎊，給船上組員的小費也將近五千磅。」法官接著表示，「她計畫在今年十月的期中假期[4]帶孩子去巴黎度假，為此她們要下榻麗思酒店的總統套房，費用將近二十五萬鎊，外加保姆的房間也要七萬四千磅。她為自己在南法伊甸豪海角酒店（Hotel du Cap-Eden-Roc）的兩週假期申報了十萬零三千磅的開支，而這次的保姆房間費用是三萬鎊多一點。只有知名豪華飯店住宿和私人遊艇與飛機的行程才能滿足她。

這位太太的下一種花費是個人保養，那是她這種有億萬身價的女性的必修課。法官又說：「她的治裝與首飾預算超過一年一百零二萬鎊，其中包括每年一件要價四萬鎊的新毛皮大衣；每年十五套全新的正式晚禮服要價八萬三千鎊；一年一件特製禮服要價八萬鎊；每年七套高級訂製禮服要價十萬九千鎊；每年兩組白領結場合[5]適用珠寶要價十九萬七千鎊；正式晚禮服搭配的成套珠寶一年七萬九千鎊。法官辛苦地往下講：「此外她索求的細項還包括每年五萬八千鎊，用來購買兩個奢華包包；每年兩萬三千鎊，用來購買六個休閒包；每年三萬五千鎊，用來購買十個手拿包。太陽眼鏡每年得再花上四千鎊（十五副新的）。她還列出了每季新添兩套滑雪行頭的預算（包含頭盔要每年換新）。」然後是鞋子。「她設想每年要購買五十四雙鞋，其中七雙（供白領結場合使用）得花費將近兩萬一千鎊。」再來是珠寶：「另外三萬九千鎊要用於購買一年兩只新表（畢竟她目前只藏有四十三只要價不菲的手表）。她主張自己需要每年三只新行李箱，總成本直逼一萬五千鎊，外加每年五件新的絲質睡袍。」財閥家庭中的女性要價不菲，但一年五十四雙新鞋感覺也太過分了一點。況且還很浪費：法官不解的是，前一年買的鞋就都不能穿了嗎？這位貴婦的身體保養花費也相當驚人。「她的美容成本包括每年將近九萬四千鎊的保養療程，還有兩萬兩千八百一十二鎊的美容產品支出，其中每年要花九千四百鎊購買四瓶面霜。」

為了支應這種生活方式，億萬身價的女性需要一整組人伺候。法官發現：「她養的工作人員每年要耗費高得出奇的三十三萬五千五百五十八鎊。她說，倫敦家中需要一名同住的男僕、管家、保姆與司機。」而這也就表示，「她在倫敦的房產會需要額外擴建或闢出廂房來容納這些工作人員。」至於其他從外面來上班的工作人員則包括兩名清潔工、一名廚師、一名預備保姆，還有一名辦公室經理。「她編了預算要聘請兩名同住的清潔工住在她未來泰晤士河畔亨利（Henley）的家，她打算在亨利置產，但只打算一年在那裡住四十三天。」其他預算還包括「在比佛利山莊的住家工作人員，她說那裡需要三名管家跟家人來訪時的額外員工。」這種億萬身價的太太預期自己會需要三個有完整人員編制的家，即便其中兩個不會是主要的住處。

還沒完。「她的行動電話費用預估一年要兩萬六千英鎊。」她的休閒娛樂預算包括「聖誕節午餐五萬鎊，她跟女兒每年的生日派對開銷各五萬鎊；（以及）上劇院跟看秀要兩萬一千鎊。」

她需要兩萬八千鎊買溫布頓網球賽的門票，一萬八千鎊則得花在雅士谷賽馬場，[6]才能有個包廂，外加「每年一萬鎊供她參加歌手艾爾頓．強的『白領結舞會』」。誰想得到艾爾頓．強會是億萬身價人士的重要餘興節目？除了亨利那棟房子以外，這位太太估計在倫敦一處房產的成本是六千八百萬鎊，兩者相距只有區區四十英里。億萬富豪的生活需要五輛車、三棟房。法官最終判給她含維護成本在內的和解金額：五千三百萬鎊。

這金額遠低於她要求的五億鎊，但也遠高於她準前夫願意付的金額：他極力追求類似當初首任妻拿到的和解金額。在和解的宣判中，法官判定婚姻中的生活水準「可參考但並非絕對標準」。法官在宣判過程的其他時候都保持冷靜、就事論事的態度，但也表示看著女方呈上來的生活方式明細，實在很難不對那種鋪張浪費感到不可置信。

當然，這只是一個極端的例子，但也讓我們粗略認識到億萬富翁與千萬富翁在倫敦的生活：房子不只一棟；工作人員是算組的；遊艇、繁複的美容療程、沒有最過分只有更過分的開銷。這項判決也針對一般人對於有錢人可以到處跑來跑去的觀念做出一些調整。[7]確實，他們出門不用像普通老百姓一樣考慮旅費跟住宿費，何況他們往往在很多地方都有房子，交通工具也往往既私密又豪華，但他們畢竟是凡人，也跟一般的凡人一樣會被很多俗事絆住。比方說，他們會離婚——也要送小孩上學、上健身房、申請獵槍持槍證、取得敬老交通卡，甚至偶爾不得不繳點稅——重點是這些事情都發生在有政府管轄的地方。只不過即便他們的肉身被絆住了，他們的錢也不會。上述離婚過程讓我們見識到：想知道他們的錢在哪裡、一共有多少，會是多麼困難的事情；若他們用層層疊疊的空殼公司或各種境外的操作手法藏錢，就是會有追蹤的難度。金錢既滑溜又詭計多端。錢會把自己的足跡掩蓋好，會比較各種利弊來捍衛自己不受離婚的剝削，哪怕夫婦的錢根本不論怎麼分，都是一輩子花也花不完。在這種情況下，極端的財富只會把猜忌與背叛的可能性永遠捲入親密關係中。愛與金錢纏結在富裕的生活中，是一種你死我活的關係。我帶著這些想法終於揮別了假髮的辦公室，走下陡峭的階梯，回到倫敦的法務重鎮跟財閥的服務中心所在的那些靜謐依舊的街區。

諾丁丘與北肯辛頓

10　燃燒的塔樓

11　三角形裡的生活

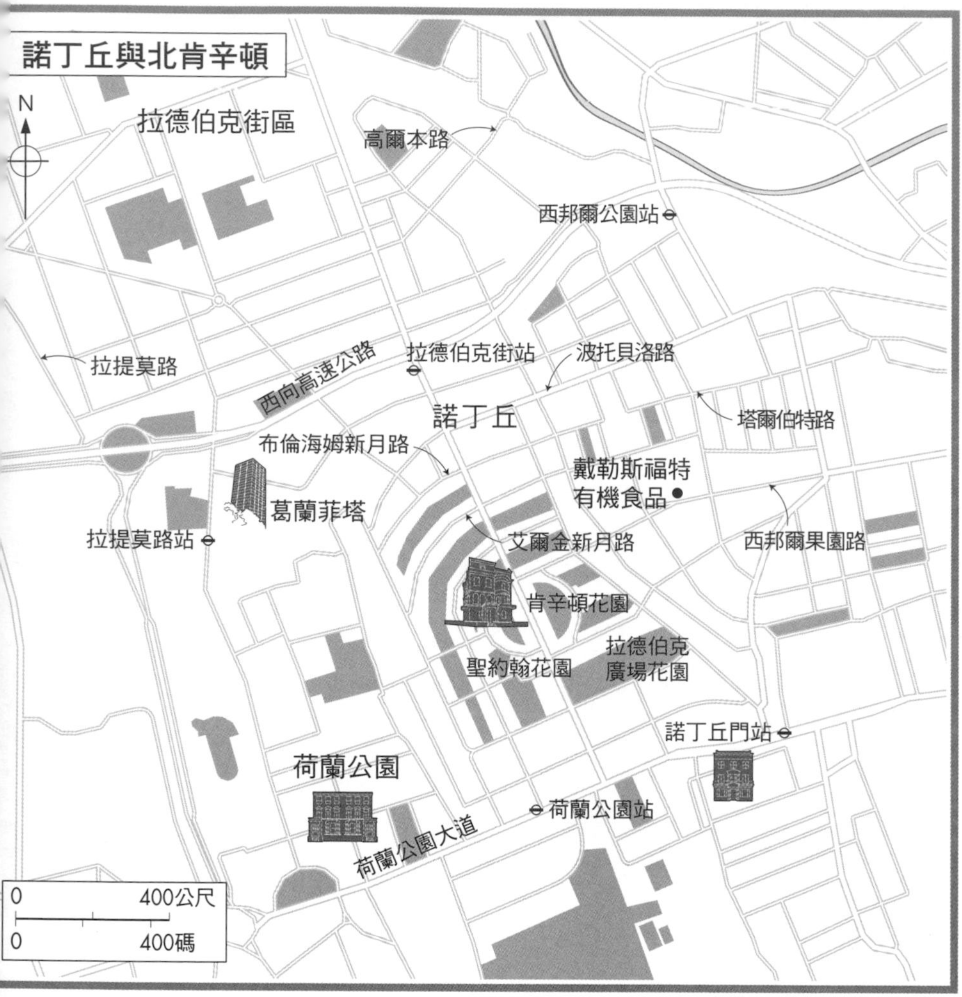
諾丁丘與北肯辛頓
N
拉德伯克街區
高爾本路
西邦爾公園站
拉提莫路
西向高速公路
拉德伯克街站
波托貝洛路
諾丁丘
塔爾伯特路
布倫海姆新月路
戴勒斯福特
有機食品
葛蘭菲塔
拉提莫路站
艾爾金新月路
西邦爾果園路
肯辛頓花園
拉德伯克
廣場花園
聖約翰花園
諾丁丘門站
荷蘭公園
荷蘭公園站
荷蘭公園大道
0
400公尺
0
400碼

第10章 燃燒的塔樓

我第一眼，是遠遠看到了它。我有點驚訝，是因為本來不知道從我搭的西行列車上，在前往牧羊人叢林（Shepherd's Bush）郊外的克拉珀姆（Clapham）途中，竟然就看得到它。我當時看著窗外，心裡想著別的事情。梅菲爾的漫步告一段落之後，我其實有點抗拒近距離看它，雖然它確實是財閥倫敦的一部分，而我的計畫就是要用雙腳走過一個個地點，然後寫下我的感想。我不想讓自己看起來像以獵奇為樂的食屍鬼，或是個觀光客，甚或是悲劇的記錄者，於是我對其敬而遠之。但它就在那裡——毫無疑問。葛蘭菲塔（Grenfell Tower）頂著焦黑的建築頂部，就像顆黑掉的蛀牙，在我勉強能從西行列車上辨識出的街道上，拔地而起。

少有其他區域像葛蘭菲塔與諾丁丘所在的北肯辛頓一樣，如此突然又充滿張力地驟然現身。葛蘭菲塔在二〇一七年六月十四日晚間遭到熊熊大火吞噬，從此對頭頂上的天空也對腳下的街道敞開了一個裂口。它給了我們難得的機會，在倫敦數一數二富裕的區域裡，得以看到近距離且赤裸裸的貧困的碎片。有辦法逃跑的居民之中，許多人都是猛然在清晨的睡夢中驚醒，只能跌跌撞撞奮力通過那滿是煙霧、屍體、消防隊員、管線、混亂的樓梯間，再逃到街上，繼而出現在地方與國際媒體的聚光燈前。

葛蘭菲塔建於一九七四年，是一棟社會住宅，就位在肯辛頓與切爾西皇家自治市（Royal Borough of Kensington and Chelsea）的北端，地址是在拉提莫路（Latimer Road）上，一旁有高架的西向高速公路（Westway）。葛蘭菲塔至多就是一批寒磣的社會住宅，興建出來安撫當地那些在破落跟擁擠環境中掙扎、一路從上世紀四〇年代苦過來的百姓。在這片地景中，一九五〇年代那個惡名昭彰的貧民窟房東彼得．拉赫曼（Peter Rachman）就在諾丁丘腐朽公寓群搖搖欲墜的地基上，建立起他的房地產帝國。藉由把那些樓房區分成一戶戶只有單個房間的公寓，並連同家具出租以規避當時的租金管控限制，拉赫曼創造了一個汙穢、擁擠但極度有利可圖的房地產投資組合。[1]葛蘭菲塔的故事是冰山一角，底下藏有長年來居住需求方面嚴重的貧富差距、供給不足、剝削，以及有關當局對問題的忽視。

七十一名住戶在二〇一七年六月十四日的清晨死於燒傷跟窒息。倖存者獲得了暫時性的安置，包括有些人落腳在飯店，同時間自治市政府則趕忙構思並執行長期性的解決方案。特蕾莎．梅伊（Theresa May）是當時的英國首相，她下令進行徹查。整件慘劇背後的爭議引發了軒然大波，大家都想知道事情的真相、起因，還有最重要的，是誰該負責任。憤怒、悲痛的居民在地方上關心住房問題的社運人士支持下，展開了與地方政府的抗爭。他們要的是一個公道，畢竟許多年來，地方政府都對居民關注的消防安全與建物管理問題，採取非常消極的因應態度。[2]襯著這麼個充滿情緒張力的焦黑背景，我在大火後的幾個月之間，展開在諾丁丘的步行探索。葛蘭菲塔充滿象徵性——讓人見微知著看出倫敦的住房兩極化問題。

在梅菲爾西北方不到四英里處，諾丁丘是「英國財富分配最不平均的一個地區」，在葛蘭菲救援工作第一線的其中一個在地慈善組織並不諱言。這種看法在我與當地有錢居民進行討論的過程中，反覆有人提及。肯辛頓與切爾西皇家自治市有整個倫敦最顯著的收入差距，排在後面的是西敏公爵殿下的土地所在的西敏自治市，[3]財富跟收入自然不是同一個概念，收入只是人的財富其中一個來源，但自治市並沒有對財富進行資料統計，所以我們只能按照收入的多寡去進行後續各種討論。諾丁丘的貧富差距大，眾所周知——社區裡各種天差地遠的狀態，可以說有目共睹——但葛蘭菲塔的一把火照亮了這個事實，讓人再也無法視而不見，也讓人即便只是一下下，都多少要對此有所作為。

因為這些步行行程是跟著錢的足跡走，所以我在諾丁丘關注的重點是放在那些最富裕的居民身上，而不是放在葛蘭菲塔中以及附近的低所得社區上。我在當地的社區中心接觸了幾名富裕的女士，她們在那裡當志工。連同其他在葛蘭菲塔附近有據點的慈善機構與教會，該社區中心在事發的六月十四日黎明前就對外開放，為餘悸猶存且悲痛欲絕的街坊提供一處庇護與療養的地點，畢竟他們在轉瞬之間已經無家可歸，除了身上那套衣服就什麼都沒有了。葛蘭菲塔是我們每一段對話都避不開的話題；在火災後的幾週跟幾個月之間，那是所有人開口閉口都在講的事情。一名富裕的志工同意跟我稍微深談，於是我便坐在西邦爾果園路（Westbourne Grove）上的戴勒斯福特熟食店兼咖啡廳（Daylesford Deli and Café）裡等她，那裡是諾丁丘大馬路上的重點店家，不論你今天是想要買齊上好的起司、熟肉還是橄欖油，或想在從瑜珈教室回家的路上喘口氣，來壺現泡的茶或咖啡、吃點午餐，抑或來點冰涼的現榨果汁，戴勒斯福特都能滿足你的需求。爸爸媽媽推著嬰兒車，一身休閒穿著，用斷斷續續的對話填滿了整間店，他們一邊得像大人一樣社交對話，一邊還得回應他們小小的甜蜜負荷的各種需求。

宮殿——這麼叫她是因為她祖上就是住在宮殿內——匆匆忙忙趕到了現場，並不住地向我道歉說她「做事亂七八糟」。我確信這麼說只是客氣而已。她年紀四十出頭，但看起來相當年輕。她把金髮綁成馬尾，有一雙銳利的藍色眼睛，身上穿著藍色牛仔布的鉛筆裙，搭配白色通花[4]襯衫跟麂皮平底鞋，其中鞋子是看起來就不便宜的燃橙色。她既大方又溫暖，殷勤而客氣，而她會這樣，或許是察覺到我為了要跟她談話而有點緊張。她比起我的想像要來得謙遜而庶民；或許是貴族的血脈會讓謙虛的特質更容易在一個人身上培養出來。

宮殿形容葛蘭菲塔大火對於這個區域是一條「決定性的新聞」。「我感覺其他人在社區中生活的方式被以反差極大的方式凸顯出來，」她說，「那讓很多人感覺非常不舒服也非常有罪惡感。所以關乎這場火的一切都很複雜，而且情況隨著一天天過去一直都是如此。」她說她有點像搬進了社區中心，這樣已經有一個月了。「我感覺到自己非常榮幸也非常幸運能在這裡。這是獨一無二的經驗。這些生活在我身邊的每個人，以及經歷了他們所經歷的這一切的每個人，我是第一次如此靠近他們。」葛蘭菲塔大火感覺是一瞬間的事情，「大家都放下了手邊的事情，跑來看他們能夠為別人做點什麼。當毀滅與恐怖那樣顯而易見出現在我們面前，那感覺真的非常魔幻。」她形容這是一種「確認自己真正活著」的經驗——這段時間她感覺到的是人與人的連結，那是跟失去親人的鄰人們所共有的一種強烈而情緒飽滿的氛圍。當然，宮殿早就明白有一道社會斷層切穿她身處的鄰里中，但若非這場火，她永遠不會與斷層另一邊的人這麼零距離共存於一處，更不會覺得在這個困難的時期，自己對鄰居有一份該負的責任。

在火災後的幾天，宮殿經營起一間「店面」來分發衣服等日常生存的必需品。「大家顯露了純然的諾丁丘本色，人人都想要幫忙。」她記得。但大部分的捐贈都不是很恰當：「捐給一名大個頭穆斯林女士一個小小的古馳包或髒襪子，能幫上的忙實在很有限。」於是他們停止接受捐贈，改成購買新的衣物。為了讓她從平日的家務中騰出手來，宮殿召募了她四個小朋友的「幫助」。她先生則被派去專賣成衣的普萊馬克（Primark）牛津街分店採購一百五十副新的女性內衣。「一位女士一臉厭惡對我說道，『我才不想穿別人穿過的衣服。』」這話讓宮殿意識到這些人不是在乞討的難民。「他們是有工作、有房子、有財產的居民，而且他們有自尊心。他們才不要穿『嗟來衣』。」宮殿學到的第一課：窮人也是有尊嚴的。但她剛開始用的難民二字也不完全錯誤。在大火那晚跑來避難的民眾當中，不少人都是為了尋求政治庇護，才從中東、北非與東非、阿富汗等地來到倫敦，而揭露了這一點的官方調查中還稱讚他們打造了「充滿活力的社區，其中有強烈的身分認同感與社會凝聚力」。[5]其實也就是那份報告繞了個彎在說這些人是「好人」，是融入了英國社會且因此令人尊敬的移民，而相較之下則有另外幾種移民，包括那些偷渡來的、在小報上被指著鼻子罵的，還有那些不受歡迎的外來者。

由宮殿友人開設的網路服飾店波登（Boden）捐贈了衣物。新的T恤與內搭褲如雪中送炭，讓睡到一半就逃出來的民眾不用再一直穿著睡衣。地方上的中小企業主送來了白色家電與其他臨時住處會用得上的生活電器。捐款被拿去購買英伯瑞超市（Sainsbury's）的現金抵用卡，災民可以去換購「女性內褲」與其他生活必需品。「但他們（倖存者）受過精神創傷」，很難有心思再去購物。手機充電器供不應求。所有人都需要聯絡某些人，需要報平安，也需要傳達噩耗給其他人。地方上的清真寺提供了穆斯林女性需要的頭巾——時機很不湊巧，大火發生在名為拉瑪丹的齋戒月期間。由於葛蘭菲塔延燒了一天一夜，宮殿說現場是一片混亂：「街上到處有人在嚎啕大哭。」

在宮殿的故事裡，燃燒的葛蘭菲塔是難以磨滅的創傷時刻，也是社會覺醒的時候。這場火把她跟她朋友鮮少有機會認識的鄰居——猝然地、稍縱即逝地、鮮明地——帶進了她們的生活，成為其中的一部分。在這一晚，平時就像社區裡兩條平行電車線、互相沒有交集的富人與窮人，突然在短時間有了戲劇化的交會，百萬、億萬富翁與貴族們要直接面對受到火災影響的社會住宅租戶，也要面對火災的起因與後續影響。那種經驗對許許多多人造成嚴重衝擊的同時，也讓不愁吃穿的志工們以很實際的方式，初次見識到社區中的社會多元性。

宮殿與她的先生在葛蘭菲塔的幾條街外就有一棟房子，距離布倫海姆（Blenheim）住宅區與當地的社會住宅租戶都不遠，也算不上那一帶最高檔的地方。在火災那晚，她看到窗外的火舌，又聽到頭頂有直升機的盤旋聲，於是她跳下床就跑去現場看有什麼忙可以幫幫那些「失去一切」的人。她跟一名身穿咖啡色睡袍的女士交談，她原本是跟家人住在葛蘭菲塔九樓。那女士東南西北弄不清方向，雖然順利下了樓，但卻跟丈夫走散了。她不斷問宮殿她丈夫會不會在葛蘭菲塔的頂樓，她想知道他能不能獲救？那位丈夫最終沒逃過一劫。宮殿說：「我跟她保持聯繫了一段時間，但我不覺得她真心希望我這樣。」貧富之間的隔閡在火災時確實收窄了，畢竟生命在當下產生了交集，但社會不平等的現實終究會回來，然後貧富之間的落差又會重新拉開。

在她信誓旦旦說著「我從來沒有如此為身為社區一分子而自豪」的同時，她也心知肚明：「我也是被很多人懷著怒氣千夫所指的其中一員。」如果說在這一帶的日常生活中，這種怒氣之前都受到壓抑，那麼這場火就是一口氣揭露了出來。從各種角度看，諾丁丘最幸運的一群人都變成了悲傷與怒火的正當宣洩出口。在火災爆發前，她家小孩所上的私校正要進駐一棟在地的公共建築。「那件事給外界的觀感實在很差，我們最後退出了，」她直言不諱，「所以我們確實感受到了那種憤怒，養尊處優者vs.艱苦度日者的對決。但我與葛蘭菲塔倖存者來往的經驗完全不像那樣。」但不是每個人都有她這種同舟共濟的情操。地方上的居住正義社運人士秉持長年與皇家自治市當局奮戰的經驗，直指是官方的人謀不臧殺人，說政府做事偷工減料，用具有危險性的可燃外牆覆材去做葛蘭菲塔的翻新工程。英國與國際媒體以各種方式重述了這一套分析。在二〇一七年六月十七日，《太陽報》的頭條下的是：「這是殺人。」就連保守派的《每日電訊報》都說這場火是「遲早會發生的災難」。

第二個教訓。有錢人普遍被認為是貧富差距的人格化體現，因此他們也成為社會大眾洩憤的眾矢之的。居住正義社運人士將他們描繪為一種白皮膚的英格蘭天龍人，而且還是姓氏裡有連字號的那種貴族血統。[6]他們被認為會投票選出保守黨的地方議會跟政府，然後這些地方議會跟政府又會刻意忽視社會住宅。他們制定出相對其財富顯得溫和的市政稅法案，結果富人因此被指控是雙重受益者，外界說他們既受益於皇家自治市那罔顧安全性的廉價社宅翻新工程，同時又是該地區房價遭到人為炒作的始作俑者。發現自己身處政治風暴的風口浪尖，讓一部分比較自由派的富裕居民如坐針氈，因為他們確實體認到鄰居之間的貧富差距在擴大，同時也認知到自己是創造這種差距的當事人之一。然而這種不安還沒有被轉化為真正具體的行動，目前頂多是做做志工。

宮殿那短暫卻有其重要性的接觸發生在她與「鄰里的另一端」之間，而與她眼中「屬於赤貧」的那一半人的接觸，只增加了她與這塊土地的連結。她開始在諾丁丘感覺到「社會融合」的珍貴之處，而社會住宅區就是這種融合的其中一環。這些社宅社區有的屬於諾丁丘住宅信託（Notting Hill Housing Trust），該信託往往會把他們的社宅租戶向東安置到倫敦哈克尼自治市（London Borough of Hackney），因為那裡房價比較便宜。這些跨市的房產投資有可能是出於精明的實用主義，也可能是居心不良的社會清理，一切要看政治上採取何種解讀角度。但就結果而言，社宅租戶都被認為提供了一種社會平衡，對此我對談過的許多女性都表示肯定。她們認為是這些較不富裕的居民把一個財閥村變成了「正常」的地域。宮殿之所以喜歡這「倫敦最棒的鄰里」，是因為她能在波托貝洛路（Portobello Road）的市集採買蔬菜，可以在一所在地的（私立）小學放小孩去讀書、上健身房，以及「享受整體而言算是美好的時光」。諾丁丘是個很適合居住的地方，那些因為火災而流離失所的社宅租戶也同意這一點。[7]他們也喜歡這裡，喜歡他們的公寓——那些按現代標準而言算是寬敞的公寓。當我再追問諾丁丘的社會「融合」中有哪些組成時，她搬出的回答是職業的多元性：網頁設計師、律師。「這兒有個法官，那兒有個經濟學者，再過去還有作家、拍電影的、開餐館的。」所謂「融合」，指的是有錢人跟社會住宅租戶共組的多元性，其中窮人貢獻的是真實的生活感，若沒有他們，這個地方就會變成一個毫無人味的財閥專屬地區。

宮殿跟她先生搬到這一帶，是在一九九〇年代末。她說那是在「銀行家發現這裡」之前一陣子。她告訴我，他們等於參與了這個地區的仕紳化，而那讓他們既有罪惡感，也不乏得意：他們的房子是很好的投資。她說的並沒有錯，但就像肖爾迪奇的少年頭家，她把好幾波仕紳化濃縮成了一波。

屬於低收入專業領域的工作者——包括教師與社工——在宮殿搬進來的時候搬了出去。這些收入普通的專業工作者是在一九七〇年代初的時候來到這裡，當時這裡的房價還相當親民，而他們便在此地設立了托兒所，還有遊樂場等社區型設施。他們經常是女權主義者或其他某種社運分子——就看他們支持哪一種進步理念。在稍早一份從二〇一二到二〇一五年的社會學研究中（序中也曾提到過），我的同事跟我訪問了他們當中的一些人。這些原居民稱許，多虧了居住正義運動出人出力，皇家自治市才建造起社會住宅，進而讓當地有可以與「財閥化」抗衡的堡壘。今天在肯辛頓與切爾西皇家自治市，有百分之二十五的家戶居住在社會住宅中。[8] 能達到這個比例，原始居民都付出了一份努力，而他們看不慣有錢居民遷入所帶來的改變，看不慣一輛輛 Range Rover 的入侵，也看不慣這些人一個個都在幫房子挖地下室。同時他們還很鄙視「投資銀行家」一邊把房子賣出脫手，又一邊把房屋淨值轉移到其他區域。這些中產階級的售屋與後續的翻新，本身也造成了較窮困鄰居的外移，因為這些窮人往往是以租屋為家而沒有產權，也沒有房屋淨值可以變現。

這種動態並不是諾丁丘獨有。地理學者蘿瑞塔．李斯（Loretta Lees）與菲爾．哈巴德（Phil Hubbard）的研究揭露出社宅租戶在整個倫敦遭到大規模驅趕，而租戶組織也會發起反抗，偶爾能取得成功。[9]在切爾西的國王路附近有一個薩頓社區（Sutton Estate），當地有四百六十二戶的社宅出租房預計要進行「重新開發」——也就是拆除重建成新的私宅——但遭到該社區租戶的集體抵制，當時是二〇一九年。地方議會或許還感覺到葛蘭菲塔的餘波盪漾，因此駁回了這個由克拉里昂建設（Clarion Housing）提出的改建計畫。克拉里昂建設正是英國最大的社會住宅協會兼房地產開發商。雖然有這些草根性的努力，但李斯說自一九九七年以來，整個倫敦的社會住宅社區中已經有五萬四千兩百六十三戶遭到拆除或排定要這麼做，[10]因此已然成形的平價住宅危機更是雪上加霜。最後，窮人與收入普通的民眾在房價與房租上漲的浪潮中被逼出了城市。不論是在諾丁丘還是在肖爾迪奇，仕紳化都讓富人得以按照他們自身的形象來捏塑城市，他們踢走窮人，也讓窮人的家變成一堆瓦礫。營建與地產開發將貧富差距轉化為牟利手段：沒有政治力限制也缺乏房租管控（撤銷於一九八八年）的結果，就會造成這樣的房市。

宮殿也是這種變遷的受益者一員。大學畢業後，她先是成為一名自由記者，然後結婚生子；她的老公還是個襁褓裡的嬰兒。她的婚禮是當時的首相都會蒞臨的社會大事，席間還有不少於三名公爵。她丈夫從事高階法律專業工作，因此對育兒跟家庭生活的貢獻有限。所以養孩子跟持家的工作就落到宮殿頭上。她有點不滿，但嘴巴上還是說：「我一直都不是孤軍奮戰，狀況還不錯。」她說的援軍是一名菲律賓裔管家，只要她不想做的家事都可以外包給管家，她就專心照顧小孩、接送上下學、煮飯跟陪做功課。「那樣很好，但成立的前提是你人要在，負責一切跟小孩有關的事情，然後她們（管家）也要在，負責幫你收拾其他所有爛攤子。」要讓請幫傭這件事說得過去，她會需要一份工作來抵銷這部分支出。

在我們天南地北聊著的同時，宮殿收到了一封訊息，來自某個她同時間除了我以外，也約好要見的人。除了各種親職與公民參與的責任以外，她還是一名地方上的督學，所以她的時間排得很滿，要找她的人很多。我們把茶喝了，她就跟來的時候一樣行色匆匆，一陣風似的走了，走前還是不忘怪罪自己「做事亂七八糟」，忘記自己已經有約，然後便趕著去見另外一個人了。而這就代表我也該走了，是時候該面對現實，去做那件我一直害怕、逃避的事了：站在葛蘭菲塔的旁邊，也與它悲傷的故事並肩。

從戴勒斯福特熟食店到葛蘭菲塔的距離不足一英里。我走在西邦爾果園路上，途經在地的精品店，還有連鎖服飾店保羅史密斯（Paul Smith）與歐聖（AllSaints），然後是一間提供租房服務的房仲分店。我右轉走上了波托貝洛路的北端，那裡是在地的觀光熱門景點，各種俗氣的紀念品店與拍照的東亞旅客都在那裡。我經過一名搶眼的小姐身旁，她頭戴一頂卓別林那種黑色紳士帽，身上是土耳其綠的絲緞貼身長褲搭配一件外套。一條條街上散發著年輕、時髦、嘉年華般的氛圍，那是一種有人在表演或甚至有名人在附近的感覺。在關於該地區的許多對話中，跟我交談的女性都能隨口便說出一堆在地名人的名諱，因為她們真的在路上捕獲過野生的那些人——一下子是史黛拉・麥卡尼（Stella McCartney；時裝設計師，披頭四成員保羅・麥卡尼之女），一下子又是羅比・威廉斯（Robbie Williams；出身接招合唱團的英國男歌手）。這般星光熠熠的諾丁丘與其二十世紀初匱乏的過往，形成了強烈的反差。

想當年波托貝洛路與高爾本路（Golborne Road）堪稱自救團體的大本營，其中還包括一間法律諮詢中心——成立宗旨是要捍衛在地非裔加勒比海人口免受種族暴力、警方騷擾等各種高度種族化歧視的侵害。一九五八年，該地區爆發過種族主義暴力，當時有白人青年成群結隊，一邊隨機攻擊黑人居民，一邊叫囂：「滾回家你們這些黑人王八蛋。」[11]諾丁丘的黑人社群也沒有枯等警方來主持正義：該地區是黑人移民與英國種族身分之間鬥爭的震央。而社區居民一反擊，就順勢讓諾丁丘成為了黑人社運的中心，以及跟美國一九六〇年代「黑人力量運動」（Black Power Movement）有關的智識論戰重鎮。警方從五〇年代末開始對加勒比海知識分子與社運分子薈萃的紅樹林餐廳（Mangrove Restaurant）定期發動臨檢，[12]最終導致「紅樹林九人組」在一九七一年受審，罪名是在抗議警察騷擾的示威中煽動暴動。那場最終獲得翻盤的大審堪稱黑人力量運動在與警方對峙衝突中的高峰代表作。

放眼上世紀整個七〇年代，同樣的這些街道充斥著警方的鐵腕執法，主要是有所謂的「可疑人物法」（sus laws，其中sus指的是suspected persons，也就是可疑人物）被當成法源，讓警方得以隨意攔查年輕的黑人，[13]而此舉也讓黑人青年及他們出身的鄰里變得更加種族化——黑皮膚、危險與犯罪在大眾的想像中成了同義語。在我的學生時代，旨在禮讚加勒比海文化的諾丁丘嘉年華（Notting Hill Carnival）動輒以夜幕降臨後與警方大打出手收尾。從美國紐約哈林區遷居到倫敦的克勞蒂亞．瓊斯（Claudia Jones）創立了《西印度公報》（*West Indian Gazette*），並主辦了第一屆的嘉年華。她當年就住在塔維斯達克路（Tavistock Road）附近。種族正義的戰役連同以非洲殖民自由、奴隸制與黑人政治權利為題的論辯，天天都在這些街道上演。除了嘉年華這個孤例，那段轟轟烈烈的歷史基本上已經銷聲匿跡。社會學者兼社運分子柯林．普雷斯科（Colin Prescod）在〈紅樹林的反抗者史〉（The 'Rebel' History of the Grove）一文[14]中對發生在紅樹林餐廳周遭的鬥爭是這麼說的：「我們的樹林，變成了他們的諾丁丘。」

「我們的樹林」的遺跡已經所剩無幾了。在布倫海姆新月路（Blenheim Crescent）左轉後再穿越克拉倫登路（Clarendon Road），我左鑽右繞穿過一條條窄巷，直到最終站定在正對葛蘭菲塔的休閒中心外面。那裡有標誌指示民眾要尊重逝者，所以請勿拍照。惟即便如此，我還是看到有帶著重裝備的攝影師在記錄現場，當然他們的態度十分嚴肅莊重。一張長椅上，某位加勒比海裔的非洲女性長輩隻身一人，坐在那裡啜泣。另一名女子過來環抱住她的肩膀。我駐足了一會兒，為眼前的光景感到不可思議。我不是沒讀過關於那個厄運之夜的描述，但親身來到此處，即便已經事隔許久，仍舊會感受到深切的傷悲。

我逼著自己再次朝南走，背著西向高速公路朝西邦爾果園路前進。不一會兒我就走進北肯辛頓最壯觀、最寬敞，也最雅致的角落：肯辛頓花園（Kensington Park Gardens）。不久前才站在焦灰的大樓下，此時卻突然回歸白色灰泥、黑鐵尖刺欄杆、植物剪裁得整整齊齊的世界，這給人一種突兀的感受。房屋入口有宏偉的柱子，而屋前屋後都有不算小的花園，整個區域因此散發一種綠樹成蔭的感覺。拉德伯克廣場花園（Ladbroke Square Garden）四周都有圍籬——想進去要有鑰匙才行。這裡看起來非常貝爾格拉維亞，也非常格羅夫納莊園，搞不好根本是那兩個地方的範本，就是諾丁丘這一頭的財閥式街道模範與房價的標竿。關於我馬上要見到的那個女性，其友人告訴我她的房子——雖然與被政府忽視到才剛付之一炬的社會住宅僅兩步路距離——價值是三千萬鎊。

書桌聽到鈴聲來應門，然後就邀我進入那讓我開了眼界的美輪美奐玄關。我在門口突然無法動彈，只因為那一幕讓我目不暇給：其實也不奇怪，要進入有錢人世界的這種玄關，就是為凡人的這種反應而設計的。這種室內設計是沒有預算上限的：鋪著大型石灰岩石板的門廊、通往上方樓層的宏偉樓梯間，乃至於四面八方每一扇門的後面，會是一間間有優雅家具為其增色的房間。我當下令人啼笑皆非的反應被好意地打斷，同時間也被領進了書桌的那間大到不像話的書房，就在門廳旁邊。在房間的中央有一張非常時尚的巨大桌子。擺著書本與藝術品的書房是她埋首處理各項「企畫」或研擬居家管理的地方。我們在一小張可以俯瞰街道的玻璃圓桌邊坐下。不斷跳出的驚喜讓我難以專心，導致我必須再三把注意力拉回到與書桌的對話裡。兩側都有窗戶讓光線湧進書房。從其中一側看出去，你可以俯視窗外的街道；而另外一側看出去，映入眼簾的是一座賞心悅目的和風花園，而且景觀設計分成數層，所以不論從什麼角度看都無法將整座花園盡收眼底。如果說她的家經過精心打理，那書桌這位女主人也一樣不遜色；她穿著休閒正裝的長褲，搭配設計感十足的短髮，給人一種女強人之感，精明中有點不拘小節。年近六旬、有兩個已成年孩子的她住在一間分成五層樓且子女已離家的空巢裡。

攤開在我眼前的，是私募基金背後的私人家庭樣貌。書桌的丈夫開了家公司，在產業內部人士口中是一則「現象級的成功故事」；這間公司賺了大把大把的錢。事實上，那些錢多到他們夫婦可以捐掉一大筆數字，卻依舊養得起遊艇跟豪宅。透過他們的家庭基金會，兩人的捐款遍及在地與天涯海角的許多慈善機構。除了在倫敦的視覺藝術界有重要贊助者的身分──文青跟我說過那些讓公立畫廊不至於難以為繼的人，就是這些贊助者──他們還自認很積極參與社會正義有關的事物。這些人有錢、關懷社會、願意對不如他們幸運的人慷慨解囊，但也沒少參與私募基金那些吃人不吐骨頭的商場操作。他們以錢為絲，織成了一張一言難盡的複雜道德錦繡。私募基金常把其他企業大卸八塊，就為了讓投資人賺得盆滿缽滿；德本漢姆百貨（Debenhams）被私募基金控制一段時期後就土崩瓦解，便是一個很好的例子，只不過那次跟書桌的丈夫無關就是了。每當像德本漢姆這樣的公司被故意耗盡氣數時，便會有人丟飯碗。原本就搖搖欲墜、只靠微薄薪水撐住的生活，也會因此更加充滿不確定性。私募基金所花錢挹注的，正是我在書桌的三千萬鎊豪宅裡瞥見的那種高級消費。那些錢偶爾也用來幫窮人度過難關，但想捐多少跟怎麼捐，還是有錢人說了算。

書桌夫婦說他們搬進這棟房子是因為熟悉這個區域、喜歡這個區域，也因為在他們以前住的南肯辛頓，市場上根本只有公寓，沒有大到這種程度的房子。他們搬到這裡是二〇〇〇年的事，然後又裝潢了兩年。以建築而言，書桌表示諾丁丘對「大尺寸的家庭住房」顯得「非常友好」，同時也很適合沿著一棟棟住房後興建「公用花園」（communal garden，一種公設的概念），那裡會是大人可以放心讓小朋友玩，不需要太費心看著的場所。她說除了適合家庭這一點以外，諾丁丘讓她喜歡的地方還有：「這裡的鄰里有兩種面貌。」這裡有極端的財富——英國一些最有錢的人就住在這裡——也有極端的貧窮。」她精確指出西向高速公路就是將當地一分為二的那條線。「往西北方走，穿越這裡的北部，你會看到很嚴重的貧窮景象。那裡有一種現實的氣氛，給人一種不加掩飾的真實感，此外也有一種西印度群島、加勒比海的文化元素。事實上，這些特色共同造就了一種非常吸引人的多元融合感。」

這種「融合」會創造出另外一種樣貌。除了有貧窮與社會住宅以外，諾丁丘那動盪的種族歧視跟黑人族群激進的過往，也對懷抱進步思想的有錢人心中多添一分選擇來此居住的引力。在這些不尋常的算計中，貧窮與種族歧視從鄰里的負債變成資產。貧窮與種族多元性至少被視為有正面的意義，而不是社區敗壞跟凋零的同義語，但是造成種族歧視跟貧窮的體系從沒有真正受到質疑。諾丁丘比較不讓人意外的資產包括「若干水準極佳的私立（預備）學校」，[15] 像巴賽特學院

（Bassett House）、威瑟比（Wetherby）與諾蘭德廣場（Norland Place）等都是。這個地區還散發「一種英國基石的氣質，我會說其他富裕地區就沒有」。這裡不光是有中東的謝赫（sheikh，一種尊稱）或俄國的寡頭，歐美人士也會來到這裡，成為你隔壁的有錢白人鄰居。她說這些鄰居大都從事金融、會計或法律等行業，要不就是自己創業。

書桌是個出身家鄉郡[16]的中產階級女孩，婚前在公關產業工作。跟宮殿一樣，「婚後我就沒有真正工作過了，但我做了很多志工」，包括替公立畫廊募款或從事社區服務。「我覺得人總是要找點事做。」她說，透過「志工、照顧家庭、丈夫、孩子、持家」等人事物，她才能保持忙碌，而她也相信生活就應該要忙碌，應該要充滿有意義的活動。至此一趟趟的步行之旅告訴了我一件事：有錢人並不閒，他們只是會按照自己的選擇去忙。書桌在煮飯與購物的同時，她有許多幫手：一名也要幫忙遛狗的管家、一名有個也曾是葛蘭菲塔住戶的女兒的兼職清潔人員，還有一個同樣非全職的園丁。她是社區中心的一大贊助者，在葛蘭菲塔事件中扮演的角色包括在大火後那幾天接聽電話。她看到一些對地方議會不公平的批評，為此感到氣憤。有些議員被控在社宅的裝修上苛扣預算，或是在危機發生後欠缺積極作為，一時間成了千夫所指，但這些議員其實是她的朋友。她知道比起在媒體上經過渲染的形象，這些議員其實在幕後的運作上出力甚多。對於自治市裡那些被在地居住正義運動人士當成出氣筒的有錢人，她也不吝出聲捍衛。我察覺到她深深的不安，然後循原路離開了她府上。我再一次穿過她家令人驚豔的前門門廊，穿過那彷彿通往異世界的門口，回到了街上，也回到門外的真實世界裡。

而反過來對宮殿與書桌而言，通往異世界的門口是社區中心：她們可以從那裡進入一個苦難與貧窮的空間。我回到社區中心去跟中心的一名主事者對話，為的是多了解那些有錢的贊助人，也多了解社區中心動員人力跟金錢的能力。我發現靠著小而靈活的組織，社區中心得以同時間從多方面汲取資源，包括從大型慈善機構的預算中分到經費。他們有一百二十名志工的財力足以在最緊急時用鈔票去打火，由此這些有錢志工補上了政府資金急遽減少所留下的破口。社區中心一度有八成的資金是靠政府挹注，如今他們九成的資金來自私人贊助。在歷任政府都不願為了充實國家財政而對富人課稅或阻礙他們藏錢的政治脈絡下，地方財閥既是貧富差距在地方上肆虐的成因，也是此種差距在小型民間層次上的一種解方。慈善事業讓女性得以把濟世的情操跟想工作的心情結合起來：用各種辦法活出一種能表現道德價值的特權生活，一如（第六章提過的）瑞秋．雪曼在她的曼哈頓富豪研究中所示。

葛蘭菲塔的二〇一六年整修工作是這場祝融之災的爭議核心。填入塑料的鋁板——被英國廣播公司形容為在「講究CP值的議會版整修方案中」受到重用的建材[17]——那時是當成建築的外牆覆面。官方火災調查的結論是：「火勢蔓延如此迅速的主因是建物的上下與四周都有這種ACM，也就是鋁質複合材料做成的雨幕覆層，且該材料的核心還是易燃的聚乙烯。」[18]裝修材料的易燃性，加上倫敦消防隊在官方調查中罪證確鑿的遲滯反應，形成了致命的組合。調查報告的結論認為現場指揮人員欠缺訓練，不具備因應火災變故的能力。硬體上他們有些消防設備並不可靠，甚至根本無法使用。預算緊縮對消防單位的火警處理量能造成了嚴重的掣肘。燃燒的葛蘭菲塔凸顯了地方議會自二〇一〇年以來被迫實施的財政撙節措施，在民生層面上造成了多麼致命的後果，至於其遠因則可回溯至二〇〇八年的金融風暴後，公共支出遭到了擠壓。

公部門的一失，總會是私部門的一得，而原屬公家服務的民營化，也在這整場悲劇中軋了一角。[19]建材的防火測試如今已經外包給民間機構BRE，也就是「建築研究中心」（Building Research Establishment），而該中心又在財務上與他們所測試的建材業者藕斷絲連。至於國家方面，則已經把原本該負的責任卸除得乾乾淨淨。值此，建築法規與消防安全的權限都已經民營化，執行的品質大打折扣。有人投書《倫敦書評》（*London Review of Books*）雜誌表示，「這場火若說是果，那麼成因就是新自由主義思想下，一場由自我監管、民營化與預算削減所匯聚成的強力風暴。」遭到弱化與削權的國家與遭到擠壓的公共財政到了緊要關頭，就讓苦果在一個貧富比鄰而居的社區裡爆發出來。

相對於諾丁丘的富裕居民多從事金融業與法律服務業，葛蘭菲塔的眾多住戶則有移民背景，並在各式各樣的服務業工作中討生活。比方說，一名來自黎巴嫩的女性就是髮型師，一個葡萄牙裔的先生擔任私家司機，一名敘利亞難民在知名的哈洛德百貨公司上班，還有個老家在哥倫比亞的女子在當地找了個管家的工作（這名哥倫比亞女子在六月十四日當晚因為雇主家有晚餐派對而加了班，為的是多賺兩個錢，結果救了她一命。）此外，某個衣索比亞女性在一間美容院工作；另外一名衣索比亞人，這次是個男性，則以開計程車為業；有一名伊朗男性做的是廚師工作；另外還有賣魚跟地毯的商販。[20]葛蘭菲塔的居民跟他們超級有錢的鄰居並非我所想的那樣過著平行於彼此的生活：塔內的居民被徵召進服務財閥的服務業經濟裡，那是當地一種就業機會的來源。

雖然肯辛頓與切爾西皇家自治市絕對不是英國的赤貧代表，但它確實已經成為英國社會貧富差距問題的一個指標。貧富差距在倫敦會被放大——薪資成長停滯、不動產價值飆漲之下，首都的住房問題已經出現危機。諾丁丘一帶正是社會住宅租戶與百萬富翁、億萬富翁與貴族後裔共處一地的典型，更是血淋淋讓人看到了貧富在倫敦、在英國有多不均衡。燃燒的塔樓點燃了深植於嚴重貧富差距中那不斷在擴大的底層隱患。葛蘭菲塔會燒起來，就代表長年可能導向衝擊的發展中，有人忽視與恣意妄為，最後就是免不了的碰撞。

第11章 三角形裡的生活

作家兼評論家桃樂絲．派克（Dorothy Parker）打趣說在二十世紀初屬於菁英圈的布魯姆斯伯里學派，[1]包括當中的維吉尼亞．吳爾芙，是在方形裡生活，[2]在圈子裡畫畫，然後在三角形裡戀愛。而我發現，一些人在諾丁丘的生活，也是在三角形裡度過——只不過不是布魯姆斯伯里學派的那種。我從特拉法加廣場出發，已經在九路公車上坐了一個多小時，巴士在壅塞的路上朝諾丁丘慢慢爬去。到處都在封路。這種時候的交通正好讓人想起何以鄉間祕境長年對負擔得起的人來說，會是逃離倫敦的避難之所。對財閥來講，鄉間別墅與各種消遣很弔詭地都是城市生活不可欠缺的一部分，一如我在南奧德利街看到的那些假人傳達出的訊息，也一如在格羅斯特郡（Gloucestershire）有宅邸的西裝外套所告訴我的那樣。此外，一如我之後會發現到的，鄉村生活對養育新一代的財閥至關重要。公車再一次驟然繞道後，我下了巴士，然後一看到計程車就攔了下來。我必須在下午四點前趕到諾丁丘的塔爾伯特路（Talbot Road）。我跟物理有個約會，她也是一名在葛蘭菲塔救援工作中擔任志工的有錢人。計程車在一條跟塔爾伯特路成直角的街上把我放下來，我在她房子正前方下了車。

在這條靜謐的林蔭街道上，物理住的是一棟維多利亞時期早期風格的排屋，上下共有五層，外牆分成上下兩部分，一樓是灰泥，上方樓層則是柔和的粉色倫敦式磚頭，樓上還有小小的鍛鐵陽台。我按下電鈴，但等不到人應門，屋子裡鴉雀無聲。我在門前的階梯上坐了一會兒，然後又在路上走來走去，看看能否觀察到什麼動靜。在門外晃來晃去十五分鐘後，我認定自己被放鴿子了，於是便把當成謝禮的百合花留在門前，還附上了我的名片跟一張內容活潑正向的便條留言。希望這不代表她後悔不想見我了。我漫步回到塔爾伯特路，然後在街上彎彎繞繞朝著地鐵的皇家橡樹站（Royal Oak）而去，最終搭上了東行的列車。收到她簡訊的時候，我已經一路坐到了帕丁頓站（Paddington）。她說她臨時得「出個門」去接女兒放學。「我的管家應該要讓你進門的。」我要不要現在回去?當然要。

一名打扮俐落、儀表無懈可擊的女子留著一頭短短的灰髮跟漂亮的指甲，目測年逾七旬，是她來應我的門。她說起話有女王的架式，只不過比女王溫暖許多。物理出現在女王身後，解釋說那位是她婆婆，還說婆婆來當救火隊，是因為管家得去看醫生——她偏頭痛，還要驗血——而物理跟她先生則有重要的場合要出席，所以今晚也不在家。物理很客氣，也很謙遜。我管她叫物理，是因為後來我聽到她跟她十歲女兒一段關於考試的對話——媽媽：「物理課難嗎？」女兒：「很簡單。」媽媽：「別開玩笑了。我買給你的那些三角板（量角器）妳用了嗎？」我在廚房裡坐了一會兒。現代風的設計潔淨光亮，那間廚房與整層樓齊長，而且打開門就是後院一個墊高的花園。她婆婆忙起孫女的作業跟下午茶，而物理跟我則去到了樓上的起居室。起居室也一樣延伸了整層住宅的長度，前後都有對外窗：採光非常好，家具的作派則是內斂而低調。我們各自陷入了一張有著深度的沙發。物理身穿黑色的瑜珈褲跟背心，金髮綁成馬尾，年紀不到四十，而且看起來還要更年輕。

他們家的狗狗跑到沙發上與我作伴，並用修過的指甲巴上了我的腿。狗修指甲我還真沒見過，只能說凡事都有第一回。狗狗不時用給我（物理性的）壓力，要我注意牠。我收到的指示是要堅定一點，不要讓牠予取予求。但最終我失敗了。狗兒滿懷希望地鑿起我的腿。物理喜歡諾丁丘，她形容諾丁丘「有點前衛」，因為這裡「有點另類、有點熱情、有點外向，還有點瘋狂」。她同時與書桌所見略同，都認為「活在一個花園廣場中特別棒，因為當你家裡有小小孩的時候，他們全部可以在裡頭跑來跑去，而（那就）有點像是種團體生活，感覺真的很特別。」如今她的兩個女兒也比較懂事了，「你可以去上你的瑜珈課，或是可以約人打橋牌，再不然還可以去參加匿名戒酒會的例會，我是說，各式各樣的節目都像是就在你家門口。」她說這一區在一九九九年那部理查．寇蒂斯（Richard Curtis）編劇的浪漫喜劇電影《新娘百分百》（*Notting Hill*）上映後，感覺就不一樣了，茱莉亞．羅勃茲與休．葛蘭的魅力讓遊客川流不息。

直到不久之前，物理都還在倫敦最負盛名的一間藝術學校修習藝術史的課程，但家裡要做的事情太多讓她無法繼續。「我們剛買下這個家，所以事情有點千頭萬緒，」她說，「我們有各種師傅要進行各種施工，一切都得由我來統籌。還有，我得規畫女兒之後要上什麼學校。我先生這一年來工作壓力不小，所以其實我回歸家庭、不要把自己逼得太緊，整個狀況會好很多。我想要是我們夫婦都處在壓力下，那事情就不是災難兩個字那麼簡單了。」現在她的日子很充實，「除了瑜珈課或皮拉提斯課，我還開始學打橋牌，這些室內設計也都是我自己弄的。女兒放學是我去接，她的大小事是我在打理，她需要的時候我會在，雖然感覺是有點無聊。此外我跟這裡的慈善團體合作，幫忙各種募款工作。所以我超級忙的，總是在跑來跑去。但我就是喜歡那樣。」我有點驚訝她一下子說自己「有點無聊」，一下又說自己「超級忙」。整理得一絲不苟的住家跟棲地只能靠不間斷的付出才可能實現，一如倫敦最精華的文化空間，譬如公共畫廊也是如此。再來是新一代財閥的培育工作，那或許才是最耗精神的責任。在顧家跟育兒的夾擊下，很容易就會在生活中塞滿周而復始的工作；換句話說，她不會有時間從事正職，也不會有時間去學習藝術。

物理說著自身故事的同時，她女兒從廚房跑上來，問起各種課本的下落，還說學校可能要去湖區校外教學。她需要母親的關心，但沒辦法如願以償——她母親被我給占走了。物理說那些東西都沒必要。她正準備讓女兒接受「統一入學考試」，考了這個就可以進入她考慮讓女兒去讀的私立寄宿日校。她說：「我想替她找的不是那種在學術上很拚成績的升學名校。我想給她的找的是比較輕鬆一點的地方。」她會替那個被自己雙親認定不特別會讀書的孩子，選擇一所適合的學校。而目前她覺得最理想的是一間對學生並不挑的小型寄宿女校。女兒又一次蹦蹦跳跳進入客廳，她是來宣布：「爸爸在電話上。」這倒是讓她母親願意聽她說話了。夫妻倆討論了當晚的行程，同時狗狗則用牠的利爪在我的腿上愈挖愈深。這下子變成我跟她女兒都想得到物理的關注：她是富裕家庭生活中的關鍵角色。

我發現，諾丁丘的生活只是三角形中的其中一角。這個家庭在鄉間的生活是另外一角，而那也是他們的有錢鄰居都在複製的模式。物理學解釋說，「我們的鄉間生活過得滿犯規的。有一棟剛買下來的漂亮房子，我們會去那兒度週末、度假，或是去過小孩的期中假期。」他們的房子有「一個花園，所以孩子們可以在那裡打滾。她們真的很喜歡馬，所以我們讓她們養馬。沒錯，那就是倫敦生活一帖很好的解藥。」鄉間的日子比較接近她那位在製造業開公司而且生意興隆的先生所習慣的生活。她形容他的背景是「純正的鄉下人」，而且相當「傳統」。他們一家不光是在馬背上殺時間：「他們每週六會去打獵。我們每週六會全家去打獵。」她說他家很習慣美輪美奐的鄉間住宅、花園跟馬匹。她勾勒出的情景也的確呼應了某種傳統版本的富裕鄉間生活，那是一種拙劣模仿封地貴族的生活。這第二種鄉間角度就跟城市生活明顯有所區隔。想兼顧兩者，豈能不多付出些心力？

還真不用，因為物理有「一個真的很貼心的女孩」會在倫敦上週一到週五的半天班幫她。在鄉間別墅，她則請了管家跟廚子。她補充說，管家會利用週間在那裡「把週末過後的環境收拾好，為下一個週末做好準備。然後她週末會過去幫忙洗衣服跟煮飯，還有就是大致上確保快樂的週末可以一切順利。這一點我們自然是非常非常幸運，但那其實就代表一切都讓人盡興。」這樣一來，他們就可以邀請客人來度週末。「你可以找人來吃午餐。你知道的，你的自由度會大很多。」在這個三角形裡，鄉間的角度會偏向休閒放鬆，可以與三五好友共度輕鬆時光，服侍者階層會是他們的全方位後盾。

我問起他們的鄉間宅邸在哪裡，物理不是沒有透露，但要我再次保證我們的對話會匿名後才告訴我。他們的鄉間別墅位於她口中一個「小小的村子」：「那裡大概有，嗯，我不知道耶，二十戶人家吧，真的融合了不同的人。」我心想，「融合」在鄉下應該跟在諾丁丘的意思不太一樣吧。物理說她也有一些「非常顯赫、身分不一般的芳鄰」，但並不想多加著墨。話鋒一轉，她描述了將至的鄉間週末計畫：「我會去學校接女兒——跟她的同學。我們會跟另外一個朋友的小孩一起開車過去，因為諾丁丘這裡很多朋友也都在那個地方有鄉間別墅。」他們會在晚上七點抵達，跟朋友們一起吃頓「低調的晚餐」，因為隔天他們要參加一場「盛大的派對」。「星期六早上，我們都要去騎馬。然後到了星球六午餐時段，我們會辦一場派對幫朋友慶生。她找了大約五家人來這個盛大的午餐派對。」其中兩家人會在星期六下午抵達，並在村子裡待滿整個週末，再來就是她的大女兒會從寄宿學校過來跟他們會合。「我們晚餐會分別有兒童餐跟大人的餐點。然後隔天，你知道的，反正就是散步跟午餐、悠哉悠哉度過鄉間時光，順帶打點網球。游泳池如果能用，那我們就去游個泳。然後我會趁星期天晚上把大女兒送回學校。」她會一個人先開車回倫敦，而先生跟小女兒則會搭火車回家，先開始做功課。

她十二歲的大女兒剛開始上寄宿學校。寄宿學校正是他們家生活三角形的第三個角。那是一所男女合校的日間寄宿學校，校舍是十九世紀一棟為了特定目的而蓋的巴洛克建築，基地是廣達四百英畝的開放綠地。學費一年要四萬一千五百八十鎊。學校的官網上主打「傲人的升學考試表現跟大學申請成果，實績有目共睹」。所以是一個保證班的概念。校方強調其課程設計的「先進性」、「包容性」，以及對「個別孩子」的關注，還有他們會如何協助每一個學子「發揮自身的最大潛能」。這所學校塑造學生，動用的是最頂尖的博雅教育原則。關於菁英學校與母職，我有興趣多了解一點。但由於物理的兩個孩子都還小，她便主動提議要把我介紹給一個住在附近、家在艾爾金新月路（Elgin Crescent）上的一個朋友。這個朋友的小孩比較大，同時她本身也對三角形的這第三角更有經驗，所以我希望她可以幫助我增進這方面的了解。

辭別了物理後，我向西沿塔爾伯特路前進。從塔爾伯特路轉上艾爾金新月路，只花了不到一刻鐘時間。那裡的路上有偌大的維多利亞式排屋，甚至還有更大的半獨立式透天（兩棟房子共用一堵牆），其中一些漆上了粉蠟筆般的色彩——粉黃、粉紅、粉藍、粉綠；還好有這些顏色，不然灰泥快讓人看膩了。艾爾金的配偶是一名「銀行家」。在金融城與梅爾菲走過一遍又一遍後，我明白了銀行家一詞在金融業可以涉及五花八門的領域，但她無意細說分明。她本身曾經在行銷業上過班，但為了持家而放棄了職涯。艾爾金版本的三角形跟物理的版本相去不遠，但就是前後時間拉得比較長，畢竟她比物理年長十歲。艾爾金一家在牛津郡的家是個寬廣的前牧師宿舍。她有個二十一歲的女兒在一所頂尖大學就讀；二女兒十九歲，正休學一年在遠東地區壯遊；至於她唯一的小兒子，則在伊頓公學準備接受俗稱A-Level的英國大學入學考試。兩個小的預計可以追隨老爸的腳步，成為牛津的一員，其中二女兒為了壯遊申請了延後入學，而小兒子則已經獲得有條件的入學許可，就A-Level的分數。

寄宿學校的現場是什麼模樣？艾爾金跟我分享了伊頓的狀況。學費是一年四萬兩千五百零一鎊，外加音樂課等額外課程的補充費用。伊頓公學這所男校的簡章上說他們有多元化的學生組成：有少數名額保留給領獎學金入學的學生。當然了，這裡的多元化一詞只是用來凸顯他們的菁英屬性，並且用來加強校方慈善為懷的精神。集體生活運行在其內部的宿舍體系中，每個伊頓少年都會被分配到一個house，也就是一個宿舍。這些都是要培養成領袖人物，要去外面跟人一較高下的少年。[3]說到底，伊頓是英國最具代表性的菁英學校，是校方所具體代表之特權的掌門人，他們要把「高人一等」的觀念灌輸給學生。該校獨特、盛氣凌人的制服是直條紋的長褲、黑色的燕尾服、白襯衫，還有白色領結。特殊場合則有平頂的船工帽與單品西裝外套點綴。

艾爾金告訴我：「小孩大了，我們傾向不要干涉太多。寄宿學校確實會時不時讓人涉入深一點，畢竟孩子們在學校朝夕相處，你難免會感覺到有義務要跟上（其他家長的）腳步。」她再次表示他們是「很多樣化的一群人」，但還是不願意多加解釋。「在我們的宿舍裡，我們這個年級有非常好的十組家長，我們有一些聚會可以見面。兒子在校最要好的幾個同學，我都跟他們的爸媽有往來。那麼做應該沒錯，我想。」即便如此，她說，「我也不確定我們能從那樣的經驗中交到多少親近的朋友。」三角形當中的這兩角有相當大程度的重疊，畢竟許多諾丁丘的小孩都在伊頓就讀，更何況，「那當中有很多我先生在工作上有往來的人，也有我私下認識的人。」雖然艾爾金的丈夫並不是伊頓的校友，她說，「但我們確實認識不少跟我們一路走來經驗相近的人。在這裡（諾丁丘）讀的學校，特別是在地的幼稚園，還有那兩所主要預備學校的學前班，都是彼此有關係的，而家長們也都多多少少屬於同一個社區。」那是個讓他們感覺「像在家裡」的社區：「我們會有來往的就那麼一群人。」感覺「像在家裡一樣自在」、在一個「類似的社區」裡「彼此有所連結」，以及走過一條「類似道路」——這三點共同描述了他們是如何在這個世間打滾，又如何在以幼稚園為起點，並由鄰里、鄉間、學校共同組成的三角形裡生活。最終這三者會既擴張、也限制有錢人家的小孩將成為什麼樣的人。

因為艾爾金形容兒子在伊頓的宿舍是「我們的宿舍」，她首先讓我們看到了母親在為孩子創造一個尊榮世界時所扮演的角色，再者則讓我們看到母親如何培養孩子在這個世界裡的歸屬感。沙默思．拉赫曼．可汗（Shamus Rahman Khan）對波士頓某所菁英寄宿學校的研究顯示，優渥的出身相當於要你去學著在這個世界裡過得像在家一樣自在，要學著如魚得水，學著在各種場合中應對進退。[4]社會學家對此有一個專門術語：disposition，意思是一種「稟賦」。[5]可汗說，菁英學校會教導學生表現得自在；這些學校所提供的學習方式更像一種處世方式，學生會在過程中學著如何相互往來互動，如何與「走過類似人生軌跡」的那群人建立連結。教育與親職就是這樣聯手在有錢人家子弟身上，鑄造出這麼一種稟賦。

知道該如何競爭、如何在優勝劣敗的鬥爭中出頭，是這種菁英稟賦中很重要的一部分。伊頓公學的簡章描述該校與其他私校一樣，都是要讓學生準備好，讓他們能在這競爭的世界裡闖出名堂。學校的入學考本身競爭就相當激烈：光有錢並不能保證入學。既然是特權，那就得有人被排除在外，而入學考就是校方手裡一套用來篩選的機制。教育是透過測試為之，一路到公開考試的各種測試——包括當然少不了的面試，那可是再次用來展現正確稟賦的一個機會——都在捍衛像牛津與劍橋等大學的菁英性。各種名校強調是課程重要部分（而非只是用來強身健體）的運動項目也同樣展現了殘酷的競爭性；正如伊頓的宿舍制就是在把少年們區分開來，讓他們彼此對抗爭逐。在學校的世界裡，競爭會被理解為個人利用天分與努力去追求成功的主要途徑。可汗的菁英學校研究認為這種對競爭的尊崇，會讓學生內化　種一分耕耘一分收穫的成王敗寇觀。在這種世界觀裡，輸家只能自我檢討，而贏家則實至名歸。這種將相本無種，男兒當自強的觀念，乍看是一種不可謂不公平的功績主義，但那也在有錢人家子弟身上施以必須要成功的極大壓力。

不太意外的是，這種競爭心態會不時滲入家庭關係裡。艾爾金說從孩子們進了寄宿學校後，她就凡事盡量讓他們自己想辦法，好讓他們養成獨立的個性。即便如此，不變的事實仍是她的孩子們都走上了跟彼此還有跟雙親都頗為近似的道路，一切都是按計畫行事。「他們會競爭，」她說，「他們非常好勝，我的兩個小的。我都覺得他們會激勵彼此去追求更好的事。」但偶爾這也會造成緊張，「他們沒有時時刻刻都相處融洽，但確實會促使彼此去做一些很棒的事情。」她這麼分析。「所以我的工作就是管理，我想，同時要試著幫助他們發揮最大的潛力。」這就是全職媽媽重要的價值所在。「因為有我在，我就可以透過安排來讓上述各種目標得以達成。我一直都在。」富裕家庭的母職就是一份全職工作。

母親的另外一項作用是讓孩子不要誤入歧途。艾爾金非常小心，她不會給年齡還小的孩子太多金錢，畢竟她也聽說過朋友的很多教訓。在那些慘劇中，孩子們「並沒有表現出我期待他們會有的水準。他們動輒會開趴或做些別的事情，但就是不會在學校裡。」寄宿學校尤其可能成為錯誤行為的溫床，艾爾金說，因為外出讀書的孩子已經脫離父母親的直接管控。而金錢是很多事情的入場券。「成了脫韁野馬的孩子會做出各式各樣誇張的事情」，而忘記要好好用功。「他們有些人會到處鬼混。」她並不清楚細節，只是模糊提到「各式各樣的派對跟揮霍個沒完的生活」。艾爾金將其歸咎於孩子手上有「過多的金錢」。「我覺得最顯而易見的就是車子。到處旅遊。他們會想去哪就去哪，不懂得考慮事情。開趴有人付錢，喝酒有人付錢。夜店也是個問題。」她說倫敦是個「花花世界」，要一口氣花掉很多錢完全不是難事。「有些孩子真的做得出這種事情。我都不確定我們有沒有（那麼多錢），但就算有我們也不會給孩子。」

相較於此，艾爾金鼓勵孩子自食其力。她兒子已經為來年排好一份去預備學校打工的工作。她不諱言，「他們能獲得錄取是因為爸媽的人脈，但畢竟那些工作機會是他們自己找到的。」另外，「他們在錄取後也確實沒有放人鴿子，確實有好好把分內工作完成。那可不是每個孩子都做得到的事情。有些孩子只會拿錢而不會自己賺錢，而且基層工作他們也拉不下臉去做。」她女兒也在一間咖啡廳打了三個月的工，期間她「得早上七點到班，要做包含洗碗在內的各種工作」。擁有有錢爸媽提供的安全網，讓這些孩子的生活基本無虞，但有錢人不是只有一種當法。

聽了物理與艾爾金的故事，我明白了人母是怎麼樣培育新一代的財閥，包括她們會設法塑造孩子的稟賦、指導他們有錢人的各種做法，而父親則多半缺席。有了錢就有很多好用的資源，而那些資源又可以用來創造出特權。菁英私校就很善於此道。跟校方合作的有錢母親們也是。母親會擔任起家庭與學校間的橋樑。她們會替孩子選擇學校，並打點好這些學校所附帶的人脈與身分地位。有了各種人手的大力支援，她們得以在倫敦跟鄉下都分別有個家。有錢家庭的母親是三角形的中心點，所有事情都是圍繞著她打轉。

我離開了艾爾金大道，心裡思索著女性與財富。我很驚訝這些受過現代教育的女性竟然如此保守：每個跟我談過話的女性都心甘情願放棄自己的工作，在婚後或成為母親後走入家庭。她們活得好像家庭就是她們最好的歸宿。那就像是過去幾十年女性主義發展獨獨跳過了她們生活的那幾條街一樣。艾爾金跟我說她自己的媽媽也沒有繼續工作：「她原本可以待在職場，但她沒有。我記得她都在我身邊。」但那並不是故事的全貌。母職的任務，亦即產出下一代的有錢人，在她們所屬的圈子裡是極具價值又千頭萬緒的工作，因此重要性遠高過那些終將被截短的個人職涯。有錢人家女性的家庭責任繁雜細瑣，這就讓她們剩下的時間做不了太多別的事情，即使她們在家中的定位其實更像是企業執行長，大部分的身體勞動都已經外包給一整個服侍者階層。這些母親原本可以在她們最常從事的藝術產業中領到薪水，放在家中避險基金、私募基金，或是身為產業領袖的丈夫所能賺到的一大堆錢旁邊，但那終究也是杯水車薪，不值一提。所以說賺錢不是女性的價值所在。她們的價值在於培養富人的生活方式與稟賦：在於生成與複製特權。有錢到不需要工作賺錢，本身就是一種特權，也是一種身分地位的標誌。美國親職與女性文化評論家溫蒂・溫絲黛・馬汀（Wendy "Wednesday" Martin）混入紐約有錢女性中進行研究後表示，在創造社交人脈以鞏固富裕生活的過程中，母親扮演了關鍵的角色。[6] 孩子的成功就是她們自身的價值所在，孩子的成功就是她們自己的成功。

當然了，這些街道上也有些不是灰姑娘，而是婚前本身就很有錢的女性。我們在二〇一二到一五年的研究中（詳見序），就曾認識幾名女性奢侈品資產經理人跟不動產開發商，而調查者也在赫福德街五號遇到一名女性的家族辦公室經理（見第六章）。但那些都屬於例外：絕大多數超級富豪都是男人。二〇一九年的估計顯示，全球僅百分之十二的億萬富翁[7] 跟僅僅百分之十的百萬富翁是女性。[8]女性與錢的關係幾乎百分之百都是間接的，都是隔了一層，所以她們並未掌握賺錢能力直接賦予男性的那種力量。她們若非生在富裕家庭而繼承了財富，就是嫁給了有錢人，有的則會離婚。大部分女性都是靠這種間接且須用感情去衡量的路徑來獲致富裕生活，而不是靠她們自身的賺錢技能。這麼看來，金錢都會在進入女性生命的過程中影響到女性的生活方式，其中包括對女性的順從要求會遭到強化，而萬一離婚，她們的處境也就更弱勢。溫絲黛．馬汀的紐約研究也呼應了這一點：女性依靠著男人的金錢、支持與認可——這種處境雖優渥但也危如累卵。

我往前走到了荷蘭公園大道（Holland Park Avenue），並停下腳步凝望那片白色灰泥海，以及在灰泥建物前方的大型花園中，像帷幕般隔開了街道的老樹。在荷蘭公園大道旁有個公布欄，上頭的「歌劇之友」告示上載明了鄰里忠誠方案跟各種活動事宜。我在一家熟食店外的長椅上坐下，聽著街上的聲音。一名四十來歲的女性帶著一個小女孩，口中正抱怨某個牽涉到倫敦交通局（Transport for London）的開發案，她盼望自己的陳情可以擋下整件事情。另一名身穿牛仔褲與跑鞋的女性帶著一個七歲左右的男童經過，男童身穿有點古板的學校制服，乍看像是從一九五〇年代穿越回來。我另外還看到兩個男人，其中一個身穿藍色西裝，兩人在熟食店外以義大利語交談。隔壁是一間義式冰淇淋店。在那兒工作的年輕小姐趁著休息時間到我旁邊的長椅上抽菸，她的打扮是黑色迷你裙搭配一雙厚重的女靴。我則在那裡等著跟叛逆者見面。

叛逆者在幾分鐘後出現。五十出頭的他打扮休閒，身穿斜紋布褲搭配一雙樂福鞋，移動起來有一股不缺錢的自在感。叛逆者同意伴我同行，因為他想提供我一個另類的視角去觀察諾丁丘的家庭生活。他覺得很討厭；他認為那些諾丁丘家庭很自以為是、不可取。他敢這麼說是因為他阿姨就住在這裡。「諾丁丘是一個邊緣的郊區，是倫敦地鐵中央線開通才救了諾丁丘。」他阿姨「顯然覺得那裡是世界的中心，就跟諾丁丘的其他居民一樣，」他說，「那些人上人都覺得諾丁丘是最文青、最酷、最有趣、最棒的地區。但其實無聊死了。而且我來這裡愈多次，就愈發現這裡散發著多麼濃烈的自以為是。」我們從克拉倫登路跟熟食店出發，把漫遊範圍慢慢擴大。

從荷蘭公園站開始走，我們轉進了聖約翰花園（St John's Gardens），然後經過了一處有金屬欄杆將園內空間跟街道區分開的公用花園。公用花園裡的草坪修剪得整整齊齊，玫瑰植株種成一叢一叢的，成熟的懸鈴木與山毛櫸分散在四處。木質長椅可以供人休憩，鞦韆則是孩子們的專利。「我實在是受不了那些義大利式的灰泥建築。」叛逆者的建築品味偏向粗獷主義（brutalism）。這一帶混雜著維多利亞風、喬治時代風格、裝飾藝術，還有現代主義的建物。叛逆者嗤之以鼻的還有被捧得老高的花園廣場：「有錢人過日子就喜歡那個調調。」叛逆者祖上有好幾代人經商致富，其不凡的出身可以上溯到十八世紀。他說在一九七〇年代，當時他才十來歲，「我們曾經在大家都很窮的時候非常有錢。」他接著說，「現在我已經不是暴發戶，但在九〇年代當時是。我現在還是算有錢人的一員。」歷史上的商人階級財富已經被如今的金融跟房地產比了下去。但他仍舊不需要為了生活奔波。事實上，他說他打發時間，靠的是電影與藝術中所謂的「虛榮作品」（vanity projects），也就是那些為了拍而拍的東西。

諾丁丘的街道——特別是以波托貝洛路為中心那一帶——散發著一種在昂貴中透出波希米亞風的氛圍。休閒風的亞麻、絲綢、設計師牛仔褲與跑鞋、低調奢華的腕表與珠寶在這些街道上來來去去，有時候還牽著一隻血統純正的狗狗。在克拉倫登路上走著，我們經過了一名中年女性，她身邊領著一名身穿白色板球制服、大約十一歲的少年，少年在板球制服外還穿了件有紅色滾邊的海軍西裝外套。叛逆者跟我說他讀過伊頓，而且還跟前首相大衛．卡麥隆與（本書寫作時）現任首相波里斯．強生（Boris Johnson）同時間在校，只不過不是同一屆。但他沒有跟這兩名首相級的伊頓校友一樣去讀牛津大學，而是選擇了「打開開關、調準頻率、脫離體系」。9畢竟那可是七〇年代。那在伊頓的生活呢？叛逆者記得八歲那年他被送進寄宿的預備學校，而那真的「把我害慘了」，因為他從小就被保姆狠狠溺愛著，反倒跟母親不太親。「我媽會出門賭馬或做她的事情，而且她有一點憂鬱，但保姆非常愛我，會緊緊把我抱在懷裡。」她母親位列好幾個董事會中，平日會在倫敦四處「行善」，他父親則因為生意忙而無暇顧及家庭。育兒一事就這樣落到了保姆身上。這種一九七〇年代風格的菁英養育法——也就是撒手不管到幾近忽視小孩的程度——與宮殿、書桌及艾爾金的狀況相比宛如兩個不同世界；這三位可是會親力親為、無役不與地參與孩子的生活。相較於他的預備學校，「伊頓公學對我來說算是美夢成真。」就讀伊頓讓叛逆者得以接觸到週末的倫敦跟很多的自由，那代表他年僅十五卻已經可以在城市漫遊——喝酒、吸毒、看電影——而他父母親則在田園風情的鄉間度週末。叛逆者一進入伊頓就選擇退出鄉間生活，也從鄉間這一角退出了他雙親版本的三角人生。後來他開始探索起他的棲地切爾西之外的世界，同時還發現了肖爾迪奇這個在倫敦城東的藝術氣息之地：「我一直很哈城東。」

我問起鄉間那一角，叛逆者對我說起他有多恨那裡。他爸媽都是有進步思想的城市人，所以他覺得他們「把白身欲望跟英國地主階級靠攏」是件很奇怪的事情。他說雖然「我爸媽多少有點忽略我」，但他們卻一心要讓小孩「在鄉間成長」，而那是個「蠢斃了的主意」。他形容他在科茲窩（Cotswolds）的週末鄉間生活是怎樣一種儀式，包括他會「被逼著去」騎馬。學校放假時，他跟他的手足會被「丟到鄉下做一些上流階級會在鄉間做的事情。但我爸一不打獵二不釣魚，因為他根本沒概念。他就是個倫敦的生意人。我從那之後就對鄉下好感盡失。」我後來發現他在蘇福克（Suffolk）有個家，原來他在那裡買了兩棟小木屋，打通成一棟，至於他在倫敦則有兩個家。我最後對他說的是：「同時有四間房子感覺有點瘋狂，畢竟一個人有兩個家已經相當足夠了。」

中與南肯辛頓

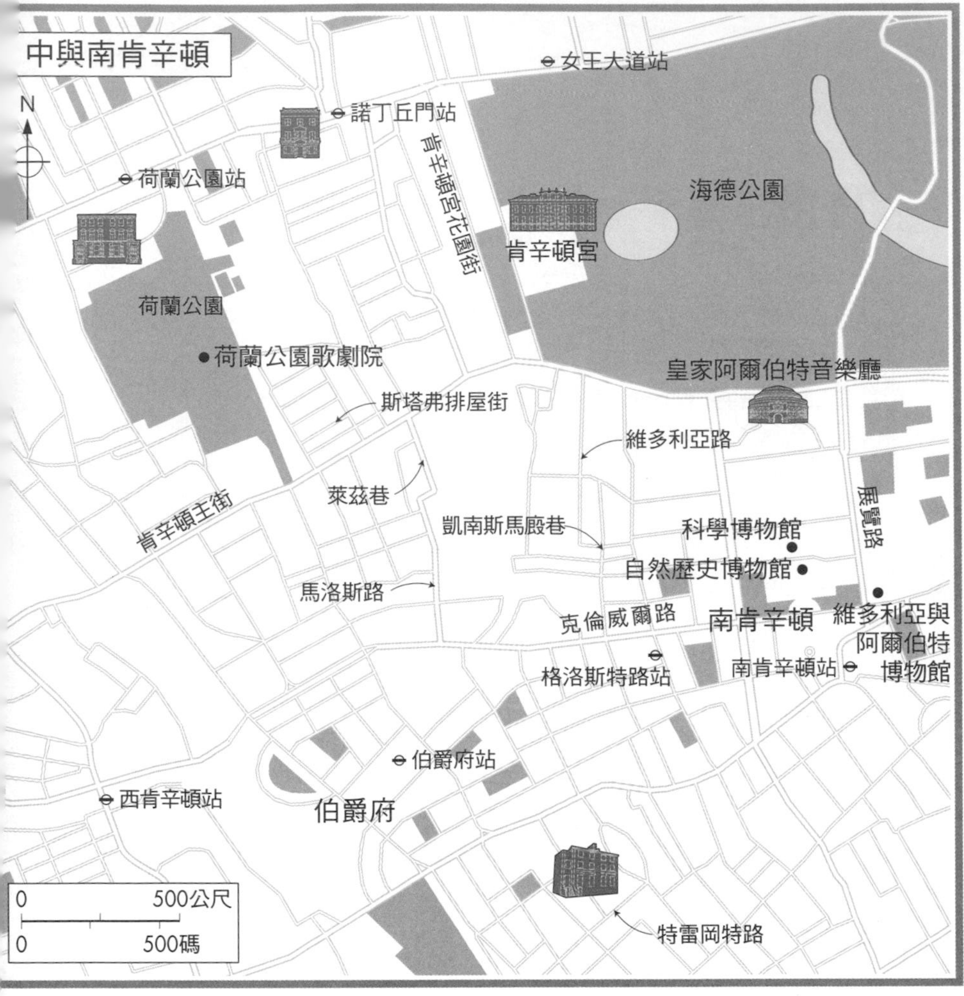
中與南肯辛頓
N
女王大道站
諾丁丘門站
肯辛頓宮花園街
荷蘭公園站
海德公園
肯辛頓宮
荷蘭公園
荷蘭公園歌劇院
皇家阿爾伯特音樂廳
斯塔弗排屋街
維多利亞路
萊茲巷
肯辛頓主街
凱南斯馬廄巷
展覽路
科學博物館
自然歷史博物館
馬洛斯路
克倫威爾路
南肯辛頓
維多利亞與阿爾伯特博物館
格洛斯特路站
南肯辛頓站
伯爵府站
西肯辛頓站
伯爵府
0 500公尺
0 500碼
特雷岡特路

第12章 一路南下

是時候會會夫人了。夫人長年居住在離肯辛頓主街（Kensington High Street）不遠處另一條街上，她猶記得倫敦的「那些（社交）季節」，今日的倫敦雖改頭換面，但那些歲月大多仍依稀可見。由於我們約在初入夜時碰面，於是我悠哉地從諾丁丘走過去，一路上探索著肯辛頓的其他區塊，也是想增加對她所屬鄰里的了解。我的移動路線首先是沿著荷蘭公園大道走，那條路標出了諾丁丘的南界，也就是從皇家自治市中間劃過，將北肯辛頓與真肯辛頓（中與南肯辛頓）一分為二的不成文地界。而真肯辛頓可真不是蓋的。荷蘭公園區被夾在與其同名的大道跟肯辛頓主街之間。其園區中有板球場跟著名的露天夏季歌劇，儼然是保姆們或在寄宿家庭打工換宿的年輕人牽著小小孩跟修過指甲的狗兒外出、每天必來踩點的場所。我在公園裡坐了一會兒，看著搖搖晃晃的小朋友跟狗狗。離開公園後，我沿著肯辛頓主街逛起了商店櫥窗。那兒不乏常見的高檔連鎖店：要買衣服有Urban Outfitters與Jigsaw這兩家女裝專門店，要添購乳液跟香水有歐舒丹（L'Occitane）。全食超市（Whole Foods）有整間溫控室展示各式各樣的起司：那氣味充滿了震撼力。我出現時，正好有個帶著年紀很小的小孩的美國家庭在逛壽司區，小朋友指著他們最愛的「一口大小生魚配飯」要爸媽購買。那家店是珍饈的寶庫。衣著講究的人們停駐腳步，在店內選購那些多數雜貨店不會進貨、很多庶民跟本沒有見過的品項。

肯辛頓的中區與南區集阿爾伯特紀念亭（Albert Memorial）與皇家阿爾伯特音樂廳（Royal Albert Hall），[1]還有一部分的海德公園與荷蘭公園於一處。位居肯辛頓核心的這兩區也包括肯辛頓宮（Kensington Palace），亦即劍橋公爵伉儷（即威爾斯親王威廉與凱特王妃）的住所。在那一帶閒晃、跟人攀談之後，我發現在地民眾都知道自己家跟肯辛頓宮之間需要的步行時間。我不確定他們為什麼需要知道這一點：他們大部分人永遠不會受邀進宮。但只要你住在那裡，你就是跟王室成員住在一起，而那不是沒有意義的。還有什麼是比跟皇親國戚當鄰居更威風的事情？肯辛頓宮是肯辛頓花園這個皇家公園的一部分，背倚肯辛頓宮花園街（Kensington Palace Gardens）：這是一條由獨棟宅邸組成的街道，俗稱億萬富翁巷，但這標籤恐怕是滿懷希望的房仲業者炒作起來，甚至是憑空發明出來的。這裡的房地產只要易手，都是四千萬鎊起跳；一億鎊或更貴也不稀奇。這些房屋的房東是前面提到過的王室地產，也就是這片土地的地主。在這條街上，名人級的居民包括俄羅斯億萬富翁出身的切爾西足球球會老闆羅曼．阿布拉莫維奇（Roman Abramovich），還有印度鋼鐵實業家拉克希米．米塔爾（Lakshmi Mittal），其中後者是《富比世》全球富人榜上的常客——只不過這裡所謂的富人，我發現其實指的是富「男」人。肯辛頓宮花園街並不對外開放。我想去那裡走走，但馬上就被警衛攔了下來。當地有武裝警察巡邏，王家地產的職員則會對所有進入者實施安檢。地上安插了路阻以管制交通。要說那裡是倫敦戒備最森嚴的街道都不為過，有人身安全顧慮的人來這個好地方住就對了。

肯辛頓花園建於一八四〇年代，當時的有錢人住在面積廣大的宅邸，養著僕役大軍。但到了二十世紀，這些宅邸拿來當住家實在是太大也太貴了，所以許多這些豪宅就搖身一變，成了各國大使的官邸。直到二十一世紀，才有新一波的億萬富翁進駐並使其恢復往日的榮光：傲人的財富迎來了第二次的鍍金時代，其證據就在我四周——圍繞著那個站在維安路障外、試著往街道方向瞧的我。比方說據稱米塔爾就為其豪宅的裝潢，找來跟泰姬瑪哈陵同源的大理石。除了花園以外，這個區域也稱得上綠意盎然且華麗耀眼，既廣大又優雅。還有一點，《衛報》記者亞美莉雅·簡托曼（Amelia Gentleman）為了寫新聞而來取材時發現，這裡富含一種莫名的神祕感跟安全意識，外加老實說有點疑神疑鬼的被害妄想。唯一願意受訪的是芬蘭大使，而大使表示他的鄰居都非常自掃門前雪。[2] 感覺起來，選擇住在這裡而不住諾丁丘的人，就是懶得跟人——包括跟住同一條街的人——有所互動，而這就與諾丁丘那些花園廣場形成了強烈反差。

我往南轉出肯辛頓主街後，便看到街道上一排排比較沒那麼華麗的住家：其中混雜著純灰泥或灰泥加磚塊的五層樓維多利亞風排屋。許多這些頗具規模的建築前身是獨棟的透天房屋，後來才改建為公寓。如今這個區域又一次迎來轉型，這次是公寓要被改建回獨棟的透天房屋。這裡的其中的一條街：斯塔弗排屋街（Stafford Terrace）就是夫人住的地方。我按了門鈴，她也按鈕開門讓我進去。我爬上階梯，來到了房子的最頂層，那裡有她位於六樓的兩房小公寓。來到她門前的我有點上氣不接下氣。夫人跟我說她也有這個問題；她年紀已經七十有三，最怕購物回來要拎著大包小包爬上來。挑高的天花板固然是優點，但也會增加每層樓的距離。她的會客廳小小的，裡面鋪滿了中性的米色地毯，並放著堅固的各式骨董家具。家人的合照陳列在一台直立式鋼琴上。若有似無的金髮殘留在很合理的灰色短髮中。她招待我一杯雪莉酒，我欣然接受。畢竟那個時間點很適合喝雞尾酒。

夫人說話的音色只比女王英語（被認為是標準英語的英格蘭南部口音）差一點點：還不如物理的婆婆那麼莊嚴，但也相去不遠。我想從老一輩的口中聽一聽倫敦富裕生活的點滴，我想知道長輩對當年那些事情有什麼樣的回憶。她跟我說她接受過「非常、非常優裕的教養，相當的養尊處優。毫無疑問。要戴白色棉布手套。怎麼會有人讓小孩子戴白色棉布手套？我不懂。我想像不出有什麼理由要這麼做。那可惡的東西戴完是得洗的。」所謂好人家的生活有如此奇特的講究，讓人一頭霧水，但我也慢慢理解到，上流生活就是有諸多奇特的面貌。當年夫人的父親察覺到國際局勢的變動，入伍成了一名軍官，並在二戰時期前往戰地服役。戰後他先是不知道要做什麼，但最終進了廣告業，因為廣告業在當時似乎慢慢熱門了起來，而他又有藝術天分。他死的時候才四十出頭，當時夫人也還年輕。她記得他畫畫的才華，也記得他的幽默感。她母親是跟自己喜歡的人結婚，而不是嫁給了身分地位。她母親的父親是「一名不好高騖遠、懂得腳踏實地的人」——一名來自北英格蘭的成功商人，二戰時曾加入邱吉爾的戰爭內閣，後來還因為戰時對國家有功而受封為貴族。她的母親就在這樣的西敏宮（國會大廈）政治圈裡成長。不過她年紀輕輕就守寡，還有四個小孩要養。幸運的是她有家產可恃。

夫人兒時住在騎士橋附近的上流禮教社會裡。經過兩次失敗的婚姻，她有了兩個歲數相差近一個世代的女兒。她曾經在環境驅使下，在西倫敦搬來搬去，但最終她還是遵循本心，回到了最熟悉的肯辛頓這一帶，這裡才最有家的感覺。我問她有沒有工作過，她說沒有——她選擇了結婚。即便是在「搖擺的六〇年代」，有點身分地位的女性感覺還是不太可能出門去上班。工作不在夫人的生涯規畫中；大學也不在。聽著她道出更多自己的故事，我才得知她其實有過幾份工作，餐飲跟簿記她都幹過。她的職業生涯有一個模式。她沒在找工作，但有在做生意的親朋好友在某些時候可能缺人手，然後她就會跳出來幫忙，算是做人情，但她心裡有數那只是應急或權宜性質，而不是眾人期待的長久之計。她有沒有領薪水不得而知，她需不需要那些薪水也已經不可考了。我猜她有，也需要。事實證明她是喜歡工作的。她喜歡出門跟他人互動。夫人是個友善而善於社交的女性，但她一輩子卻大多獨居。

夫人跟我說她曾經擁有這整棟建築。這條街上的房子現在成交價都在一千一百萬鎊之譜，她說：「太離譜了。」「一千一百萬鎊的房價，你房貸怎麼辦得下來？」光陰荏苒，她繼承的家產慢慢耗盡，一九八七年的股災更是一大打擊，她當時投入股市的程度很深。就這樣，她開始把房子分成一層層公寓賣掉。她的一個朋友告訴我說夫人的財產讓她很不自在，她對日子過得沒她好的朋友非常大方，動不動就送錢給人花。她慢慢賣掉了房子，一層接著一層，直到只剩下最高的一層，而今年事已高的她只能擱淺在這裡。她說「當年要是聰明一點」，就應該先賣掉頂樓，拿錢把剩下的樓層翻新，然後賣掉房子搬走。「但我沒有這麼做，而現在已經晚了。」房子頂樓的天花板比較低矮，讓她有壓迫感。這裡是夫人還坐擁整棟房子時，給她小女兒的保姆住的地方。如今夫人自己住在僕人宿舍裡。在我們的頭上，她說，「我有放滿一整閣樓用都沒用過的東西，因為從樓下搬上來時，那就像是把一夸托（等於兩品脫）的東西倒進一品脫的壺裡。而……有些東西我覺得留著比較好，你懂的。像是書，我有巨量的書。」此外還有一些她爸媽當年的家具。累積了一輩子的東西壓在天花板上，讓她的生活空間更加侷促。

我們的話題潛入了更深的過往。當年，正規的上流社會仕女會以debutante（初次現身的名媛）的身分「出道」，這習俗一直到上世紀六〇年代都還存在。夫人有個大她一歲的表姊就比她早一年進入社交圈，於是被找來當她的嚮導。所謂「出道」就是要被引薦進入菁英社會的公共領域，有一連串繁複的社交場合得出席。這些場合會像滾雪球一樣，帶人進入愈來愈盛大的派對，而最終的高潮就是「出道」舞會。她表姊就替她辦了其中一場出道雞尾酒會，地點在愛德華．林立．桑伯恩（Edward Linley Sambourne；一八四四–一九一〇）的故居，他是以倫敦為根據地的一名畫家，長期為諷刺雜誌《潘趣》（*Punch*）作畫供稿。畫家位於斯塔弗排屋街上的房子現今是一間紀念他的博物館。夫人解釋說桑伯恩家族是她阿姨的世交，同時也跟安東尼．阿姆斯壯－瓊斯（Antony Armstrong-Jones；伊莉莎白二世的妹妹瑪格麗特公主的丈夫）有親戚關係。王室的人脈確實有差。「喔對，她（表姊）在社交季的行徑非常瘋狂，」夫人一邊回憶，一邊面露莞爾，「她在我完成學業的時候對我說……『親愛的，妳要記住去大型派對、參加舞會等活動時，一定要帶上吹牛骰[3]或撲克牌，必要時可以去廁所跟女生朋友玩。』什麼跟什麼！」她十分激動，不確定自己到底聽了什麼。帶遊戲道具的意義在於萬一派對很無聊，或是現場沒有個性體貼、條件又好的年輕男士，她們起碼可以去玩遊戲打發時間。這些社交活動的目的就是找對象，去找個有錢有地位的老公。

以社交名媛的身分「出道」，傳統上是要把年輕的貴族少女介紹給王室中的君主。這個認可某人貴族地位的儀式先在十八世紀流行起來，然後在十九世紀更是快速風行，擴散主因是道路跟交通慢慢有所改善，降低了從鄉間前去倫敦上朝的難度。這與「社交季節」有關，而所謂社交季節是始於初夏的一輪社交活動，而時序到八、九月，眾人則會遁入鄉間別墅，去從事夏天的休閒活動與秋日的狩獵。[4]在她父親死後，夫人與她「親愛的媽媽」陷入了十分窘迫的生活，她們只能勉強維持一個年輕貴族該有的生活方式。這讓原本就非同小可的「出道」一事變得更有壓力。

夫人告訴我，即便如此，「我親愛的媽媽還是使出了渾身解數，一心要幫我把一切做到完美，她真的很盡力。我確定她在那些場子應是如坐針氈。她並不是個很愛社交的人。必要時她也可以跟人打成一片，但嚴格講她並不很喜歡那種場合，特別是在那個時期。」她解釋說，「寡婦的身分會讓妳乏人問津，因為妳是個一切靠自己的女人。」時代已經變了：「這年頭事情已經不一樣了，現在的人甚至會辦一些男女人數不均等的晚宴。」即便如此，「我母親還是很有手腕，她去會見了其他母親，出席了午餐會——午餐會喔，不是吃午餐，你懂的。午餐會。」此外還有晨間的咖啡聚會、茶會、晚宴、雞尾酒派對——「那些活動真的是無聊透頂，無聊到不可思議。」夫人說。她母親一切的努力都是為了累積到足夠的人脈去舉辦舞會，因為「這些母親多半都沒有足量的熟人可以一起辦那種規模的派對」。然後就是舞會本身。夫人最終去參加了一場在牛津附近的舞會，因為「我跟一個也要參加那場舞會的女孩是烹飪課同學。」那女孩先是親自邀請她，之後才發出書面的邀請函。「已經當面答應了的事情，你便脫不了身，對吧？橫豎我是推不掉那場舞會啦。」雖然去之前十分忐忑，但夫人還記得，「當時跟我同宿的一些非常有教養的人，她們人都非常好，跳舞這件事本身也還過得去。但我們沒有正式坐下來吃晚餐，主辦方給我們發了冷的牛肉三明治！我這人真是不走運！」培養正規禮數——用正確的方法做正確的事情——包括戴上白手套，也包括不給客人吃涼涼的牛肉三明治，這些細節都在許多年後她的記憶中格外鮮明。可以維持住菁英地位的社交規矩就像潮汐，那規範了萬物的秩序。

「我自己的那場不算，我還參加過另外一場派對，」夫人說，「是由（金融與不動產大亨）查理・克洛爾[5]所舉辦。買下塞爾弗里奇百貨公司[6]的就是他。他辦那場派對是為了他的姪女，我想。」她說她大部分收到的派對邀請，都跟她社交季節的活動無關，而是「因為那些我原本就認識的人，或是因為我朋友的朋友」。是社交網絡讓這些活動得以成形。夫人記得她參加過另外一場辦在巴克盧公爵（Duke of Buccleuch）府邸的派對，雖然她完全沒有朋友認識巴克盧公爵，卻依舊在那兒玩得「興高采烈」。「他的家真的大得不得了，太不可思議了。」巴克盧公爵是蘇格蘭最大的地主，而他的待客之道就是與眾不同。「那棟房子，實在很不得了。長長的走廊上有一座座壁爐，而且集中在其中一邊，另外一邊則是巨大的窗戶，然後有一間舞會用的宴會廳。公爵家有幾間很離譜的廚房，全部都設在地下室，餐廳則跟廚房隔著老遠，在另外一處。我實在不明白他們怎麼有辦法端得出熱食。」

社交出道就是要從五月到七月參加一連串社交活動，夫人確認了這一點，因為「八月一到，所有人都會拿著槍去打松雞——別傻了！」活動中包括五月那些辦在牛津、劍橋等頂級大學的舞會，事實上至今那些舞會都仍是富人社交生活中的節目。這種社交季節長度代表「你這一大段時間（在倫敦）得一直熬夜！你就算再年輕也會吃不消，」她說，「我不知道大家是不是還在做這麼白癡的事情。」[7]當然是。社交季節的許多元素都在超級富豪的社交行事曆上保留了下來。但時間來到二十世紀末，貴族中的年輕女性也開始上大學跟出社會工作了。伊莉莎白二世的孫女碧翠絲公主（Princess Beatrice）若活在半世紀之前，多半也是要在社交圈出道，但她最後去倫敦大學金匠學院就讀，主修歷史學。伊莉莎白二世在一九五八年廢止了貴族女性正式的進宮會面活動。作家蘇菲．坎貝爾（Sophie Campbell）認為那是女王想讓王室展現與現代世界接軌的一面。就在王室有策略地從（一部分）社會地位的展現活動退出後，像《尚流》、《女王》（*Queen*）與《鄉村生活》（*Country Life*）等雜誌則聯手那些以貴族培育為主題的年鑑如《德倍禮》（*Debrett's*）與《伯克貴族名譜》（*Burke's Peerage*），延續了社交季節的生命。夫人在一九六〇年代中期出道，就是進入了這樣的一種社交地景中。

夫人經歷了社交季節。按照她的說法，在一種自我貶抑而略顯戲謔的狀態下，那感覺更像是一種職責而不是樂趣。「我去了雅士谷賽馬場。我可以告訴你，我是現場最絕望的一個人。我們去了雅士谷賽馬場內的皇家圍場，是因為我舅舅——我母親的哥哥——說我應該這麼做，因為那是社交季節的一部分節目，而且於我也是一種教育。我去了一次就發誓絕對不會再去，」她說得咬牙切齒，「現場熱到爆，而你又不准脫帽，媽咪跟我回到車上脫掉帽子，那個汗流得要用加侖當單位。是真的，那時候又熱又黏，說多恐怖就有多恐怖，而且所有事情都在那些悶熱的帳篷裡進行，整場活動就是徹頭徹尾噩夢一場。」總之，她補充說，「我並不是真的很想看賽馬。對於賭馬也完全沒有上癮的感覺。那說穿了就不是我的興趣。」她頓了一下，「我小時候很愛騎馬，但妳知道，各種條件讓我不再能騎馬了。」

現今社交季節的夏日節目表一如夫人的年代，包括切爾西花卉展、薩塞克斯的格林德伯恩歌劇節、德比的賽馬、皇家學院的夏季特展、更多在皇家雅士谷馬場的賽馬、伊頓與哈羅兩大公學在羅德板球場（Lord's Cricket Ground，即英國板球總部板球場）的板球對抗賽、溫布敦網球公開賽、皇家亨利賽艇日、溫莎大公園的馬球比賽、古活杯賽馬（Goodwood，又是賽馬，誰叫這是女王最愛的運動），以及在懷特島考斯的游艇比賽。現代的各種音樂節，包括格拉斯頓伯里音樂節（Glastonbury Festival）以及緯度音樂節（Latitude Festival），有時候會（很諷刺地）辦在莊嚴堂皇的宅邸廣場上，如今也成了社交季節的一部分，並且是當中少數對現代性致敬的節目。

在這些體育與文化節目中，社交名流或名媛所追求的已經不再是能進宮露臉，而是能被人看見或被拍下照片，然後再登在雜誌或全國性報紙上。以女王為首的王室成員會出席皇家雅士谷賽馬、溫布頓網球賽、切爾西花卉展，還有一系列其他活動。但企業贊助與名人現身堪稱這一新版社交季節的兩大支柱，而這些活動對應的社交地位依舊屹立不搖。雖然這年頭只要買得到票，普羅大眾也進得了場，但這一樣樣活動都保留有VIP的包廂或特區：菁英地位的鴻溝就沿著略有不同的分界線被重新打造了出來。雅士谷的皇家圍場、皇家學院夏季特展的預覽派對，還有在亨利賽艇日上的「餐飲會觀眾區」（Stewards' Enclosure）都是人有階級之分的例子。這些特殊待遇都會附帶服裝規定。在雅士谷的皇家圍場中，男性必須穿燕尾服、戴高帽，而女性的衣帽則必須稱得上「端莊」——不得性感與招搖，服裝要求相當嚴格。未人描述的那個超現實世界以只有些微更新的樣態存續至今，而且世界上的財閥如今也來共襄盛舉了。

夫人的故事是小貴族遇到大時代而落難的一份個人檔案庫。她記憶中的貴族儀式，還有那些儀式所象徵的身分地位，仍在今時今日迴響，頂多形式上有稍微與時俱進。但那些故事也是她所屬的貴族世界一隅歷經何種變遷的一筆紀錄。她在論及斯塔弗排屋街上的租客與鄰居時，有意無意透露了自己的想法。夫人以她的方式扮演這條街上的報導者，並帶著我進行了這條街的居民巡禮。從身為資深居民的制高點看去，她見證了街道在這些年的改變，並堅信鄰居之間就應該相互走動，而街坊之間的禮數不能不講究。

在夫人家正樓下住著一個叫約翰的男人：「很可愛的傢伙，但他不常在樓下的家裡，因為他已經八十幾，而且娶了一個他不喜歡的女人。」她知道，「他們沒多久前才結的婚，他愛她，但他並不喜歡她，他眼裡看到的是一個很難搞的人。她住在屬於倫敦西區的阿克頓（Acton），而他則大多住在阿克頓，因為這裡的樓梯讓他吃不消。中風過的他動過心臟的三重繞道手術，再加上有的沒有的毛病，他一個禮拜只能上來這裡一次。」但她已經幾百年沒見到他了。「我偶爾會傳email給他，確認他還活著——或是確認他是否已經死了，視每次的情況而定。」約翰在這裡已經住了五年，之前的好些年則是住在馬路對面的公寓。他當年從軍存了錢，因為「軍隊會照顧你」。夫人接著說，「他說他只是把錢全部存下來，然後他認識一名做營建的人；他買下房產，那個人負責整理，兩人一起把成品賣出去，他就是這樣賺到了錢。總之，他人不壞。」約翰透過小規模的改裝工程順利致富，出身卑微的他得為此感謝倫敦不斷上漲的房價。

在約翰樓下，有一對住在二樓的夫妻。夫人相信女方的家庭原本來自中東某處，只不過她是在西班牙長大的。夫人喜歡他們：「太太真的是個好人，而先生則挺有魅力的。他父親在八〇年代中期買下了公寓。他先是學生時期在這裡住了一段時間，然後把房子租給了別人，一租十五年，如今他又住回了這裡。」再往下，地下室「屬於莉茲」，而她把房子租了出去。「目前是一個日本家庭住在那裡，我要不是從來沒有，就是幾乎沒有見過他們。那個家的先生可能是銀行家。」夫人覺得這一帶簡直到處都是銀行家：「我的天，他們有夠多的。東南西北跑來一大堆銀行家。天啊，外頭竟然有這麼多銀行，你不知道吧？但銀行還真的有那麼多！相信我。」其實我知道。莉茲早期的租戶包括「有個超帥的小子，叫賽巴斯琛。他有一對分別來自瑞士跟美國的雙親，所以他們後來一起回瑞士了。」他們後來想回來，但太遲了，因為莉茲已經找到夫人說在「經營」信用卡公司的新租客。「他就是那種經營者：會構想出整個系統，把大大小小的事情都搞定，你知道的。他有個廣場恐懼症很嚴重、害怕空曠處的太太，還有一個很小的孩子，後來他們也離開了。」太太覺得地下室不太適合住人。「那裡讓她感覺有點暗，有點封閉。他們搬到了切爾西港。」我決心要去看看那個地方。

「在他們之後來了日本人。也就是說，五年內住了三組人。」夫人的樓房是個人生的驛站：一些人來來去去，然後各奔東西。這些居民大多是在金融業任職。莉茲買下夫人的公寓出租是聰明之舉，這裡就是租金報酬率高而且在企業界工作的房客流動率也高的區域。

夫人接著說起鄰近的房子跟公寓。「這裡來來去去的人多到不像話。」大部分都「和善有禮」，少部分「粗魯可怕」。她說他們是「一群三教九流的怪人：他們確實來自許多不同地方。」她列起了清單，有「南非、丹麥、一大批美國人、法國人、義大利人。」夫人喜歡其中一對夫妻——英國丈夫跟日本妻子的組合，他們在附近買下了一棟房子，因為「他們有個鋼琴彈得好到不行的小兒子。」他們在這裡住了兩年。她沒那麼喜歡的是一對加拿大夫婦，他們在倫敦住了三年，期間丈夫在（一海之隔的）布魯塞爾工作。「那個太太重新裝潢了整個地方，他們在頂樓搞了一間健身房，他們也就兩個人，那麼多房間反正不知道能幹什麼，是吧？太太把整個房子都弄成桃色系。」但她對於顏色的品味似乎還不是最糟糕的部分。「她三年來都沒說過一個字。好吧她說過一個字——她好像說過一聲 Hello，然後好像還補了一聲 Goodbye。她先生才是那個在路上遇見會跟你寒暄一下的人。但他不常在這裡；她才常在這裡。喔，對了，他們同時也在加拿大蓋房子，為退休準備的。」他們把房子賣掉後，又有另一對夫妻當了她五年的鄰居，「我覺得應該是住最久的一對吧。」唯一會跟她常相廝守的鄰居，是位在桑伯恩故居的《潘趣》雜誌博物館。這是一條人與事物一直在改變的街道，也是一條並非每個人都如夫人所願展現周到禮數的街道。國際資金的流動與企業職務的調派阻礙了社區的建立與鄰居間人際關係的培養，這與她人生早年強韌的社交網絡形成了強烈對比。

夫人描述的環境變遷帶來了一波又一波的改建。夫人說：「對，沒有錯，每次有誰搬走，他們就會把東西全部拆掉，然後再全部裝回去。」她說，「那邊原本有兩棟房子，一號跟三號，好像是出租的單人房，但現在似乎又變回了整棟的透天房屋。我不知道啦。他們反正都是來來去去。」推動斯塔弗排屋街前進的是企業生活的脈動，那也是一個年邁小貴族在房市與社會位階上不斷下墜的過程中，眼裡觀察到的來去變遷。夫人跟我說她想搬到當地有些朋友在的英格蘭南部海岸，而就在我們談話的不久後，她賣掉了公寓，也拿著一大筆錢實現了這個願望。

第13章 巡邏

走路的方法有很多種。我偏好彎彎繞繞，而不愛一條腸子通到底、徑直朝目的地而去。我喜歡試探性從目標的邊緣繞過去。但在接下來這趟肯辛頓之行中，我把對於路線跟步調的控制權，都交給了這天的同伴：一名七十來歲的高階公僕，且容我稱他為長官。一如夫人，他也已經在這一帶住了幾十年，見證了極端財富的作用在此落地生根。長官用最慢的速度，在這塊區域踏著超級富豪的步履。我想透過他的眼睛去觀察這片屬於他的鄰里，想了解他對這個區域的想法。「巡邏」二字或許最能形容長官走路的方式——不疾不徐且帶有目的。他目前已經不是真正占缺的「政府長官」，而是以一個關心鄰里的居民的姿態，在巡邏他眼中屬於自己的生活領域：守護、監控、管理大小事、蒐集情報、回報狀況，甚至必要時會介入改變事情的走向。看著長官帶我出發巡邏，偵察著他的領域，我腦中浮現的是一名親切的殖民時代區域長官——他熟知自己的轄區，並自認對這塊地方有一份父母官的責任。巡邏的重點在於管理、監視，在於確保與自身為敵的力量或組織不敢輕舉妄動。至於那些力量究竟是什麼，目前還不清楚。是說，又是什麼讓這裡成為他的領域的？

我見到長官，是在他五層樓的家裡。他家就在維多利亞路旁邊一點，鄰近肯辛頓路，而肯辛頓路是肯辛頓主街向東邊延伸的部分，正好把肯辛頓宮的南端圍住。他家到肯辛頓宮的步行時間？七分鐘。他的房子是一間雅致的早期維多利亞時代別墅，建於一八五〇年代。我們在他位於地下室的廚房兼飯廳見了面。那兒有點破舊，有點生活感，而該空間的絕對主宰是他太太；他太太為家務操持所下的命令也決定了我們的鄰里巡邏路線。各種雜貨必須在肯辛頓主街上買齊。我們趕忙上路，不敢怠慢。

聽我讚嘆他的房子，長官說：「我沒辦法讓時間沖淡的一件事情是，我住在肯辛頓跟切爾西。這點現在許多住在那一帶的人都難以理解，因為他們覺得住在那裡是與生俱來的權利。」他說，鄰居表現得好像他們擁有這個地方一樣，而他則表示：「我並不擁有這個地方，但我確實對這裡有一股很強烈的歸屬感。」他與自己所居住鄰里的關係，是出自一種濃厚的守護者心態，而非基於有財力買進這個區域所賦予人的那種資格感。這一點讓他與鄰居之間有所不同，那些鄰居都是趾高氣昂在這些街道上走動。他說自己是在「經營」這個地方。我們開始走了起來，他替我畫出這個區域的邊界：「這裡其實就是一個大大的死胡同。」各條道路聯合起來勸退駕駛，讓他們不要想用這些巷子來走捷徑，連結幹道間的路線，藉此避開塞車什麼的。「這一區非常安靜，也是大部分人一無所悉的區域，因為相對於這裡的人想開車出去不難，不是熟門熟路的外人想駛入卻不簡單。長官跟他太太一起努力，加上家裡的幫助，才在四十年前買下了這棟房子。他們當時是先賣掉附近的一層公寓，那原本是他太太的爸媽買給她跟她姊妹的房產，但最終長官搬進了公寓，而太太的姊妹則搬到了其他地方。再後來，他岳父岳母的贈與讓他們兩夫妻有了購屋的本錢。否則區區一名公務員，是住不了這種地方的。

我們邊走邊聊，突然他指了某條鄰近的街道說：「那是另外一個國家。」這讓我逐漸了解到，他的責任範圍在他自己眼中，是針對一塊有邊界的領域——一處名為肯辛頓的死胡同，它是橫跨二十七條街道的街區，而長官正是這二十七條街道的居民委員會活躍成員。這個委員會成立於一九八二年，其成立的基礎是一群在一九七七年女王銀禧（女王登基二十五年）封街派對上結識彼此的鄰居，事實上這群鄰居在一九八〇年又辦了一場「沒什麼正當理由」的封街派對。又過了兩年，這一群人才變成社區組織，因為很多人並不想花時間參與社區經營或跟其他人變得太熟。這些人比較想保持恰當的社交距離，不太想跟彼此整天黏在一起。

最後他們克服這些疑慮，契機是其中一名街道派對的參加成員住家隔壁有一間飯店，而這家飯店業者要申請增建兩層樓。街坊團結起來表達不滿，居民委員會於焉成形。他們的宗旨始終是「維護並強化肯辛頓這個甚具魅力之區域的本色」。其管轄範圍在肯辛頓路以南，北邊緊鄰肯辛頓宮，宮門路（Palace Gate）南邊為其東界，而凱南斯馬廄巷（Kynance Mews）則為南界。這些邊界正好對應現有的歷史與建築保護區，也成為反對鄰里樣貌改變的一種現成、理想的基礎。邊界內的每條街都有代表人，這些代表會受邀出席例會，討論涉及社區利益的事務。

我們走在肯辛頓主街上。「我的願景，」長官說，「是努力把街區原樣找回來，讓街道盡量呈現出過往風貌。」我發現，他所謂的「過往」，是很古早的年代，但他沒有指明是多久之前。實務上這會涉及一些措施，包括透過協調，用固定在牆上或欄杆上的停車標誌去取代立於人行道上的標誌桿：這類事情都屬於肯辛頓主街改善計畫的一部分。「我就參與了這件事，」長官自豪地對我說，「包括把雜亂無章的東西清理掉，改成優質、簡單的設計，而這種做法已經從這裡（肯辛頓主街）實施到宮門路。」這是一場為這些街道的美感與歷史完整性進行的戰鬥，假想敵是不必要的交通管控帶來的視覺汙染。除此之外，委員會「盡可能去（與議會）協調出我們可以取得的改善」，並試圖把一部分的控制權拿回自己手中。

他提到他們的策略——「要說有什麼策略的話」——都在他腦袋瓜裡，包含見機行事、跟地方議會打好關係，還有最直接的寸土不讓。在某些時候，長官說，「我們會把立場踩穩」，不在停車時間規畫或保留建築門面等議題上馬虎。「所以基本上我們不會躺平任人擺布。」而想要不任人擺布，就代表他們得時時保持警覺，必須巡邏街道與皇家自治市的規畫委員會；他們看著局勢在地面上的發展，並組織居民的集體行動來挑戰這些發展。另外他們還得提防建築的門面遭到拆除，為此長官會緊盯著「建築─交通管理計畫」。這些計畫旨在管理該區域內許多居家整修的營建工作，乃至於工程帶來的額外車流。「我的願景是讓這裡成為一個沒有垃圾子車（skip，英國一種與特定卡車搭配用的菱形垃圾箱）的地方」，讓廢棄物留在工地現址直到移除為止。在這裡有這麼多改建工程的狀況下，垃圾子車與其中的廢棄物就是地方上的亂源。

各種規畫的核備、居家改建的工地、街區治安、樹木種植與養護、交通控管：這林林總總的事務都是居民委會的日常，也是他們需要巡邏的理由。只有透過巡邏，他們才有辦法遂行對狀況的掌控，並且對各種違規跟破壞社區安寧的行為有所反應。不久前，肯辛頓廣場上原本的耶穌會海斯羅珀學院（Jesuit Heythrop College）要被改建成一間年租金十五萬六千鎊的豪華養老園區，委員會才剛試圖阻擋此事。一名在地居民寫信到居民委員會的官網，把這筆開發案形容為「打著養老院的旗號，實則是要給寡頭享用的房子」。另外一個在地居民協會的主席說，這棟建築不該「變成（肯辛頓）最有錢居民的專享樂園」。最終他們敗下陣來。

居家改建是戰鬥最頻繁的戰場。在我們走回他住處的途中，長官為我指出一些鬧過爭議的地方。他告訴我隔壁的人曾把廚房擴建到花園裡，弄出一個玻璃帷幕覆蓋的用餐區。「那其實算是客氣的了。」他說，比起阿爾伯特廣場，那兒有二、三、四號的人在蓋地下室。五號那一戶有個俄羅斯人屋主，他的房子「被徹底拆除後，重建在一道門面後，當然也蓋了地下室」。七號人家原本打算在「圖書館下面」蓋地下室，但屋主最後把房子賣了。運氣不錯的是長官這條街逃過了最可怕的建築災難，「部分原因是這條街很窄，另一部分原因是這裡的花園不夠大」。在其他地方，只有一股力量能限制地下室的興建：「有些地方不能蓋地下室，是因為地鐵隧道正好通過。」

我一聽還沒有地下室門打開就直通倫敦地鐵的案例，著實是鬆了口氣。

居家改建——特別是如起疹子般冒出在各條街道上的搶挖地下室風潮——可說是相當普遍、昂貴，而且還把這一帶的秩序完全打亂。哪個地方只要一開挖下去，那就是一年或甚至兩年的事情，期間噪音是問題，交通打結也是問題。建材需要運送，而工程偶爾還會造成鄰損，比如隔壁人家的牆壁就可能被破壞或徹底崩塌。改建一事對鄰居而言就是地獄。長官說地下室就只是個「錢坑」。以十六號那戶而言，「他（屋主）買下房子、掏空內裡、拆掉屋頂、放進一台汽車電梯，然後才蓋起地下室，外加花園底下有個游泳池，而他根本不當回事。」無論他本人在不在乎，「那地方都是整條路上的關鍵位置，那裡是交通必經之所，所以工程造成的干擾很大。」更糟糕的是：「我不覺得他有長時間住在那裡；他在國際大銀行裡位居要職。我想他原本應該是法國人，還是阿爾及利亞人之類的。所以說，問題是這些人大多不是社區的一分子。」我問他怎樣才叫「社區的一分子」。是那個銀行家的國籍或族裔讓他變成外人的嗎？不——而且也呼應著夫人——是沒有參與感讓他變成外人，是自掃門前雪讓他變成外人；他們對社區生活的投入少之又少。身為社區的一員，他說，就是你要更長時間一直居住在這裡，要以更開放、體貼的態度對待鄰居，遇到跟改建有關的事情時尤其是這樣。太多改建的進行是直接走規畫、建築師跟律師那套流程，跳過了與鄰居面對面、相互尊重的溝通。表現在禮數上的尊重無法靠巡邏「巡」來，但那卻是重中之重。我知道有錢人往往是差勁的鄰居，他們為了追尋自己的利益，而不惜犧牲跟他們共享空間的人群。

我離開長官讓他去完成這一趟巡邏，這時我心裡想起了挖土機，我想到那些有駕駛艙的小小橘色機器是如何把土方從人的屋子底下挖起。記者報導說有建商會直接把它們埋在土裡，而不是在挖掘結束後回收到地面上。[1]跟我交談過的工班也證實了這一點。對一筆總金額達到幾百萬鎊的改建工程來講，租來起重機、封街，只為回收一台五、六千鎊的小挖土機，根本不符合成本效益。由此，這幾十台山貓（小挖土機）就這樣埋在此地區許多房屋的地基裡。有些地下室的挖掘工作或許深達三層樓，因此要有挖礦專業的人才能勝任。我遇到一名年輕人在唸完卡姆伯恩礦業學院（Camborne School of Mining）後，並未在對礦業人才需求較大的海外順利就業，於是他跑來從事還算賺得到錢的地下室挖掘工作。在幾個場合中，我都說服了營建業者讓我看一下他們施工的過程。結果我看到由東歐工人大軍所操作的挖土機跟各種機具，也看到了黑洞從房子下方對著上方空氣敞開大口。而這全都是要為原本已極盡奢侈之能事的超級富豪豪宅，再更錦上添花——一次一間地下室，一次一間房子，一次一條街。

我用自己比較悠哉的步調，從長官的房子處繞過一個轉角。退回到地鐵站附近的肯辛頓主街的時候，我拐進一條小路，找到一系列建於一八九七與一九〇二年間的紅磚公寓樓房。進入其中一間後，我搭著鐵籠電梯上到五樓，見到了長官的朋友歷史學家，他是一名退休的修復建築師，也是肯辛頓歷史協會的中流砥柱。那棟建築鴉雀無聲，唯一打破沉默的是敲門的我。他和太太同住的公寓有拋光的木質地板跟分列於中央走廊左右的房間，屋裡有滿滿的自然光。我們在一間偌大的會客廳坐了下來，廳內有結實的骨董家具跟家人合照。歷史學家跟他太太：歌劇——荷蘭公園歌劇院（Opera Holland Park）的忠實支持者——在五年前他們孩子離家後，賣掉了他們西倫敦的郊區房子，才搬來這裡。這個街區的公寓房價落在三百到七百萬英鎊之間，在多數房子要價一到兩千萬鎊的區域中，算相對平價了。將這兩種價位區分開來的，是這對夫妻檔眼中一條從這塊鄰里間劃過的斷層線。住在便宜公寓這邊的人，在他們的眼裡，會是對這個區域的歷史較有感的住戶。住在透天房屋那一邊、有大把大把錢的人則對這裡的過往意興闌珊。

歷史學者有更多地下室的故事可講。地下室必不可少。他一些要賣房子的朋友宣稱潛在買家首先問的都是：「你的房子有地下室嗎？擴建的潛力如何？你的隔壁有地下室嗎？」很顯然，歷史學家說，「他們都自備了建築師或工程專家。他們都一定要有游泳池，也都一定要有健身房。」地下室的災難故事也不勝枚舉。在其中一例中，未處理的汙水系統穿過了某個鄰居的公寓。歷史學家認為擴建地下室會扭曲房子——製造出一些地底下空間甚至相當於地面上空間的「冰山」。有限的通風系統與自然光會限縮地下室供生活空間之用的表現，也只能用來當「健身房、音樂室、媒體室、游泳池」，諸如此類的。「能負擔得起這種設計的，其實都是些養得起第二間以上房子的人。所以你其實是在改變這地方的居民本質。」他的結論：「我們改變了我們的建築，然後我們的建築又會反過來改變我們，而社區同時是這過程當中的一部分，因此也有所改變，至少我是這麼相信的。」擴建的地下室會創造出新型態的鄰居，這些鄰居有私人的設施來從事一般人要去公共設施所在處才能進行的活動，比如游泳、看電影、鍛鍊體能。

歷史學家知道很多人壓根不想要什麼地下室，但還是先申請了建築執照再說，因為那牽涉到房地產價值，而且他們生怕議會哪天會收緊管制，所以先申請放著準沒錯。用這種辦法在最大程度上把空間貨幣化，這樣構思出來的房子不是要住人的地方，而會是一筆不動產資產：用地下的擴建部分去增加現有資產的賣相，也為房價創造上漲的空間。歷史協會對此感到風聲鶴唳，因為「為數不少的業者採取非常強硬的立場，並聘來赫赫有名的御用大律師替他們打法律戰。」開發商的有錢客人有著比皇家自治市政府、歷史協會與居民委員會更深的口袋。同時開發商也非常滑頭、難以應付。在某些案例中，他們開挖一次就成立一家新公司，藉此為可能的客訴或鄰損（如牆壁龜裂）設下訴訟的防火牆。地下室建商「突然發現從中可以賺到大把大把的錢」，歷史學家相信，他們的「專業程度不一」，而且某些業者老實講「行事十分不光明正大」。

歌劇一邊端出用骨瓷盛裝的茶，我們一邊討論著鄰居的話題。她氣場相當強，但穿著頗為休閒的服裝。歷史學者在許多問題上都以她為尊，且把她在社區中的成就都宣揚了一遍，因為她太謙虛，不好意思自己提。一如夫人，他們也經歷過短期企業派駐催生出的過客型鄰居，其中許多人被吸引來 **Le sud de Kensington** ——歌劇說的是法文的「南肯辛頓」——是因為這裡有 **French Lycée**（法國高中），算是相當著名的國際學校。但比起過客，更讓人受不了的是那些（幾乎）不會出現的「鬼鄰居」。我突然意識到他們公寓如此安靜的原因。這層公寓只有兩戶有住人。通常有飯店式管理的古公寓樓[2]動輒都是長年唱空城計。歷史學者說有愈來愈多房地產被賣給那些不把這裡當家的買家，要不是把這裡當成行館，想到才來一下，那就是把這裡當成投資標的，壓根沒想過要住進來。對這些人來講，「房子買了住不住已經不是重點，因為就算你把它空在那邊，身價幾百萬鎊的屋子也能增值個一成，至少過去這兩年都有這個漲幅，那麼這筆投資就值了。你什麼事情都不用做——不用租出去，什麼腦筋都不用傷。」但是，「對於住在這裡，跟這裡土親人也親的我們而言，這是很令人難過的事。」像這樣的公寓租起來要一週兩千到兩千五百鎊。歌劇說他們有朋友住在馬洛斯路（Marloes Road）上一棟古公寓樓裡，而那些朋友跟他們說一共十四戶的樓宇有住人的才三戶。

有大把大把錢的人一窩蜂搶買住宅空間的勢頭，也衝擊到了商家的生意。這在肯辛頓是一個問題，就跟在肖爾迪奇一樣。角落商店、酒館，還有偶爾某些餐廳，都難免因為都市計畫主管機關同意了地主申請將地目由商用變更為住用，而遭到逐出這個區域。歌劇說，「對那些正常在這裡過日子的民眾來說，這破壞了他們的生活。」小型住宅單位被整合為獨棟透天的過程，也改變了街道的性格，因為只有有錢人才住得起這些房子，而房價也會水漲船高。「小公寓、小房子承受著極大的壓力，然後慢慢銷聲匿跡，以至於便宜的物件都沒了，只剩下一些中價位的房子。」她說的中價位是兩百萬鎊以下。

住宅空間的溢價也降低了諾丁丘的貴婦極為看重的社會「融合」程度。歌劇跟我說了一個故事，故事裡的開發商被要求要興建社會住宅，以此交換肯辛頓開發計畫的核准——但議會答應讓該開發商把社會住宅蓋在九十英里外的彼得伯勒（Peterborough）。這打亂了社會住宅租戶原本有的支持網絡與就業機會，而且她說：「我們大都需要一名打掃人員；公寓樓需要門房。我們需要其他（各種）人。」換言之，服侍者階層。她承認這「聽起來很糟糕」。高溢價也同樣威脅到公共空間。歌劇說就連荷蘭公園都已是四面楚歌。一年到頭有愈來愈多時候，那裡會供閉門收票的企業活動之用，包括歌劇院的演出會被延長。現在有所謂的「邊緣帳篷」（fringe tent）會保留給有錢人，也保留給企業的員工或客戶，「供晚餐使用的邊緣帳篷，供這個、供那個，也供一堆其餘目的用的邊緣帳篷。」超級有錢的鄰居會為所有人帶來各式各樣的改變與限制，但受影響最大的還得是窮人，他們會被「清理」出去，然後整片鄰里就在他們缺席的狀態下遭到重組。

歷史學者與歌劇在電梯前向我揮別，在前往電梯的途中，他們也為我指出了閒置的公寓是哪幾戶。接著我要前往下一站，是時候跟著地下室的故事繼續南行了。我又一次穿過了長官在維多利亞路與凱南斯馬廄巷那裡的轄區。一來到克倫威爾路（Cromwell Road），區域的風格為之一變，多了幾分忙碌，也多了幾分不知道誰是誰的感受。我繼續往南走，穿越了同樣壅塞的老布朗普頓路（Brompton Road），最後來到特雷岡特路（Tregunter Road）上發出電鑽與施工悶沉嗡嗡聲的地方。我要見的是一個研究過這條街道與其周遭區域的人：跟我一樣是社會學者的羅傑·波爾斯。

我到的時候，波爾斯正在街上走來走去，同時他身邊有個揮舞著麥克風的訪問者，外加一名攝影師，兩人都來自德國一間電視紀錄片公司。於是我在人行道上坐下，望向街道。特雷岡特路是肯辛頓一條靜謐的林蔭住宅街道，走個兩步路就會到區域線、環狀線與皮卡迪利線匯集的地鐵格洛斯特路站（Gloucester Road Station）。要價八百萬到一千五百萬鎊、有一定規模的四層樓維多利亞風半獨立屋，分屬於四塊基地上，其中一些被改成了公寓。它們從街上退縮到有黑色尖頭金屬欄杆以及有對講機可操作的大門後，大門後便是私人的停車棚。讓我聯想起財閥家常見的那種花盆裡，長有普通的觀葉植物。關於這些房子裡的情形，從外頭看不出端倪。不透明的窗戶、一整片的昂貴窗簾與百葉窗，隱藏了屋子裡的動靜。不過，偶爾還是有線索的。一輛歐卡多（Ocado；英國線上超市業者）的送貨廂型車靠邊停了下來，駕駛推著幾箱瓶裝水朝其中一棟屋子的鐵門而去。只聞其響、不見其影且有著優美調性的英國口音傳了出來，說話者指揮送貨員到前門遞送那些水。

這些屋子裡的生活是隱形的，而那些為屋內生活所需及指示提供服務的人，則在屋外來來去去。有個男人在窗架上保持身體平衡，正在把玻璃擦亮。幾名中年東歐女性有的洗門，有的在擦敲門用的門環。一名電工從我面前晃了過去，手握一節電纜，就這樣消失在某間屋子裡。一名身穿高能見度黃色背心的人停妥後頭寫著Jetform Swimming Pools字樣的廂型車，顯然是游泳池承包商的人，進入了其中一戶人家。幾名年輕的菲律賓女性走過，手中推的嬰兒車裡躺了一個白皙、無精打采的小孩。遛狗的人快速從旁超過了我，纏在手裡的牽繩繫著品種各異、但都梳理得無懈可擊的純種狗。這些林林總總的活動背景都有電鑽與施工的配音。

垃圾子車與建築廢土石是僅有的視覺線索，說明了波爾斯在忙著與德國紀錄片製作單位訴說怎樣的故事。他跟同事已自行在倫敦各自治市的都市計畫門戶網站中進行過一番「挖掘」，結果發現特雷岡特路連同附近的哈考特排屋路（Harcourt Terrace）與卡思卡特路（Cathcart Road），是一連串「大型」與「超大型」地下室開挖的中心。[3]我們人就在倫敦的奢華地下室核心地帶。

單單特雷岡特路就有二十一處地下室在二〇〇八到二〇一七年間開挖。其中大部分都歸為大型挖掘的類別，有三筆更屬於超大型。大型地下室深度為兩層樓，或一層樓深但範圍超過房子的建蔽面積，還延伸到花園底下。超大型地下室則是有三層樓深，不然就是只有兩層樓深但範圍超過房子的建蔽面積。就在波爾斯對麥克風侃侃而談的同時，營建業者也在工地裡進進出出，並不時把瓦礫倒入垃圾子車中。數噸的廢土被移除，要在地上挖出一個深達兩層樓的洞。攝影師接近建商，徵詢對方許可想看一看興建中的地下室，但得到搖頭的回應。屋主不會希望他們的地下室出現在德國電視節目上，成為財閥吞噬生活空間，而且吃相難看的證據。

這些地下室會被用來做什麼呢？波爾斯與同事審視了這些建築執照，從中他們發現歷史學者與歌劇在他們鄰居之間所觀察到的事實：大型與超大型地下室通常會有室內游泳池，同時也往往被用來當成酒窖、遊戲間、蒸氣室與三溫暖、健身房、設有電梯的停車空間，以及家中員工的住宿處。二〇一五年，地下室建築執照申請件數突破千件，其中申請量在倫敦排名第二的肯辛頓—切爾西皇家自治市對其政策做了修正。在未來，地下室的深度將僅限一層樓，且面積不能超過花園的百分之五十。這樣的建築執照管控是有效的工具，足以限制超級富豪往地下發展的雄心。

我發現，與地下室挖掘者的抗爭是基於這個地區的「歷史」。肯辛頓協會（Kensington Society）成立於一九五三年，其宗旨是要在二戰後大規模重建之後確保這一塊屬於我們的倫敦得以在兼顧最卓越的現代建築與設計之餘，也保留住那些表現在建築、公園與花園中的偉大傳承，以及對肯辛頓與切爾西皇家自治市的規畫決策發揮實際影響力。[4]在這歷史與挖土機之間的對峙中，我有興趣探知的是，這段歷史究竟包括哪些內涵。畢竟所有城市都持續處於興建與重建的過程裡，所以到底是什麼讓某一特定時期的建城投資來得比另一個時期更有價值？不論是長官還是歷史學者都提到了「過去」，那是一段他們試著想保存的純粹歷史過往。但他們這麼說，到底是什麼意思？

維多利亞時代的人操作著早年的挖土機，創造出今天我們看到的肯辛頓，他們在大型鄉村別墅的花園與莊園上建造出一列列的排屋，而那些大型鄉村別墅又是在威廉與瑪麗（奧蘭治親王威廉三世與瑪麗二世的合稱，兩人在一六八九到一七〇二年間共治英國）時期於肯辛頓宮周遭冒出來的。[5]炒作房地產的營建—開發商如（在一八四五到一八六五年間）昂斯洛廣場（Onslow

Square）的建造者查爾斯・詹姆斯・弗利克（Charles James Freake）形塑了肯辛頓的街區。而那些財富有很大一部分都是工業發展與殖民擴張的結果。水晶宮（Crystal Palace）這座曾矗立在鄰近的海德公園裡、位於九曲湖兩岸的巨大展覽中心，在一八五一年的萬國工業博覽會中展示了一個自信滿滿的帝國所掌握的工業技藝，一舉為倫敦創造了集發明、科學與工業奇觀、現代性於一處的風景，而肯辛頓正是那整個計畫的支點，是帝國首都在——含藝術、工藝與科學發現在內——全方位的優越性上，一個活生生的實例。在萬國工業博覽會結束後的一八五七年，維多利亞與阿爾伯特博物館（Victoria and Albert Museum）正式開幕，給了博覽會上那些殖民掠奪物一個永遠的家。連同維多利亞與阿爾伯特博物館，建於一九〇九年的自然歷史博物館（Natural History Museum）與科學博物館（Science Museum）沿著展覽路（Exhibition Road）構成南肯辛頓的博物館一條街。在其北端，皇家地理學會（Royal Geographical Society）頌揚著滿載「各種發現」與掠奪物歸來的偉大航行，那些收穫填滿了倫敦這座首都的一間間博物館。帝國主義的工業、藝術與文化風範就此被戳印在肯辛頓的街道上。髒錢永遠是髒錢。

被召喚出來阻擋挖土機的這些歷史，是基於種族主義思想的菁英白人歷史；那些古老的財富，許多都是從殖民地竊取而來的東西，如今這些「舊錢」的故事被人拿來揮舞，成為與「新錢」硬碰硬進行鬥爭的武器——那些新錢是國際上的「竊盜統治」（kleptocracy）透過金融魔術與洗錢手法搜刮得來的東西。不同門派的有錢人打著混戰，把皇家自治市當成戰場，於是我們就看到有錢人挑戰起超級有錢人，他們一戶接著一戶，一個地下室接著一個地下室，爭的是對街道的控制權。這可說是一場「什麼都有的人」跟「什麼遊艇都有的人」的對抗，[6]不只關乎地下室的戰爭，而是按歷史學會的人所說——在席捲倫敦的「鋼鐵、玻璃、混凝土潮浪中」的一場富富之爭。一名在地的歷史學家主張肯辛頓只是「大都會原始資本主義」的一部分，而從古羅馬時代起，倫敦「就被發明出來賺錢」。[7]這話說得沒錯。人類的城市向來是鋪張浪費的表現舞台，都是在榮光化那些有錢人拚了命也花不完的錢。但除非鋪張浪費與奢侈可以踩下煞車叫停，否則這些行為將順著富豪級公民的欲望曲線繼續重塑城市，不受控制。利用巡邏去攔阻有錢人的放肆，確實是個好主意，只不過這種巡邏也是站在一種富人跟特權者的立場就是了。

肯辛頓協會近期對肯辛頓論壇飯店（Kensington Forum Hotel）要興建自治市第一高樓的計畫表達抗議。這個原已遭皇家自治市規畫委員會（Planning Committee）駁回的計畫，後來在倫敦的工黨市長薩迪克．可汗（Sadiq Khan）冒著所有在地居民委員會、皇家自治市議會跟在地國會議員的大不韙之下，又批准放行了。這個開發案將囊括屬於社會住宅的出租公寓，而市長也必須考量到倫敦中下階層住民的需求。這就是豪宅開發案一而再、再而三錯失的重點：城市是大家的，所有人都應該在城市享有一席之地。

第14章 骯髒的窗戶

你是何時離開莫斯科的？蘇維埃愣住了：「我沒有離開啊。」這下子愣住的換成了我；他們家從一九九七年以來，就一直在肯辛頓。「某種程度上，」他補充說，「可以說我去了紐約兩年。」就是在蘇聯土崩瓦解那段期間。「回來之後我開了自己的公司，類似一家新創公司。我一年到頭都在旅行。但我從來不覺得自己離開了俄羅斯，因為我的生意就在俄羅斯。」此時他一家子已經在倫敦了，只不過他太太也因為工作而要當空中飛人。但如今呢？他已經從生意的第一線退下來了。「我想我再也不會回去了。所以如今我真的成了一個移民：好的那種。」他八十六歲的老母親留在莫斯科，蘇維埃說。「她年紀大了，但還很硬朗，她不想來這裡住我家。」蘇維埃有俄羅斯跟英國的雙重國籍。他留著汗又紅著臉，身穿舊運動服，因為他是直接從他家深處的地下室健身房，被俄羅斯管家叫出來跟我碰面。這名管家是名高個頭、一臉嚴肅的女性，留著短灰髮，她一邊應我的門，也一邊確認我是否通曉俄語。

再次跋涉過好幾條街的維多利亞時期灰泥房子來到這裡後，我有點驚訝看到蘇維埃住的是一棟現代風格的家：全白的牆壁、玻璃滑門、現代家具。我有點好奇他那些住灰泥房子的鄰居是怎麼想的？他跟我說他太太拒絕離開這一帶，因為她從還住在附近一棟小房子的時候，就已經愛上這裡。所以他決定蓋一棟「不一般的房子」，一棟即使是家庭成員慢慢增加也住得下，藝術收藏慢慢變多也裝得下的房子。這條街在二戰時遭到轟炸，之後新房子在間隙中蓋了起來。由於在建築上或歷史上的意義都不大，因此這些房子沒有被列為古蹟。所以在一名知名現代建築師的指點下，他買了相鄰的兩棟房，拆除後蓋了現在的這間房子。在周遭維多利亞時期建築的高度限制下，蘇維埃的房子只有地上三層加上地下兩層：地下的部分有個游泳池和一間健身房。還算不上是一座「冰山」，但也不能算小。牆上與三處樓梯間都掛滿了俄羅斯的畫作。

我驚訝的是這棟房子對街上很開放：正面並無特雷岡特路上的那些雷子鐵門。當我為了準備這次會面而在腦中盤點起倫敦的俄羅斯有錢人時，我瀏覽了一些坊間媒體上常看得到的寡頭、避難室跟貼身保鑣資料。我很快回顧了那張只會愈來愈長的橫死清單——迪米崔・歐布雷特茨基（Dmitry Obretetsky）、亞歷山大・利特維能科（Alexander Litvinenko）、尼古萊・格魯什科夫（Nikolai Glushkov）、波里斯・貝雷佐夫斯基（Boris Berezovsky）、賽爾蓋・斯克里帕（Sergei Skripal）。英國媒體猜測這些大亨級人物恐怕都是俄羅斯政府毒手下的冤魂，或是偶爾跟俄國政府是一體兩面的俄羅斯黑幫毒手下的冤魂。不論實情為何，這張可能的處刑名錄都讓我們看到：一些俄羅斯富人帶到倫敦的不只有錢財，他們也帶來了麻煩。

這些狀況的處理方式讓我感到好奇，於是我前往老貝利街（Old Bailey；老貝利就是老牆壁的意思，該處原為倫敦城牆的一段，城牆拆除後改建為街道，因而得名，現為英國中央刑事法庭的所在地）旁聽亞歷山大．佩雷皮利什尼（Alexander Perepilichnyy）的死因審理。[1]佩雷皮利什尼是一名顯然健康狀況良好的四十四歲大宗商品貿易商——他的身價估計在五千五百萬英鎊之譜——二〇一二年他在慢跑後猝死於薩里的自家宅邸外，地點在韋布里奇（Weybridge）附近的聖喬治山（St George's Hill）。我聽著在公共走廊外等著休息時間結束的旁聽民眾竊竊私語，各種陰謀論甚囂塵上。會是他太太毒死了親夫嗎？這些程序得花多少公帑？俄羅斯的爛攤子，但在我們的法庭上處理：司法正義可不便宜。誰來替這些東西買單？前一天，好幾名來自俄羅斯使館的黑西裝官員出席了聽證：難道是FSB，俄羅斯聯邦安全局？

甚具說服力的論證與反論證從一號法庭外溢出來。偶爾可以看到佩雷皮利什尼的家人，他們時而在那裡靜靜聽著，時而跟律師團隊交頭接耳。律師主張佩雷皮利什尼是被處決的，因為經過他吹哨而破獲的洗錢作業涉及俄羅斯官方最高層。弗拉迪米爾．普丁赫然在列。英國警方的政治部（Special Branch）警官駁斥說這種洗錢論是憑空臆測。怠忽職守的薩里警方未在第一時間視其為一樁命案，以至於錯失蒐集關鍵證據的時機，閉路電視的錄影已經被洗掉。政治部警官說並無身體證據或跡證指向下毒或其他的行刑式殺人。政治部在業務上會協同英國安全局，也就是軍情五處；兩邊都有各自的國安彙報。俄國組織犯罪分子是否曾在佩雷皮利什尼遇害時於倫敦現蹤？

兩個在監控這類事情的單位都說沒有。與軍情五處對接的俄羅斯情報單位被施壓要給個交代。他們沒有對他下毒手。死因調查也調閱了佩雷皮利什尼在瑞士信貸的帳戶，以及信用卡使用紀錄，他最後一頓飯的消費收據很意外地是由特易購（Tesco）開立。沒有什麼可疑之處。他是持投資簽證來到倫敦，但他真的有投資英國事業的事實嗎？這似乎並不在死因審理的案情彙報範圍內，所以法庭沒有多加著墨。到最後，驗屍官裁定他是自然死亡。

相對之下，蘇維埃的生活顯得非常平凡。我直接走到他寬敞的前門，按響了對講機。屋前的落地窗覆蓋著白色的百葉窗，照進會客廳的陽光從孔隙穿過。蘇維埃對我說他覺得住在這裡很有安全感：「我們家周遭的小街道就像這棟房子本身的延伸。那就是我最愛肯辛頓的地方。我們從來不用擔心街上出什麼事情。」換成紐約的話，你「或許住在一層很棒的公寓內，一棟很高級的房子裡，但在離家僅僅一個街區的地方，只要人在街上，那什麼三長兩短都難保不會發生。」我想問他會不會覺得俄羅斯官方伸出的長臂對他造成威脅，但沒開口。我不想暗示他需要附和俄羅斯人在倫敦諜影幢幢的刻板印象。他只有很間接談到自己跟俄羅斯官方的牽扯，而他的日子也並未過得好像俄羅斯在追殺他一樣：事實上正好相反。

我們在偌大的會客廳中，坐著貼地的白色皮沙發，身邊的白牆上掛了抽象畫，腳底則是灰色的板岩地磚。除了屋子後方對花園開啟的玻璃滑門有點髒污以外，其他地方一塵不染。他們請人每天來打掃，他說；他太太算是有潔癖的人。我造訪過的財閥住家無一例外，都整理得無懈可擊：骯髒的窗戶算很不尋常。他發現我的目光有異，「是說，你一定很驚訝這裡髒了一塊吧，那片窗戶。我那個小的很愛打網球。才六歲，但超迷網球。他動不動就用（那扇窗）打網球。」蘇維埃每天早上都會帶兒子去他們的私人網球俱樂部，讓他在上學前訓練一個小時。放學後，他兒子會花兩小時對窗戶打網球，所以擦了也是白擦：「每天都一樣。那就是擊牆練習的地方。」他開始推測，「他日後一定會很厲害，說不定會比我們大兒子還厲害，因為他速度很快，反應也很正確。他有網球天分。他真的很把練習放在心上。他已經在參加比賽了，即便現在才六歲。」

屋內充塞著能量與各種講究。蘇維埃不論動起來或說起話來，都帶有龍捲風般的力量與速度；他說自己沒請私人助理，因為沒有人跟得上他的速度。體育、音樂與學術成就，都被這兩名功成名就的有錢爸媽看得很重。蘇維埃以前讀的是工程、科學與數學。他太太不久前還在一間頂級國際銀行的倫敦分部任職，擔任西方投資人與高報酬俄國投資標的的橋梁。一九九七年把他們一家帶到倫敦的，就是她的工作。他們現年二十五歲的大兒子去讀了英國一所頂級的私人寄宿學校，然後進入一所美國長春藤盟校大學，期間蘇維埃盡了父母的所有職責——午餐會、同樂會、運動比賽可說無役不與。身為網壇明日之星的小兒子在玻璃窗上留下了印記，而蘇維埃說「只要他夠好」，那他就會去讀伊頓公學。他說，現在入學憑的都是「真本事」。近年來考試已經壓過了家世、人脈關係，還有財力，而這也釐清了學校受評斷的主要指標——實績。這是一個優秀又上進的家庭，他們做什麼事情都很習慣成功。

這個家的運作有賴一組非常優秀的工作人員。除了管家，他們還有一名保姆，而且是一名跟了他們家十二年「極其能幹」的保姆。「在保姆這個專業裡，她應該算是頂尖的了。她一手包辦了與日間學校相關的所有教育與後勤工作。」蘇維埃跟太太負責擬定他們的「策略」，而保姆則負責「執行」。保姆與管家都跟他們一起住在家裡。這是棟大房子，而夫妻倆說起話就像是這間家庭企業的聯合執行長。我納悶的是企業生活是否是他們家庭生活的某種模板。但話說回來，這種對努力，以及對美育、體育與智育成就的專注追求，就算放在前蘇聯的框架中也不奇怪。

如果決定一個人成就的是他們的行為與他們的生活，那蘇維埃算是贏在起跑點了。他的一天從清晨五點展開。首先，他說，「我只處理文件，那些評論報告。」那些報告評的是他擔任共同策展人的藝術展，展場往往是全球各地的知名藝廊。他會把自己收藏的藝術品出借給公共展覽，而不會藏在地窖裡當成避稅用的資產。「我的收藏都是公開的，學者想看可以，博物館要借也可以。我鼓勵其他藏家也這麼做，因為不這樣的話，(收藏的)意義何在?只是要把東西占為己有嗎?那樣很怪。」社會學家伊莉莎白・辛普弗斯爾(Elisabeth Schimpfössl)認為，俄羅斯確實有這種透過藝術收藏來把財務資源轉化為文化資歷的傳統。2

蘇維埃早上當完小兒子的網球教練後，緊接著就是(今天被我打斷的)兩小時健身房時間。健身完，他會處理自己的投資組合——「我替家庭做的財務管理」——他對家中的財富投資就是這樣親力親為。平日下午是開會時間，開會的內容可能是藝術展覽的事情，也可能是他們家基金會的事情，該基金會是用捐款的方式贊助各式各樣的藝術與音樂活動。此外他還有其他非常廣泛的興趣。他會為了拓展自己的藝術知識而去閱讀、做研究。他會更新自己在科學、工程與數學上的學術興趣。那休閒娛樂呢？「我也很愛去山中旅行冒險，我說的是高山。我會去爬那些首屈一指的高山。」他每年都會去爬兩趟山，每趟為期三週：「喜馬拉雅山脈的等級，但還不是最高的。我爬超過七千公尺，還不到八千公尺的山，但已經很接近了。來日方長。這就是我過的日子。」體能的付出與好勝心填滿了蘇維埃的休閒生活。他就是這樣的人。從這一點就能看出他與鄰居的生活有多麼不同，比方說夫人與長官。

蘇維埃說：「其實比起以前做生意的時候，我更喜歡現在這樣的生活。」他不太願意深究那些生意的本質是什麼，只跟我說那生意很不好做：「一天要在辦公室裡待十四個小時。我有幾百個又幾百個（員工）替我工作。」他的公司在莫斯科，意思是他每週要在莫斯科與主要居住地倫敦之間往返——坐飛機四個小時而已。他一開始是如何致富的，線索並不多。就我能觀察到的部分，他應該是在金融業，並且有背景雄厚的外國銀行當靠山。等他把金融公司賣給銀行後，他便轉換跑道到私募基金領域，而也正是這門很有賺頭的投資生意，讓他在倫敦金融界卡位成功。

除了金融以外，他也涉足金融科技方面的資訊科技公司。之前有一度，他陷入一場發生於莫斯科的糾紛中，主要是他購入了某家公司，而那家公司的某些股份似乎有些來路不明。但在俄系企業運作的那種混濁氣氛中，以法理角度追究企業的起源本就有難度，一不小心就會踩到被控詐欺或逃稅的地雷：俄國官方不時會用這些指控當武器去恐嚇有錢的公司，逼迫他們聽話。蘇維埃在十年前把他的生意都收了起來。

不同於其他在一九九〇年代致富的商人，蘇維埃並未享受到後蘇聯時代政府提供的機遇，知名案例包括前國有資產的民營化——特別是石油與天然氣；另外還有在新俄羅斯出現的嶄新商機。那是寡頭出頭天的時期，而「寡頭」從一九九〇年代初期開始，在俄羅斯就是用來形容那些在新的私有化資產加持下一夕暴富，且利用政治謀略與權力運作來捍衛自身財富的群體。波里斯・葉爾欽（Boris Yeltsin）當政的一九九一到一九九九年間，就是這些寡頭最活躍的時期。蘇維埃說：「一九九〇年代其實很精采。那是最棒的時期。」伊莉莎白・辛普弗斯爾表示在這個時期，俄羅斯活在貧窮狀態的人數是從前的三倍，達到總人口的三分之一，但同時間那些因為菁英教育與政治人脈而有優勢的人，則發達了起來。蘇聯時期的社會、文化與智識資產被轉化成新型態的個人致富密碼。蘇維埃與他的財富來源可以說完全就是這麼回事。他不在那些惡名昭彰的寡頭之列——但根據報導，有不少寡頭確實在倫敦落戶，用倫敦業者提供的複雜金融工具把他們的財富藏得好好的，讓俄國官方無法染指。[3]同時透過這些管道，後蘇聯時代的政府腐敗問題也深深攪入了倫敦的金融與經濟生活，[4]而暗殺活動開始看似橫行無阻。當現任俄國總統普丁上台後，他奪走了寡頭的政治影響力，但容許他們保有財富。[5]一項二〇一三年通過的法律要求俄國政府官員放棄外國資產，迫使他們在俄國國內的政治勢力與他們倫敦的房子跟存款之間二選一。

如前所述，蘇維埃只是一個普通的俄國有錢人，而不是政治人物。棄商從藝術的他在倫敦獲得了新生，從此變成一個富裕的布爾喬亞（資產階級）俄羅斯慈善家。此等轉變讓他得以培養一種深植於智識與藝術追求的性格意向，也讓他在倫敦或在他現今走動的圈子裡獲得的景仰，一點也不輸在俄羅斯與前蘇聯。藝術讓蘇維埃成了一個模範俄羅斯人，而不是一個見不得光的寡頭——移民，好的那種——他這種說法默認了「移民」一詞在英國大眾口中往往是種「嘲諷」。好的移民等於有錢的移民，這一點已經浸入了英國的移民規定，受青睞的移民不外乎能搬個兩百萬鎊到一家公司裡的投資移民、被認定在藝術與體育領域中「天賦異稟」的傑出移民，還有少數靠著企業轉手或身負稀有技能而賺到大錢，有資格申請限量簽證的人。[6]在與自身財富來源一刀兩斷——就像梅菲爾那位前網路大亨西裝外套一樣——而過得海闊天空後，蘇維埃變成了有錢的慈善家，同時是個模範移民兼藝術贊助人。他的新身分模糊了他財富的規模，也模糊了他財富的來源。我在想他到底是個十億級的富翁，抑或只是個千萬等級的富翁？他在倫敦的房子——一共有三棟——估計價值在一千萬鎊，而他的藝術品收藏則價值四千萬鎊。

俄羅斯的生意有如樞紐，連起了蘇維埃被分成兩半的人生。五十歲那年，他說，「我選擇了離開。」這是這輩子錢已經賺夠了的人，才能歡喜享有的特權。他頑皮開起了史達林統治與蘇聯計畫經濟的玩笑，告訴我說他的離開是一個「五年計畫」的一部分。他太太則稱之為「財務疏散」。從她在銀行裡的制高點視角，她提前看出了事態的發展方向，並認定他們必須設法「從中脫身」。隨著克里米亞遭併吞等衝突，以及俄羅斯涉嫌干預美國大選的指控，俄方與西方世界的關係變得愈來愈緊繃，國際上的制裁接踵而來，確定了將長達十年的私人投資衰退。俄羅斯的經商環境日益困頓。在這種狀況下，蘇維埃解釋說，「你沒辦法把生意賣掉。你只能硬著頭皮繼續經營。但也沒辦法擴大生意規模。投資人不會想投錢進來，他們只會把錢拿回去。經濟一蹶不振。過去三年就是一場經濟危機，景氣一跌、又跌、再跌。」盧布兌換美元匯率的不穩定，外加一些他沒有提及的（政治）因素，自二〇一四年以來就讓國際與俄羅斯投資人進退兩難。匯率的波動讓財務規畫變得複雜，也讓前景充滿了不確定性。那是一次經濟上的「熔毀」，他說。他有朋友沒能及時逃出，如今下場堪憐。如今他在莫斯科還有一間公寓，每個月都會為了藝術展與看望親戚而回去一次。如今他去俄羅斯都是為了活動而不是為了生意。他說他仍愛著莫斯科。「那是一個可愛的城市」，但「倫敦給我家的感覺」。

他與莫斯科的關係可謂一言難盡，這是我在問他早年生活時獲得的發現。他在莫斯科住到二十歲。他出生於一九六二年，是個蘇聯時期的孩子。我原以為他會對共產主義造成的貧困頗有微詞，沒想到他說起那個如今已然不存在的世界，口中竟默默帶有一種親暱的鄉愁。「我會說莫斯科是一個相當安全的地方。」他六歲時就獲准一個人從家裡搭公車去練習網球：「大家都這樣，」他說，「小時候我們其實沒有太多東西可以玩。」當時沒有太多電視頻道。也許有一兩個電視台，有一些卡通，但沒有國外的卡通，也沒有錄影帶之類的東西，有的就是書，假如你有時間看的話。像我大部分時間都在看書，不然就是在運動。」他住在一棟公寓中，公共區域裡有他跟其他孩子可以打曲棍球的地方。「我的童年很快樂，就是因為那份安全與輕鬆的感覺，而且大家都過一樣的生活，」他說。他家有一間非常小的兩房公寓，總共大概七平方公尺大（兩坪多一點）。

他爸媽睡在客廳，蘇維埃兄弟兩人共用另外一個房間。「大部分家庭都是這麼過的，」他堅稱，「我會招待同學來開派對或來跳舞，大家都玩得很開心，因為生活就是如此。在學校我們也比較平等。」他聽來有點感傷，「那都過去了。那是個不一樣的時代。共產主義是一種完全不同的文明。大部分人都是在同一個地方出生老死，終其一生都隔絕在世界之外，因為俄羅斯就是一個封閉的國家。大家就是這麼過活。我也沒辦法跟孩子解釋那究竟是怎麼一回事，說了他們也不會懂。」我沒想到自己竟然會坐在一棟價值逾千萬鎊的豪宅客廳裡，聽著主人對當年那個單純又平等的年代念念不忘。肯辛頓真是個充滿意外的地方。我繼續踏上旅程，讓蘇維埃一陣風似的把我從前門送走後，繼續他的日常與遐想。

又是走路時間。我感覺到肯辛頓值得我換雙好鞋，來取代腳上那雙平底、耐用、便宜的娃娃鞋。若把區域比喻成鞋子，那肯辛頓就會是Jimmy Choo或Manolo Blahnik設計的後繫蛇皮鞋或圓點穆勒鞋（mule：沒有鞋尾的皮拖鞋，可能有一點鞋跟）。這些優雅的富貴街道就是建來給美麗的手工鞋子踐踏。穿過肯辛頓主街——要是鞋子對了我就能步態婀娜地晃過，而非拖著沉重腳步走過——我沿著萊茲巷（Wrights Lane）與馬洛斯路前進，途中經過更多牛血紅色的古公寓樓，也經過穿著牛仔褲加跑鞋、推著超大型嬰兒車的保姆。在馬洛斯路上，我追上一個三十來歲的女性，她輕巧而優雅地走著，身穿飄逸的落肩大衣，腳踩極盡昂貴與不實用之能事的高跟鞋：Jimmy Choo的，我想。她一邊走著，一邊在手機上回味著昨晚的雞尾酒會：「我超——級渴的啦。」在《大亨小傳》裡，作者史考特．費茲傑羅（Scott Fitzgerald）形容書中女主角黛西有一副「滿是錢」的嗓音，而這句話也在我聽到那女人講話時浮現腦海。我跟在她後面走了一會兒，然後轉往了阿賓登路（Abingdon Road）跟努維爾咖啡廳（Café Nouvelle）的方向。

我想要對俄羅斯的倫敦進行更廣角的觀察。為此我要見的人是朱爾諾，她人在倫敦，是評析俄羅斯人的行家。我希望她能透露一些內幕給我。我想她在倫敦走動接觸的俄羅斯人圈子，平均年齡應該會比蘇維埃那一掛的小一些。她來得匆匆忙忙，然後一股腦在我身邊坐下。嬌小的她留著紅髮、開放、二話不說便待人親切、善交際，一身便宜的閃亮打扮。有意思。我們小口喝著茶，她一邊掀開了倫敦的俄羅斯那一面的蓋子。

倫敦許多俄羅斯年輕人都從事資訊科技或金融業，或腳踏兩邊投入金融科技領域。金融科技業一如蛋糕在齊爾特恩消防之家所形容的，會把傳統金融商品跟先進科技融為一體。「俄羅斯有很好的科技教育，特別在數學與物理方面；他們有很好的技術專家，但大部分都想離開俄羅斯，」朱爾諾告訴我，「許多人已經在歐洲留過學，特別是那些家裡有錢的。他們有些人很有事業心，而英國應該能給懷有創意跟想創業的人更多機會。」她描述了俄羅斯的科技人才是如何外流到倫敦，因為在倫敦不會有人「叫他們跟政府分享獲利」，而那在俄羅斯可說是「家常便飯」。朱爾諾為我證實了蘇維埃早年的觀察，那就是倫敦並沒有特定的俄羅斯社群：二十來歲的俄羅斯年輕人混在泛歐洲的勞動人口裡，一般其實分不太出來。年輕俄羅斯人「並不自認是俄羅斯人」，她說。蘇維埃跟我說「社群」一詞用來形容在倫敦的俄羅斯人，其實會誤導人：「他們壓根就不會跟彼此混在一起。門都沒有。」

這種隱身的特性也延伸到俄羅斯人的業界。安德列・安德里夫（Andrey Andreev），四十五歲上下，身價據《富比世》估計有十八億美元，他是Badoo、Bumble與Lumen等約會app的創辦人。中餐連鎖店Ping Pong Dim Sum的負責人是出身俄羅斯的阿爾坦・薩吉爾揚（Artem Sagiryan），出資的是他那位出名的投資銀行家老爸。尼可萊・斯托隆斯基（Nikolay Storonsky）與弗拉迪斯拉夫・亞琛科（Vladyslav Yatsenko）創立了金融科技公司Revolute，那是個價值五十五億美元的全球金融服務平台。斯托隆斯基被《金融時報》形容為「英國最年輕的白手起家億萬富翁」。一九八四年他生於莫斯科，在莫斯科物理與科技學院（Moscow Institute of Physics and Technology）主修物理，同時還有一個身分是冠軍游泳選手。他最初進入倫敦的職場，是在雷曼兄弟擔任一名衍生性金融商品與股票交易員。俄羅斯億萬富翁葉夫根尼・奇奇瓦爾金（Yevgeny Chichvarkin）在一九九〇年代的俄羅斯致富，靠的是搶先進入當時俄國內剛起步的行動電話市場，而他如今是兩家企業的老闆，一家是梅菲爾的高檔酒商Hedonism，也就是我來來回回經過了很多次的那間，另一家是名為Hide的米其林星級餐廳。雖說這些俄羅斯人與他們的企業都是財閥倫敦中的要角，但他們的俄羅斯屬性都已經融入於在地地景，無從辨認了——倫敦跟他們的技能與他們想賺錢的衝動，稱得上是天作之合（多個金流管道連結起倫敦與莫斯科，而且這些連結遠不僅限於寡頭的不義之財）。相對之下，朱爾諾經營著一家受眾鎖定倫敦那些隱形俄羅斯人的成功，是間為了讚揚他們成就的企業。

我發現她身為移民，並不是心甘情願來到英國。她遷居倫敦是為了和她同學結婚，為此她拋下了她在莫斯科的一間公寓、一堆朋友，還有她曾經很喜歡的當地生活。如今在倫敦落地生根，她說她不會再回去莫斯科了，理由是政治上與經濟上的不確定性——盧布的幣值不穩，憲法又讓普丁成為萬年總統——讓她覺得留在倫敦比較好。莫斯科這個「偉大的城市」，也是一個「生存有其難度」的城市。她還有家庭方面的苦衷，主要是社會變遷的速度太快。朱爾諾雖然在莫斯科住了許多年，但她其實是在俄羅斯的工業區長大，如今她的雙親還住在那裡。她爸媽都是很專業的技術人員，但也在新俄羅斯過得不得志。兩人都不被當回事，也都沒得到應有的回饋，而且他們對現今充滿不穩定性的俄羅斯生活十分焦慮。兩老都是普丁的支持者，而這是朱爾諾與她兄弟都覺得「無法理解」的事情。這種親子間的代溝也是前蘇聯與新俄羅斯之間的代溝。他們無法理解她對消費、對鞋子跟蛋糕這類東西那種漫不經心的態度，畢竟他們得排隊、動用關係、拿到配給券，才能買到那些東西。在倫敦，這些奢侈品她是說買就買，說扔就扔。「我真的很愛我爸媽，」她說，「但我們非常不一樣。」在社會、政治與經濟都快速變遷的時代中，兩代之間的分界線很赤裸、很不平整，走在其間充滿痛苦。

究竟有多少俄羅斯人住在倫敦，並無可靠的估計數據。整體而言，數字會落在十五到三十萬之間。烏克蘭人、哈薩克人、喬治亞人與其他前蘇聯加盟共和國的國民都會說俄語，所以常被誤認為俄羅斯人。俄羅斯的百萬與億萬富翁想遷居到倫敦難度不高，因為根據現行法規，他們可以拿點錢出來成為投資移民。但這些富翁屬於少數。按照朱爾諾所言，在倫敦的多數俄羅斯人「都是跟你我沒有差異的普通人」——「他們辦房貸。他們買公寓。他們養狗。（他們是）生活在這裡、受過良好教育的專業人士。他們薪水不差，但並非百萬富翁。」我揮別了朱爾諾，準備另闢蹊徑。

第15章 等待

我一直在聆聽有大把大把錢的人的聲音，我連哄帶騙引導有錢人開口說話。但現在我想讓他們安靜一會兒，現在要把頻率對準另外一種不一樣的對話：我想聽聽房間角落那些輕聲細語在說些什麼。我走訪過各個住家與職場，看過有錢人面對公眾的臉龐。但為了親炙幕後真相，看到有錢人在門後的實際生活景況，我打算調整策略。而這也就是男僕派上用場的地方了，男僕會告訴我他見過的事物，讓我一窺肯辛頓與騎士橋一些最傲視群倫的地址長什麼模樣。法律合約與凶神惡煞般的保密條款附帶讓人永世不得翻身的罰則，因此男僕們動彈不得，無法暢談他們的工作與雇主；就法論法，這些管家只能當啞巴。男僕願意開口，是在我保證他絕對不會被認出來的前提下。但即便如此，這麼做仍冒著很大的風險。萬一被發現，他這輩子就別想待在這一行了。

自己能夠暢所欲言且隨心所欲，但又同時禁止別人這麼做，證明了金錢的力量有多大。但男僕已經跟要求繁多的中東王室家庭配合了長達十七年，有些話他不吐不快。他的歷任雇主都是那些靠化石燃料發財，然後一年當中大多以倫敦為家的富翁。雖說男僕的經驗無疑非常獨特，但還不算獨一無二，而且也不是中東王室專屬。報章雜誌的報導都已經讓我們看到，現在那些溫莎王朝的英國王室成員，也一樣非常難伺候。[1]

他打入了一個日益有利可圖的市場。倫敦經濟智庫工作基金會（Work Foundation）報告說在英國，目前從事家事服務業的人數有兩百萬，這是自維多利亞時代以來的最高峰，而且他們堅稱這類職業中的主僕關係已經與時俱進，有二十一世紀該有的樣子。[2]在英國或倫敦各有多少男僕（或稱僕役長），並沒有精確的總計數字，但他們與富人一起聚集在倫敦是肯定的。男僕媒合機構：灰衣朗姆利斯（Greycoat Lumleys）表示其清冊上有五千名男僕。二〇一三年的某一份估計則認為英國有上萬名男僕。[3]至於前往海外工作的，就更多了。[4]男僕是英國服務業一項外銷「產品」，鎖定的目標市場是中東、俄羅斯與中國，而這三個地方恰好是在全球尺度而言，新錢誕生的熱點，這些「新錢」正是想透過男僕，去向「舊錢」學習該怎麼當有錢人。

迪區利公園男僕僕役學校（Ditchley Park Butler Valet School）與專業英國男僕同業公會（Guild of Professional English Butlers）在他們的官網上表示，強勁的需求顯示「超超級富豪」正在增加。在坦承那些服務舊錢的老派男僕已「稀有如鳳毛麟角」之餘，男僕僕役學校的官網也開始鎖定新市場：「對於男僕這門技藝的需求在倫敦正在上升，因為那裡有俄羅斯寡頭與避險基金的億萬富翁，他們會聘用僕役來展示自維多利亞時代以來絕無僅有的身分地位。」男僕僕役學校改造了主僕關係，理論上要完成這種關係的現代化與民主化。在新版的關係中，家庭男僕會協助新富培養符合「上流社會」標準的習慣與個性。由於「一棟宅邸與一名僕役並不就等於一個貴族」，因此新富必須接受訓練——廁所不能說廁所，要說化妝室，在此機會教育一下。[5]在當代僕役服務這種超現實的轉變中，管家的任務變成貴族養成班的班長，簡直是用似顏繪在諷刺似顏繪——一如英國幽默小說家伍德豪斯（P. G. Wodehouse）原著改編成的電視劇《萬能管家》（*Jeeves and Wooster*）中的管家吉夫斯與富翁伍斯特——一種由英國往全世界輸出的幻想。這跟J. K. 羅琳在《哈利波特》中描繪的霍格華茲私校教育，還有《唐頓莊園》這類劇集裡的貴族起居，都屬於英國向全球輸出的一種諱莫如深的菁英生活想像。男僕的存在，就是用他們本身來體現、說明什麼叫得體行為——顯然就是英國文化輸出的主打產品。

男僕可以讓我一窺奢華肯新頓豪宅門後的現實生活。我們迂迴穿過肯辛頓靜謐的後巷，朝著騎士橋與那裡的宏偉哈洛德百貨而去，他一邊跟我說了一個他在某家庭工作時的故事。那家人鮮少一家團聚，但那一次他們在倫敦全到齊了。幾個在美國上大學的女兒都回到英國。四名僕役在食物儲藏室待命，「就呆坐在那兒等待」有人召喚。主人家一說要喝茶，僕役們便跳起來，把茶倒進六個名貴的梅森瓷杯。當天稍早，一名僕役摔了兩只梅森瓷杯，所以他們得尋找替代品。男僕說，「別誤會，它們（替代品）也都是很貴的杯子。身為公主的母親正好拿到其中一個不是梅森的杯子，結果五分鐘後，其中一名女兒就來到食物儲藏室，把那個杯子砸到僕役的工作台上。」他模仿了富家千金的說話聲音，高傲而憤怒，「『你們這些傢伙，你們是幹什麼吃的？你們竟然用不是梅森的杯子來給我媽送茶。』當時是凌晨一點。我們已經連續工作了十六個小時。」

男僕覺得這家人應該是某種人為刻意聯姻的產物，那是為了保障財富能代代相傳的經典操作。他不知道那些人雖說是一家人，但到底感情好還是不好。是不是就因為他們其實沒什麼感情，所以才鮮少相聚呢？「那家的兒子們倒還好，總是在一起玩，會捉弄司機或警衛。女孩們我們其實不常見得到，但她們只要出現，剛剛說的麻煩事就不會少。」梅森瓷杯事件就是一例。母親／公主為了糾集家庭聚餐而傷透了腦筋。「她會花四十五分鐘派保姆跟祕書去把人都叫來吃晚餐，但大家感覺都很勉強。沒人真心想吃這頓飯……氣氛很僵，其實，因為她讓大廚煮幾百萬種料理，擺出豐盛的晚餐，結果沒人出席，就只好讓祕書跟下屬坐下陪她用餐。我們並不同情她，因為她對我們一點也不好，那感覺真的更接近尷尬。」我們人在聖阿爾班路（St Alban's Grove），就在長官巡邏轄區的邊緣，緊挨著後巷，我猜是因為男僕覺得去那裡比較不會被熟人看到或偷聽到。

另外一扇門開啟，又讓我看到了一場窺探秀。一名有錢的老闆——僕役們稱這類人叫「主人」（Principal）——對一名僕人發了脾氣，原因是那個僕人不曉得怎麼替他價值二十五萬鎊的腕表上發條。男僕就在現場看到這個事件，他很氣那表怎麼能貴到這種程度，更氣那位主人覺得他的員工會莫名其妙就該知道怎麼操作這麼貴的表。在第三扇門背後，男僕的女性主人命令他把自己去血拼的收據交給她的私人祕書，好讓她在離境時去退（加值）稅。從那些收據可看到：她在一小時內，買了總價十六萬鎊的包包。

在下一扇門後，是一個女人，一個熬夜看電視到清晨五點，而僕役也要一路伺候她各種需求的女人：「規定是我們不得離開食物儲藏室。」所以他們也不知道房子其他地方發生了什麼事情。有時候她會說她要睡了，對僕役表示他們可以下班了，但其他時候，他記得，「她會自己跑去睡，也不說一聲，就這樣讓僕役等到天亮，畢竟誰曉得她會不會突然需要什麼。」男僕說，「有時候你會覺得那些有錢人就只是無聊，想找點樂子；而你就是他們的小寵物。」

男僕是個高個頭、黑髮的拉丁帥哥，在私人宅邸服務已經有豐富的經驗。離開他布宜諾斯艾利斯的老家後，他先是為了從事餐飲業而到了美國，在那裡練好了他的英文。他因為雙親的關係而持有歐洲護照，那替他打開了倫敦的大門。他在這裡的飯店上班，晚上則接案當起了私人活動上的男僕，藉此賺些自由業的外快。他很快就全職投入男僕這一行，畢竟收入很高。無師自通的他從書裡摸熟了這一行。男僕的「教科書」所在多有：《男僕的餐桌禮儀指南》、《男僕口袋書》、《男僕的紳士儀表指南》，以及《男僕人生的現代禮節》，坊間流通的這類書籍族繁不及備載。在白金漢宮短暫擔任侍者的經歷讓他獲得了某種「官方認證」，履歷也可以寫上「受過王宮訓練」。在服侍菁英的世界裡，女王位於金字塔的最頂端。

雖然不是沒有女性的僕役，但男僕還是這個行業裡的主流。年薪落在三萬五千鎊到四萬五千鎊之間，具體金額要視男僕是否在主人家住下——住在外面的人薪水會比較高。男僕說年薪達到八萬鎊或更高的案例也不少。這些薪水在一些情形下會有實質的加乘，那就是直接付現給薪，或是把薪資轉到境外帳戶。「這要看主人的喜好，」他說，「你可以領到各式各樣的加給。像是如果你經常需要移動，那往往會有一筆交通加給。另外，你有機會可以出差並享受到豪華住宿，吃到頂級珍饈。你會非常忙，但那也是一種非常有趣的生活方式，前提是你遇到對的老闆。」雖然說了那麼多客人的壞話，男僕仍覺得這是一份挺不錯的工作。

男僕是一個職責內容沒有白紙黑字寫明的角色。「有時候在大家庭裡，你的工作就只要照顧主人的種種需求，當然這個主人可能是女士，也可能是先生。」或者，男僕可能會要照應整個（或一部分）家庭，化身為某種管理者。只要雇主的家庭夠大、夠講究，他們就可能會同時聘請清潔工、侍應生、維修人員、（女）管家、警衛、司機、園丁、主廚、保姆、家教、私人助理，以及偶爾可能也有若干名男僕／總管。二十一世紀的居家服務勞動力就是如此繁複而分工細緻，一點也不輸十九世紀的前輩。

男僕的工作經驗多半具有管理性質，而且他待的大多都是非常有錢的家庭。他說，「典型的男僕」得要經手餐具、送餐，也要與廚房聯繫。但男僕可能還要負責主人海外行程的行李打包與整理，另外還要安排主人的服裝搭配。一切「都要看主人家庭的複雜程度跟規模大小」。至於他這種現代男僕則可能是一份很卑微的工作，主人家裡可能沒多少人手，那他就需要去廚房拖地、洗鞋、開車、洗車或遛狗。話說這讓我想起遛狗一詞在介紹家族辦公室時，也被用來代表卑微的工作。總之男僕的工作有多複雜，就看主人家庭的需求有多複雜。

既然當了男僕，工時就不會短。男僕說，「每天上班一定是十四小時起跳。你不會有時間做別的事情。基本上就是簽了個賣身契。你才剛把他們哄上床，就又要去張羅早餐了。」男僕一開始是住在雇主家裡，結果很自然就演變成二十四小時待命。後來他學到要住在外面，但那也只是把工時縮短到從早上八點到晚上十點：「他們還沒醒，你已經在忙東忙西、規畫行程了。」早餐必須準備好等著他們，房子必須打理得乾淨整齊。打掃過程就算做不到隱形，也起碼要不礙事、速戰速決，免得干擾到有錢人享受生活。弄壞東西跟打破東西是大忌；每樣東西都要保持「完美無瑕」。他說，主人們往往都對東西很「挑剔」，也很有「占有欲」。「你必須確認司機會準時到班；餐點、早餐或他們要吃的任何東西都要準備妥當，他們想要吃的時候就要有。」想把男僕工作做好，就需要一套精準調度事物的家務操持方式，以營造出完美無縫銜接的印象。有錢人的居家生活必須宛若一台高效能、養護良好的機器在運作。

敏銳的管理是重中之重，因為「那當中牽涉到大量的政治與毒舌。你的當務之急就是跟菲律賓人打好關係，讓他們站在你這一邊。任何一間房子裡都有不在少數的菲律賓人，他們大部分是管家或清潔工。他們人都很好，工作也非常認真。他們有一股合作精神，而且這股精神非常、非常強烈，強烈到就算他們之間的嫌隙再深，也不會讓菲律賓人的合作破功。按照男僕所說，他們會「無所不用其極去保住自己的工作」，而且會「無所不用其極去擠掉非菲律賓人」。所以你惹龍惹虎也不要招惹他們：「他們一旦矛頭對準你，你的日子就會宛若地獄。」男僕這個職位比起家中的其他角色，會更有機會接觸大老闆，而這就有可能引發嫉妒：有時候這會讓男僕夾在上下之間，兩邊不討好。相對於管家與清潔工多為菲律賓人，「司機往往是英國人。警衛或保全會是退役軍警。私人助理很顯然會是英國女性。」在最大也最有錢的家庭裡，經驗老到的男僕會被拔擢為家庭總管，這個角色會全盤主掌富人生活這繁雜的居家事業。

男僕必須一表人才。「我兩次受到錄用的經驗，都是因為他們覺得我看起來順眼，那是穿西裝撐出來的樣子，如此而已。」我的這位男僕並不諱言。帥氣的男僕會被多排一點日班，這樣老闆在訪客面前比較有面子。「說有多膚淺就有多膚淺。」男僕承認。年輕纖瘦會非常加分。胖是大忌。男僕這一行等於有錢人之居家面向的門面，所以他有必要跟家中的其他部分一樣無可挑剔。第一印象始於門口，而外表代表了一切。男僕的工作就是要在財閥的家庭劇場裡軋上一角。「你應門的舉措跟你接起電話時的談吐，諸如此類的都是一種表演。有些人光往那兒一站就錄取了，因為老闆要的就是他們站在那裡好看，然後門該怎麼開就怎麼開。」他跟我說了一名英國男僕前輩的故事。前輩是前面提過的吉夫斯那種類型的男僕，所以他的老闆都會把他放在門口，當成一種老派有錢人的門面，至於家務什麼的壓根就沒有要他碰。男僕整個人就是主人住家延伸出來的一部分，也要跟其他家電用品一樣各司其職。

在一個開門手法也講究對錯的世界裡，男僕訓練會教你「這一行的各種技術面，包括襯衫怎麼疊、行李怎麼包、桌子怎麼擺」。英國男僕學院（British Butler Institute）就是一個有此志向者該去的地方。韓德森男僕訓練班（Henderson's Butler Training）會在兩週的課程中教授私人家庭管理、野餐準備、酒窖課程、餐點製備與送達、食物儲藏室的建立、銀質餐具與古董的照顧，還有（我最喜歡的）「雪茄的理論課程跟雪茄的儲存」。[6] 一八六一年出版的《畢頓太太的家庭管理書》（*Mrs Beeton's Book of Household Mangement*）是有錢人得體行為的指南書。男僕僕役學校（Butler Valet School）也針對該請多少人員，以及如何對待這些人給了建議。比方說該校的官網就指出一些不該做的事情，像是「邀請僕人同桌吃飯、讓他們在你出城的時候使用你的車輛或泳池、對他們的每項服務都說一次『謝謝』」。[7]

但是我找上的這位男僕說，經驗及適應並融入雇主家庭的能力，就跟技術面上的知識同等重要。「想獨當一面必須經過多年的養成，我想。你必須在大量不同的處境中累積經驗。一個人的經驗愈豐富，他就愈能在新環境中適應下來。而經驗是教不來的。」

男僕的素養有哪些是沒辦法教的？正確的**性格**：知道該如何在於富貴人家裡**自處**。我的這位男僕說「天字第一號」的規定就是謹守本分。「你要隱形，你必須隱形。你在現場，做你分內的事情。你伺候人、你準備東西、你把東西拿走，但也就這樣了。你不言不語。你這輩子都別想在現場開啟話題，下輩子也不會。你就像是個不該存在的存在。」男僕不覺得這有什麼，因為「我其實也不想跟這些人有半點私交」。他早已學會不要跟雇主交談，因為「禍從口出。這些人都是玻璃心，你隨便說錯一句話都會冒犯到他們。而他們凶起人來跟數落人的狠勁，你肯定不會相信，那就像是他們在對你亂發脾氣」。好的男僕都是隱形人兼啞巴，他們的存在感只會體現在家務的滑順與流暢上。男僕在我們穿過格洛斯特路這條繁忙幹道時時閉上了嘴巴，但在我們鑽進高爾街（Gore Street）又接上威爾斯大道（Wells Way）那片靜謐之後，故事繼續。

滿足有錢老闆的需求，而且要一聲不響做到這一點，是專業男僕的任務。老闆的需求有的在情理與預期中，有些則不合情理又在意料之外——有時候還會自相矛盾。「你有時候真的得拚老命，因為手邊永遠有事要忙，上面會給你排頭吃，下面你又要處理一大堆人的事情，你得在各種不同需求與要求之間調度人手、統籌事務。」男僕服務過的一名中東王族會心血來潮說要去日內瓦度週末，然後就對他說：「明天把護照帶上。」他們會搭私人噴射機去，然後把飛機停在那兒，等週末結束再把他們載到巴黎。再之後，「你會從巴黎去馬德里，然後再回到倫敦，只因為他想穿著Prada的行頭看特定的一幅畫。噴射機的費用是三、四萬鎊。你每一次住的都是最高級的飯店裡最高級的房間。」光房間就要一晚一萬鎊。男僕形容那開銷「非同小可」。男僕的工作裡有刺激、有奢華、有挑戰，但會徹底打亂男僕本身的家庭生活，因為凡事都是雇主的家庭第一，他自己的家庭第二。

這些預想不到的要求和說走就走的計畫，一直都是男僕工作上最大的挑戰。「他們不明白準備一件事情要費多少工夫，」他說，「把事情做得面面俱到要費多少工夫、操持家務背後下的工，他們沒有概念。」比方說，有些主人會先說要吃雙人晚餐，然後突然改變主意說他們要把朋友找來熱鬧一下，所以晚餐改成十五人份，沒有任何徵兆。男僕不無保留地說道，「想在一小時內準備十五人份不馬虎的晚餐有相當的難度。」說有難度還是在倫敦，要是在海上或在遊艇上就根本是不可能了。男僕跟我說起他在遊艇上的工作經驗；他曾經在夏天陪著老闆們航向地中海。這其實有點離題了，畢竟我關注的是肯辛頓的街頭，但我實在克制不住自己的好奇心。我想知道在遊艇上的有錢人是什麼德性。男僕跟我說，「他們不見得會把遊艇當成真正的旅遊工具。」他們只是停在一個地方，或者偶爾會把船「從義大利開到南法」，然後停泊在那裡。那他們在船上怎麼打發時間呢？「他們就睡啊，」他說，「他們會去旁邊的遊艇串門子，或是上館子吃飯。他們就喜歡去遍全球的知名餐廳：『什麼？這是世界第一的餐廳，那我們就去那裡吃個飯吧。』那幾乎像某種蒐集餐廳的打勾、集點遊戲。大概類似，『喔，那裡喔，我去過了，吃過了。』」要說男僕的老闆們行事背後的驅動力，那大概就是追求欲望要立即得到滿足，也是追求只有他們負擔得起的新鮮體驗，以及個人的隨心所欲。

在這樣的脈絡下，原本微不足道的欲望也會產生重大的意義。有回男僕告訴遊艇的船員組長說主人想吃巧克力餅乾。「她去到食物儲藏室，結果那裡有十五種白巧克力餅乾。我說，『哇，你們備貨備得也太齊全了吧。』她說，『是啊，不然我們開到公海上，他們突然想要什麼怎麼辦。他們可不會體諒我們在汪洋大海上變不出東西來，他們只會覺得是準備不周。』拿不出特定的巧克力餅乾，只會讓船員被罵。」我試著想像一個人想要什麼就一定要得到什麼，而且時間還不能有半點耽擱，那會是一種多麼任性的感覺，而這種任性又會如何影響一個人的個性。

所以他們的工作沒有個極限嗎？我們此時繞過了帝國學院的後面，又是一個安靜的角落。「不論他們要的是什麼，也不論那樣的要求有多蠢，我都是說『好的』。因為他們聽不慣有人對他們說『不好』。」即便如此，男僕說對他來講，買毒這樣的違法行為還是踩到了他的底線。那有錢人會有其他的界線、欲望或活動不為工作人員所知嗎？這要看情況，他說。屋子裡有些事情是有隱私的。男僕會偶爾走進某個主人的臥房，而「他會在床上一絲不掛」。那是「很有錢的人」才有的特權。他說，像這樣的瞬間會創造出一種令人不舒服的親密感。「我認識有男僕需要做指甲的，」他說，「他們會替主人修指甲，我個人會盡量保持專業，但某些男僕，我覺得他們的行為越過了那條他們不應該越過的邊界。」那些代代相傳的老派有錢人會比較知道「應有的應對進退」，但握有新錢的那些新有錢人，就比較難以逆料了，因為他們不見得會遵守男僕心目中所謂「得體」的標準與界線。

個人邊界關乎的是文化與習慣。而文化跟習慣在像倫敦這樣的國際大都會可謂極其多元。想在未知與充滿變化的邊界中順利通行，你會需要男僕擁有的那些知識、彈性與技巧；重點就是你要懂得如何存在於別人的私人家庭空間中，但既不冒犯對方，也不讓自己被冒犯。「在工作中被欺負是家常便飯，」他說，「一點小事出了差錯，那就是世界末日。你很難想像那種反應之大。」

他形容那些反應就是在鬧脾氣。男僕必須在這些私人情境與不設防的瞬間，有能耐從主人的情緒爆發中全身而退。

最重要的是，男僕主要的工作內容就是等。等著去做事情或拿東西這件事，恰恰象徵了存在於有錢人與服侍者階層之間，那力量與權勢上的巨大鴻溝。其中一邊的人等待著要去服務另外一邊的人，一切都看後者的方便。「你只能等，只能邊等邊看書，」但，「不能鬆懈了情緒，因為等就是你的工作。他們就是要你等，要你隨時待命。」看書也不能太明目張膽——最好是用手機——紙本書會太招搖。在男僕成為獨當一面的男僕前，他曾經在另一名中東王室成員的家中當貼身僕人，他的工作是在主人的臥室外坐著。「那裡有一張小椅子，我坐了一個小時又一個小時，等著主人召喚。我會跟他一起出外旅行，要替他打包行李、打開行李、跑腿辦事，滿足主人大大小小的各種需求與渴望。」除了他還有主人的一位私人祕書，兩個人「都只是負責整天待命」。不怕一萬，只怕萬一。可以等的東西何其多——等排隊、等工作、等加薪、等下班、等住宿、等用餐——等待對於時間跟生計都不操之在己的服侍者而言，就是在這個現代世界裡生存的方式。我一路走來已經看得很習慣的非裔警衛一邊看守著財閥城市裡的各種寶物，一邊也在等待，就跟在遊艇上處理大小事務的男僕跟船員一樣。在我與男僕散步的幾個月後，我要去一趟摩納哥，看一艘艘遊艇在那裡的港口中閒置著，船上的組員好整以暇擦亮船身上鍍鉻的部分，等著出海。我會讚嘆那艘價值三千萬美元的超級遊艇碧翠絲女士號（Lady Beatrice），細數她的美貌；順道一提，船主是大衛與費德列克・巴克萊（David and Frederick Barclay）這對身價幾十億的龍鳳胎，也是麗思酒店的前負責人。而船長會回應我：「謝了，我們剛清理過。」時間不光是時間。有錢人的時間就是較能操之在己，地位也更高；那讓有錢人顯得高人一等、尊爵不凡。男僕的時間、伺候人的時間，就是用來等，準備讓人呼之即來，然後聽命辦事。等待會讓任何有意義的活動都不可能存在，他們要想辦法把這樣的時間填滿。

男僕就是一種免洗筷。工作人員可以被莫須有的理由開除。而要避免這種狀況，最好的辦法就是老闆要你做什麼你就立刻去做，而且外表還要看起來稱頭。男僕說了一個故事：有個男人替一家希臘有錢人賣命了二十年，「有天他突然被叫進客廳」，然後就被開除了。「女主人嫌他有點太老了。」她謝過了男僕，然後告訴他，「『你一直服務得很好，但我們要讓你走了。』」她丈夫稍微有點異議，但最終還是附議：「『我太太想讓你走，我很遺憾。』」他接著走進自己的辦公室，拿了一萬五千鎊現金給那名男僕。那名男僕說，「他真的反反覆覆，讓人難以捉摸。『喔，你已經不符合我們的要求了，所以我們要去找個年輕一點、好看一點的。』」

我問起男僕對老闆夫婦這種行為有什麼看法。我想知道關於「有錢人對他們自己與對他們僕人的看法」，這個故事給他什麼樣的啟示。「他們是發自內心相信自己高所有人一等，就因為他們有的是錢。」他認為。有錢這件事改變了他們與人相處的態度；任何人只要服務他們，就會自動被歸類為「笨蛋」：「你會服務我，就是因為你腦筋不夠好。」男僕總結了有錢人的世界觀：

「『我擁有這一切，一切聽我號令，所以我與眾不同。』人一有錢，就會開始相信自己是天選之人。」

「從僕人的角度來看，他們只是需要一點點的尊重。一點點的尊重就能建立起良好的主僕關係。」男僕說。很顯然，這常常是一種奢求。「有些有錢人只把你當成他們擁有的另外一樣東西。他們不在乎你需不需要睡眠，需不需要休息，需不需要屬於自己的心靈空間。你就是他們當下購得的一項工具，是他們的物品。」如果你這樣東西的效能令他們不滿意，那就開除。「他們不在乎背後的原因，」男僕認為，「他們橫豎沒把你當人看，至少不必然把你當人看。當然有些老闆沒那麼過分，他們會把你當人，但不這麼做的老闆所在多有。」尊重可以破除物化，讓僕人找回自己的人性，不再只被當成一個物體——一台機器——不會只是在老闆跟夫人的家中供他們呼來喚去。

除了讓老闆認為你應該像台機器一樣可靠以外，物化的概念還會在其他方面形塑主僕關係：「主人會不斷留意有沒有東西不見。」男僕說，「那比較類似一種心理作用，」一種擔心「別人會占他們便宜或偷他們東西的感覺」。財富就是會帶來這種被害妄想症。有錢雇主常常「疑神疑鬼，滿腦子都是自己的財產。」他舉了一個例子：有個男人的西裝多達一百五十套，結果某天他發現自己一套已經三年沒穿的西裝不見了，感覺就像「天塌下來了」一樣，說什麼也不肯罷休。男僕對此有一番解釋：「他們有時候是太無聊了，所以雞蛋裡挑骨頭，小題大作只為讓自己的日子充實一點。」他說，同理，那些主人不論是「大吼大叫」、「故作難伺候」，其實都只是一種「演技」。「他們內心不見得有那麼生氣，血壓也不見得真的升那麼高。難取悅只是他們給人的一種印象。」人一有錢，就會變成戲精，昂貴的財物就會變成他們演出張牙舞爪角色的道具，而一切都是圖解悶罷了。財物也是信任經具象化後的體現，所以東西一不見，當僕人的皮就要繃緊了。對有錢人來說，他們東西太多了，多到根本不可能記得什麼物品在哪裡，而那也成了一種壓力的來源。

你可能會想，有錢人還會無聊？會，因為「他們空閒時間真的太多了。」所以說有錢人跟服侍者都共同感到一種無力感跟無聊煩悶，雖然兩者感受無聊的經驗差別頗大。有錢人不只掌控時間，他們也掌控無聊，掌控了沒錢的服侍者階層可以在什麼樣的環境中工作。

男僕提供的窺視秀，讓我見識到一種我在步行中尚未觀察到的新物種——有錢有閒之人。此前我所看到的都是過勞跟豪情萬丈的有錢人，是一些停不下來的工作狂。明明已經不需要再賺更多，但像傳承跟鱘魚這樣的有錢人仍需透過壓力讓自己感覺活著，感覺自己並非無關緊要。有些有錢人雖然不再繼續賣力賺錢，但他們換個跑道拚命做善事，就像西裝外套與蘇維埃，因為他們閒不下來；閒下來就不知道要做什麼。相較之下，閒雲野鶴的有錢人就像一種活化石，他們往往有貴族或皇家血統，就像男僕的老闆們那樣。他們自然無須工作，也很可能這輩子都沒有工作過。他們搞不好對什麼叫工作沒有概念，也可能只看過伺候他們那些人做的這種工作形式。他們這輩子可能不管想要什麼東西都已經不缺了，甚至於他們根本不想要的東西，也都不缺了，而這就產生了一個問題。我們停下腳步，在雄辯花園（Oratory Gardens）的長椅上坐了一會兒，然後才繼續上路，沿著一條稱為木屋廣場（Cottage Place）的靜謐馬廄巷前進。我們途經一道道車庫門，以及一座座順著舊磚牆延伸的二樓露臺花園，男僕也在這宛若祕境的後巷為他的故事收尾：前門即將再度旋轉關上。

隨著我們對話告一段落，男僕對我強調錢帶來的不幸。他相信，「你擁有的錢愈多」，你的生活就愈「無聊跟不快樂」。他的有錢雇主可不見得一個個日子都過得「超級幸福」或「超級充實」。「他們全都好像在追逐某種更昂貴、更複雜的東西，就為了讓自己感到一絲絲刺激，也要幫衣食無缺的自己解悶。」儘管無憂無慮，你對任何事情也都提不起勁，你無法像尋常百姓一樣為了生計而努力：「你想要的跟你有可能垂涎的每一樣東西，都已經在你兜裡。」

男僕所看到的，是一個通常會被保密協定模糊其樣貌的私人金錢世界。在這個世界裡，金錢試圖透過各司其職的僕役大軍搞定所有可能的需求，進而打造出完美的家庭生活。這些僕人是沒有聲音的透明人、人形的服務機器，同時也跟繪畫、家具等物件一樣，都是豪宅中的裝飾品。他們擺在那兒好看，不滿意也能隨時替換。等待服務的同時，他們便已將自己的生命與勞動力讓渡給雇主，不再有自主的控制力。男僕得回去工作了。離開了隱密安靜的木屋廣場後，我們轉彎來到熱鬧的布朗普頓路，然後走向哈洛德百貨。我與男僕道別，然後稍微在哈洛德那閃閃發亮的各種誘惑之間繞了一下。

有大把大把錢的世界，在某種意義上是個沒有極限的世界，而構成這個世界的單位，則是有錢人那些往往雞毛蒜皮的需求；這些富人的目光如豆，讓世界跟著他們一起變小了。他們統治著自己的迷你王國，而且是極權統治。他們用陰晴不定的脾氣與不時爆發的情緒發號施令。在這個世界裡，欲望獲得立即滿足是理所當然，因為有錢人想要的東西不能妥協，也不能延遲半刻。而既已打造出這種金錢世界——這個由暴君一手掌控的小天地——有錢人會變得百無聊賴，於是他們只能再創造出新的劇場與體驗來找刺激，也只能添購更大型的玩具來娛樂自己。

切爾西

切爾西
N
海德公園一號
文華東方酒店
騎士橋站
海德公園店
哈洛德百貨
騎士橋
南肯辛頓
格洛斯特路站
南肯辛特站
卡多根房地產有限公司
約克公爵廣場
協和咖啡廳
薩奇美術館
切爾西軍營
切爾西花卉展場
國王路
切爾西
青鳥咖啡
果汁寶貝
克里莫納住宅區
泰晤士河
世界盡頭住宅區
設計中心
切爾西港
0
500公尺
0
500碼

第16章 切爾西製造

「對、對、對不起我遲到了。我得把我的一個包包送去店裡。」熱情如火抱著我的包包是個女生，而她一邊抱，也一邊氣喘吁吁向我解釋為什麼要拿她的舊包去換新款，那是在包包的世界裡持續走在時尚尖端一種很合理、划算的手段。她之所以選擇跟我約在果汁寶貝（Juicebaby），是因為這裡有賣「甘藍沙拉跟排毒果汁」。她精心打扮又做了完整的美甲，一頭金長髮的她纖瘦而美麗。她身穿貼身的窄版牛仔褲搭配鬆垮的毛皮外套，看上去就像個名人。她一進餐廳就是眾人的目光焦點。她的男友油布夾克在她身後跟上，衣著走一個——我相信是反串的——大城市裡的鄉村男孩風。他穿著上了蠟而且有棕色燈芯絨領子的綠油布夾克，身邊只差狗狗跟一把槍，看起來就會跟梅菲爾櫥窗裡那些無臉的塑膠獵人一樣。他們兩人都二十歲，切爾西是他們的地盤。

切爾西夾在梅菲爾與肯辛頓之間，位於海德公園南邊。從騎士橋取道斯隆街（Sloane Street）步行前往切爾西，是對這個地方有個概念的最好辦法。斯隆街上有設計師品牌的包包與服飾店，同時也有卡多根房地產公司（Cadogan Estate）那些用灰泥建成的花園廣場。我經過了路易威登、Miu Miu、寶格麗、愛馬仕的店面，還有位於那條街灰泥建物尾端的丹麥大使館。再往下走，經過卡多根飯店後，是蒂芬妮珠寶店面，以及史密斯森（Smythson）高檔文具店。接著我轉進斯隆廣場，從那裡走到切爾西最具代表性的國王路，那裡正是年輕人跟有錢人的遊樂場。

切爾西的精髓就在於奢侈品的買賣，而國王路是其商業大動脈。沿著國王路前進，我來到了內縮到約克公爵廣場（Duke of York Square）一大片綠地上的薩奇美術館（Saatchi Gallery）。靠廣告生意致富的查爾斯．薩奇（Charles Saatchi）後來轉換跑道到藝壇，並於二〇一〇年捐出了這個曾經的私人美術館給社會大眾。蘇維埃偶爾會在這裡展出他的收藏。美術館的東南方有切爾西軍營（Chelsea Barracks）這個占地十二英畝且總價達三十億英鎊的住宅與零售重畫區，在二〇〇一年由英國國防部賣給了卡達王室。切爾西軍營一路延伸到泰晤士河的切爾西堤岸，從幾部起重機看來，又有一個沿河施工的巨型住宅開發案在進行中。在薩奇美術館外的廣場上，我漫步穿梭於食物攤位與咖啡店之間，聆聽著街頭藝人的表演。我注意到馬爾登公司（Maldon）的海鮮攤位，眼前有星期六大批的人潮為了牡蠣排隊：也許這就是他們認知中的速食吧。三十來歲的夫妻檔推著裝了軟墊的嬰兒車，上頭坐著動來動去的小嬰兒。幾乎所有人都拿著不只一個提袋。年輕男性有的穿著橘色跑鞋、有的穿紅色牛仔褲在四處邁大步；豪車——法拉利與藍寶堅尼——一輛輛停在街邊。切爾西年輕、休閒、時尚、衣著光鮮，要出門有名車代步。曾經以活躍於此的藝術家與匠人著稱的切爾西，在一九六〇與七〇年代是最具代表性的倫敦街區，是「引領潮流」的活動中心，也是對他人展現自己本色的地點。但如今這裡有點照本宣科，店家跟任何一處的高檔街區沒有兩樣，少了點味道，東西價格卻非常高。不過不管怎麼說，切爾西還是有某種富裕的頻率在對外發射訊號。

我們點了冷榨甘藍跟胡蘿蔔汁，那是喝健康的。包包與油布夾克跟我說他們都出身鄉間。包包的老家靠近科茲窩。她爸媽是不動產開發商。她給我看了一些照片：一棟占地三萬平方英尺、美輪美奐的現代房屋，裡面有一座室內游泳池，那就是他們家的產品。替財閥蓋房子就是她爸媽的生財之道。包包跟她姊姊以前都是切爾滕納姆女子學院（Cheltenham Ladies' College）的寄宿生，週末她們就跟同學在切爾西度過。包包對這所名校的紀律有點適應不良，後來是靠私人家教才完成了在倫敦的教育。她對自己的形容是「自由奔放」跟「不拘常軌」。在學校，她會嗆師長說，「我想幹什麼就幹什麼。」切爾滕納姆女子學院並不認同這種態度，於是雙方分道揚鑣。

油布夾克一家住在維吉尼亞水村的溫特沃斯（Wentworth），那個地方在薩里。他形容那裡是個「尊爵不凡的高爾夫度假村」，有「美麗的房子」。「真的是非常漂亮，」他說，「安全性非常好，但怎麼說還是在鄉下；好處是你有自己的空間。那是很棒的地址。」確實，他所言不虛。當地的房子都有鐵門；街上也都相當僻靜。在最後一趟步行行程中，我會再回來談溫特沃斯。他們家的另外一棟房子在佛羅里達，此外他們還有一間位在海德公園一號（One Hyde Park）的公寓，那是由知名房地產大亨坎帝兄弟（Candy Brothers）所開發的高級公寓建案。這對兄弟之所以出名，是因為他們在合法前提下把該繳的稅金壓到最低。油布夾克原本在倫敦大學的其中一個學院攻讀歷史，但後來輟學，理由是倫敦大學未能提供他「大學的體驗」，指的是他的朋友在艾希特（Exeter）或杜倫（Durham）等鄉間校園所享受到的社交生活。他說「那（大學）只是一天去個幾小時的課，然後你讀你自己的書」。有些私校出身的學生進入大學後，會不太適應獨立的學習方式。我本身在南安普頓大學教過課，當時我輔導了幾名富家子弟，其中一名同學問我：他應該把我當成「保姆還是家教女老師」？我建議他去讀點書。油布夾克說他大學輟學的另外一個理由是：「我家是做房地產的，所以我的人生早就規畫好了。我意識到在大學混三年，最後也得不到對我做房地產有幫助的任何東西。」更糟的是，這三年可能還什麼都玩不到。炒房是他很熟悉的致富路徑，而他完全是以有用與否的角度在看待教育。包包這邊則覺得上大學不是個好主意。

包包與油布夾克的倫敦就等於切爾西，邊緣以騎士橋跟肯辛頓主街為界。這個區域是他們社交跟購物的地方；這裡也是他們朋友住的地方。他說：「我感覺切爾西就像是顆泡泡。進了這個區域的人，沒有誰會真的離開；他們想要的一切在這裡都有；在切爾西就是交朋友，緊貼著讓你覺得舒服的東西就好。」他們在一棟老公寓裡由五跟六樓組成的那一戶同居，就在一條安靜的囊底巷內。她家裡幫忙付了房租，讓打算在切爾西買房的小倆口慢慢看。我在腦子裡攤開他們的切爾西生活地圖，從中發現了一件事，那就是他們的生活圍繞著食物打轉。包包跟我說他們的生活雜貨購自在地的維特羅斯超市（Waitrose）、肯辛頓主街的全食超市，還有哈洛德百貨的美食廣場。但其實他們鮮少在家吃飯，而是兩人一起列出了他們最喜歡的各家壽司餐廳。屬於連鎖店的比薩特快車（Pizza Express）被點名是包包絕對不吃的店。她更偏好屬於同一個中倫敦餐飲酒吧集團的賈克斯（Jak's）跟則飛（Zefi），因為兩家店都「全天候提供真的很健康的各種果汁」。包包透過健康與飲食規畫的稜鏡檢視自己；她認為的健康就是瘦。這些她青睞的餐廳到了夜裡就會化身為酒吧：「幾乎每一晚都客滿，因為那裡有一股放鬆的氣氛，而且他們調的雞尾酒真的很好喝。」來自俄羅斯與中東的年輕人都會去那裡，「大家都盛裝打扮」，車子就停在店外。相較於歷史學家與長官會敵視這些外國來的超級富豪，包包倒覺得這些擺闊的年輕人很性感。

她的切爾西經過精心裝扮；年輕女性與街道融為一體。「我喜歡那種亮麗感，」她告訴我，「就算只是要去哈洛德一趟，我也會化好妝，穿上上好的外套，拿著名貴的包包跟有的沒的當配件。這樣我就是開心。我喜歡美甲，一有空我就會把指甲修得漂漂亮亮。」她弄頭髮跟指甲的愛店是保羅．艾德蒙茲（Paul Edmonds），做一次指甲要兩百英鎊。她也會在哈洛德買衣服。「我購物成癡；我有病吧，是不是？」油布夾克翻了個表示同意的白眼。她「主要的問題」是包包。「新的包包永遠買不完。我已經有一些香奈兒的經典款，還有迪奧的包包、迪奧的黛妃包。」她在來見我的途中繞去包包交易所買的那個，是黑色的聖羅蘭，因為聖羅蘭現在比迪奧風格「更現代」。她的切爾西人生不外乎逛街、打扮、把自己弄得美美的。油布夾克版本的奢侈消費則是圍繞著昂貴的手表、湯姆．福特（Tom Ford）的西裝（他有十五套）跟車子：他目前開的是麥拉倫。「那是輛MP4-12C，」他說，「那是麥拉倫第一款道路版的F1賽車。」這台限量版的跑車要價大約十七萬英鎊：這種車才配得上切爾西。換句話說，他們的生活重心是性別化的財富展現，而沿街的奢侈品店家就是他們的支柱。

他們的切爾西生活起碼要到下午才會啟動。大多數的晚上他們都是凌晨三、四點才去睡覺，「就算我們沒出門也一樣，」包包說，「我們差不多每天晚上都會出去喝一杯，或是我們會去吃晚餐……然後再去喝一杯，到家大概晚上十一點，然後再看點電影什麼的。」他們起得晚，一般醒來都是下午一、兩點。「然後我們會去吃午餐，去散個步。我們會去找各自的朋友。」有時候他們會繞去房仲那兒聊聊不動產，也聊聊在地公寓開發的（賺錢）潛力。但除此之外，他們的日子裡就沒什麼其他「具有生產力的事情」了，因為「很顯然，我沒有工作。」包包說，而油布夾克在「忙他自己的事情」。但即便沒幹麼，她發現，「我在倫敦還是累得要死，所以我們才那麼常外食。」反之在鄉下的老家，她會下廚而不會打扮。眼前我看到的，就是構成年輕有錢女性的要素。

健身房是她切爾西式養生長征上重要的一站，也是她平日吃吃喝喝的救贖。包包告訴我：「順利的話，我們來年可以加入KX……那是一間棒極了的會員制私人健身房，超讓人期待的。」但在那之前，他們只能湊合著去南肯辛頓的LA Fitness。KX的入會費是兩千鎊，年費是六千鎊。那裡是名人健身的首選，所以大家才趨之若鶩。健身房讓漫無目標的一天有個骨幹，也讓你「渾身更有能量」。包包說就跟她一樣，「這一帶的每個人都很沉迷於提升自身的外貌與身材。」姣好的外表是她生命中不可或缺的要素，也是她愉悅跟不安的源頭。有錢的男人眼光也高，他們會在親密關係中挑三揀四。他們有錢，也就有議價籌碼；而女人只宛若獎盃一樣供他們輸掉或贏得。她必須跟其他女人一較高低。這道理包包不會不懂：身為么女，她母親就是她父親再婚時娶的嫩妻。

人氣電視節目《切爾西製造》是一部模糊了虛構與真實人生的界線、「刻意建構出來的真人實境」肥皂劇，「同時也是我一窺包包與油布夾克生活的另一扇窗口。該節目探索年輕有錢人生活中的各種劇場：在看似源源不絕的社交活動場景中，上演著一連串的背叛與對抗。雖然大部分的劇情其實是發生在位於倫敦西南隅的切爾西，但拍攝地點卻往往是少年頭家開在肖爾迪奇的酒吧。我一心想跟包包交流，是因為她在一兩集節目中有個算是龍套的小角色，我很好奇那劇情跟她的實際生活相差多少。她跟我說節目的製作人召募參演者是靠在臉書上潛水，然後看到有興趣的就邀他們上節目，也請他們帶上朋友。包包的狀況是她的朋友受到節目邀請，而她是跟著去的那個。但由於製作團隊後來反而比較喜歡她，所以最終得到角色的變成她，而不是她的朋友。包包特別強調了這一點。打敗其他女人，自我價值就會油然而生。

她說拍攝過程不是太有趣。「我一開始覺得很刺激，畢竟能上電視，而且還體驗了訪問與簽約等前置作業，」她回想著，「他們給我一種我是明日之星的感覺，但沒有浪漫粉紅泡泡的話我的戲分很難延續下去」——他們要把我跟節目裡一名男星送作堆。包包不願意配合，因為她已經在跟油布夾克交往了。「我想很多年輕女生都願意跟男朋友分手來換得演出機會。」但她不是那些女生，所以雖然製作團隊覺得她真的「很有趣」且「自信滿滿」，但她還是只「登場了一兩集」，就把位子讓給其他儘管不如她有趣、亮麗，但願意配合劇組的女生。在這高度按劇本演出的青春財閥群像劇的背後，存在更為暗黑的性經濟機制，而包包並不願意同流合汙，她不想為了電視上的幾個鏡頭拿男朋友當祭品。油布夾克一個男性友人在劇中待了更長時間，並因此近距離目擊節目組各種衝收視的手段。比方說友人告訴油布夾克說劇中的一些成員根本都算「一般人」，意思是他們並不有錢。整齣劇就是「真實的假戲」：劇情既反映了包包真實的切爾西人生，但又與之有所衝突。

在他們的「真實」生活中，包包與油布夾克正處於成人世界的邊緣，等待著展開他們的未來。她說，「我們都有想自食其力的動機。」他覺得如果花的是自己賺來的錢，那滿足感應該會更高。「很多人可能想不到這一層，」但伸手牌拿到的好東西「真的會讓人倒胃口」。「我會挺希望能走過某個地方然後說一句，『那是我蓋的，那是我的作品，』」油布夾克說，「我在想那比起亂買東西跟浪費時間，應該更能算是人生的一種成就。」未來的起點，是工作跟賺錢，而不是把家族企業當靠山。有錢的孩子想變成有錢的大人，得跨出的第一步牽涉到他們能不能「善用」時間。至於怎樣叫善用時間，則是他們的課題。

包包試過去工作。她在倫敦金融城找了份工作，因為「我很上進」。她再三強調，「我想要靠自己賺錢。」真正的成年，意味著賺錢養活自己。倫敦金融城的工作是一個人才招募的崗位——這通常是女性的利基職務——主要服務各科技平台與避險基金。「那感覺很不像我。」她說。在這之後她又做了一點保姆的工作，因為「我愛小孩」。但保姆工作後來也不了了之，然後包包就當了幾個月「賦閒大小姐」，因為「我不知道我想做的是什麼」。她目前在評估一個已錄取的職位，是要去常做大型別墅交易且打算在附近建立據點的歐洲房仲公司任職，工作包含銷售跟招租。她覺得做這個應該會「挺酷的」，畢竟她向來「對房地產有興趣」——家學淵源嘛。

同時，油布夾克想要到倫敦拓展家族房地產投資組合的版圖，主要鎖定的買進目標是在切爾西與騎士橋的高價值小公寓。目前他們經營的地點是薩里，在那裡開發獨門獨戶房屋。「我爸說他會金援我在這附近買戶公寓。」他父親會出資買下公寓，但油布夾克會「獨立作業進行翻新，這樣我才能在指揮改建上累積些經驗」。他認為這是他加入家族企業前一個可以「從基層往上爬」的好機會。「所以如果我可以自己努力個五年、十年，做出口碑，到時候我就能成為戰力，對家族事業做出貢獻」——為家族企業增添從倫敦切入的新角度。比起在薩里，「這裡會比較好做，」他想，「特別是這一帶：這裡是一個泡泡。面積小很多的公寓，總價卻一樣；買家掏出來的錢多很多。」在切爾西與騎士橋走動的他覺得自己看到市場的商機所在。他在社交場合結識了一些年輕的中國與中東投資人，他們都希望能在倫敦有一個偶爾的落腳處。他父親會讓他把賺到的錢留著，而他則會把錢拿去買新車。這就是他創造財富以及在這些街道上留下印記的辦法。

這對年輕情侶所期待的生活，就是再製出他們所知道的一切：透過房地產一買一賣賺大錢，然後在切爾西、肯辛頓或在薩里邊陲的大房子裡過上好日子——三選一他們還在考慮。包包又說了一遍，「我想工作，我想對所有人和我自己證明，我可以有出息。你在笑什麼？」她在問油布夾克。「但我不想工作一輩子。他很清楚我們大概會在三年內結婚。」包包計畫在生完第一胎後退出職場，因為她想像中的自己一直是「非常有母愛的人」：「所以我覺得自己會很享受照顧小孩子這件事。我喜歡煮飯給大家吃，所以我覺得在家當全職媽媽是我的夢想。」同時她還想做些慈善工作，她不想變成那種「只會每天去維特羅斯超市買東西的媽媽」。她想一手包辦開車接小孩子上放學，還有生活採買跟煮飯的工作。「順利的話我會請個保姆。」油布夾克在聽到包包說要有出息的時候笑了，但他在聽到結婚生子的計畫時沒有提出異議。我一下子感覺到之前在諾丁丘體驗過的那種復古氛圍，好像突然回到了女主內男主外的一九五〇年代。包包儼然是諾丁丘賢妻的練習生，一整套連要做公益的志向都沒有遺漏。

我問她小時候有沒有保姆。她說有。那油布夾克呢？「我小時候的保姆現在還在我家。」他說。他是家中的老大，他家至今都還繼續聘用同一名保姆。包包說她確定自己會想要個幫手，因為「我希望有時間陪小孩，我不希望自己得一手抱小孩，一手煮飯或打掃，諸如此類的。」花錢請助手的另一個好處是，她會有時間投入一些高層次的追求：「慈善工作跟保持生產力」。她特別感興趣的是心理健康方面的志工工作，要幫助那些「十幾歲的憂鬱症患者」：「十幾歲真的是很難捱的階段；我自己就有切身體驗，所以我想幫忙他人。我一直覺得以我的經驗，應該有很多東西能分享給他們、幫助到他們。」她的這點自信背後，隱藏了一段不堪回首的青春期。切爾西遊樂場或許對人有很多影響，但最終那段歡樂時光總是會在富貴人家中培養出極度保守的社會新鮮人。金錢明明帶來了那麼多機會跟選擇，但終究他們卻總是想像不出生命的其他可能。

他們的日子過得如此順從社會主流，讓我有點吃驚。但也許那是他們為了配合我而編輯過的說法。根據我此前對倫敦各「頂級空間」所做過的研究，我很清楚包包跟油布夾克去玩的那些夜店都有他們不方便在檯面上討論的黑暗面跟食物鏈。那些夜店外會有身披毛皮的「看門妹」腳踩高跟鞋巡邏現場，她們手裡會揮舞寫字夾板，上面就夾著VIP清單，登記在案的人會被她請進店內。開桌費是六百鎊起跳，總開銷上看一萬英鎊，其中最貴的席位若不是擺在店內的中央，那就是會安排在墊高的平台上。雖說按我在梅菲爾的觀察，供有錢人低調出沒的地方很多，但這裡不是那種地方，這裡是供人觀賞的運動場。亮麗、纖細的女孩身著短裙、小可愛、高跟鞋，一杯酒拿著就朝有錢男人的桌邊走去，而男人也會搶著幫最貴的香檳買單。香檳送上來時會搭配高亢炫目的聲光效果，即「香檳列車」，目的是把最具姿色的女人吸引到財力最雄厚的男人身邊。社會學家艾希莉·米爾斯（Ashley Mears）也描述了美國這種一擲千金的類似場面，她說這是儀式化的浪費，是極端的炫富。在切爾西，一如在紐約，香檳都是整瓶拿起來喝，不然就是送出去，或者大灑四方。對於像這樣的夜店而言，把男人跟他們的錢拆散，是最根本的商業模式，但此外也不是沒有其他的交易在進行。年輕貌美的女人會受到青睞，而她們私底下經常是小模或學生。她們除了跑趴不用自己出錢，還可能為了自身的理由去釣男人，釣到之後她們會慫恿男人跟其他男人比花錢的手筆。在臉書上遊走的「公關」會鼓勵「女孩」把她們最好看的朋友帶來店裡。她們必須——一如包包跟油布夾克再清楚也不過的——擁有「**切爾西製造**」等級的外表：打扮不能太暴露，簡簡單單的牛仔褲、高跟鞋或靴子，淡妝跟自然的頭髮就好；簡而言之就是**有錢的文青**。過重、不懂穿搭、達不到傳統美貌高標的女性都會被門口的守門人擋下，他們會用銳利的雙眼快速檢視妳擁有的資產。

年輕女性處在黑夜那模稜兩可的邊緣灰色地帶，既是夜店的來賓，也是商品。她們必須小心翼翼走在這種灰色地帶，免得墜落。一方面她們接受昂貴的酒水、陪人聊天，另一方面也可能發展成伴遊服務、一夜情，甚或供有錢男人消費的高級賣淫服務。[2]米爾斯認為在有錢男人的眼裡，他們在夜店挑選上的女人不會是潛在的婚配對象，而這一點便會左右女性如何使用米爾斯所謂的「身體資本」：她們是想當有錢的貴婦、正式的女友，還是逢場作戲的女子。「所有的女孩都置身於一條細細的道德邊界上，就靠這條（社會公認的）邊界來將她們跟性工作者區分開來。」米爾斯說。不然你以為包包為什麼要一而再、再而三強調自己是準人妻，而不是女版的花花公子。

我們早就喝完了排毒的冷榨果汁，包包與油布夾克該去做他們下午偏晚的時候要做的那些也不知是什麼的例行公事——去逛逛房仲的櫥窗順便吃點午餐之類的——然後他們晚上的社交活動就又要展開了。但我還想多探索一下正牌切爾西與《切爾西製造》之間的現實差距。我沿國王路朝西南方走著，來到了《切爾西製造》的一處取景地點：青鳥咖啡（Bluebird Café）。深夜時分，年輕貌美的人會聚集在此處八卦。

位於青鳥咖啡樓上的酒吧非常寬敞。其中一側有條與牆平行延伸開來的吧檯，另一側則有可以俯瞰國王路的窗戶，而夾在兩側之間的是經過精心安排的親密座位。這個下午很多位子都還空著。一身黑衣、手臂上與腳上有刺青的吧檯女侍告訴我八點前後人最多，屆時年輕人會聚集在這裡。我點了杯飲料，在兩個五十來歲的白人男性跟一個看似非裔的小姐身邊坐了下來，其中非裔小姐身穿黑色無袖洋裝與平底麂皮紅鞋，而且好像認識其中一個白人男性。至於這兩個白人男性，其中一個身穿亞麻外套、牛仔褲與看似身經百戰的樂福皮鞋；另一個則穿著開領的短袖襯衫與牛仔褲。第一個男人很文靜，相較之下另一個男人嗓門有點大，而且喜歡發號施令——說話一副有錢人的口吻。他們全都在喝咖啡馬丁尼，兩個男人在回想他們替摩根．格倫費爾（Morgan Grenfell；一九九〇年遭德意志銀行收購，一九九九年停止使用摩根．格倫費爾之名號）在港股交易員職場奮戰的過往，女人則扮演聽眾。至少她沒有被迫陪笑臉。「你記得皮爾金頓—史密斯嗎？」大嗓門男人說道，「我知道他的兄弟在香港。他現在住在雪梨。有個兒子。」他們加點了咖啡馬丁尼，聊起「中國人」、雪梨的生活、香港，還有香港的房價。到最後文靜的男人說，「我們去吃頓印度菜吧。」「我不知道地方耶。」大嗓門答道。然後在他們朝著出口前進時，只聽到三人之間傳來一句「你才認識庶民。」

我在等的人是學生。她住在北倫敦郊區，但會跟大學同學一起來青鳥咖啡——她拿到獎學金，上了一所倫敦的私立大學。這些私立大學收費比普通大學貴，並會通過小班制與——白話文說——背景比較整齊的學生組成來吸引富家子弟。跟包包與油布夾克同齡的學生剩最後一年就要畢業。她的頭髮梳到後面綁成了馬尾，而她的人則纖瘦而緊繃，身穿骨感的黑色長褲與高高的厚底鞋。我想要針對有錢的切爾西年輕人有更進一步的觀察，而我想她可以再幫我補充資訊。

她的同學都是些什麼人？她跟我說同學的爸媽有各種不同背景，有的是生意成功的百萬級或億萬級歐洲新富，而且不少是科技新貴，也有的是傳統的英國有錢人，財力相對較弱但仍受過昂貴的私校教育。他們的父親似乎不少是企業執行長，或是在投資銀行任職。這些學生家裡常會出錢替他們在肯辛頓、切爾西、馬里波恩與伊斯林頓（Islington）買下公寓或甚至獨棟房屋。他們在倫敦移動都是以計程車代步。但她不一樣，出身拮据單親家庭的她跟媽媽同住在家中，而且半工半讀。

兩年來她與富家子弟在學校朝夕相處，結果就是她深切體會到這些同學——用她的話來講——「不知人間疾苦」。她指的是一種視好日子為理所當然的感覺。像包包與油布夾克這種無須為錢擔心的年輕人可能不太會意識到，但那種不食人間煙火的感覺在普通同學眼中可以說非常明顯。「你從一英里外就可以看出誰是有錢人，」她說，她指的是這些人社交互動的樣子，「他們會抱成團在那裡七嘴八舌。」他們的言語交流與其說是對話，不如說是用語不驚人死不休的自我吹捧在較勁。課堂上的他們是「智識上的孔雀」，說話無重點，卻喜歡針對貧窮等議題高談闊論，發表一些非自由派的看法。很顯然他們認為生活不好過是窮人的錯。「沒有人敢挑戰他們或跟他們說『不』，（所以）他們會覺得自己對大小事都有發言權。」

這種自命不凡在學生的觀察和解讀中，代表她的同學不需要考慮別人的狀況跟感受。他們有人會假裝自己的衣服是在慈善商店買的——等於默認有錢這件事不酷——但又會在Instagram上曬出自己在超級遊艇上的照片。當學生與朋友決定要去哪裡吃晚餐時，他們會「隨口」提議一個沒兩百鎊出不來的地方。又或者，「他們會在一群人聚餐時點一瓶三百鎊的酒，然後理所當然認為大家會分攤掉酒錢。」理直氣壯覺得大家都要出錢也是一種自以為是。學生記得自己去過一場生日派對，席間「三個都有錢得很的女孩一瓶接一瓶點著普羅賽克（Prosecco；非常流行的義大利氣泡酒），喝得爛醉如泥，然後帳單沒來就跑了」。她確信「那不是出於惡意。她們是真的覺得那點錢大家都付得起。」她跟我說有另外一小群學生在切爾西夜遊一晚，花了三千磅。

這些年輕的社交名流活得百無禁忌，也不需要考慮後果：又是種特權的表現，學生這麼形容。「他們沒有敢做敢當的觀念，也不覺得自己有什麼該負起的責任，」學生說，「他們是真心無所謂。」而這樣下去的人生就是「愛吸多少毒就吸多少毒」：「他們會把自己搞得一塌糊塗。」他們還會明明有男友或女友卻劈腿；他們會翹課、不交作業。「那是因為他們在這種自身背景的輻射之下，會覺得有個聲音在對他們說不論他們幹了什麼，都不會有事的，」學生說，「你不需要勤奮工作，也不需要當個好人，因為總是會有人給你工作，你會有路可走。」「背景輻射」是一種很有趣的形容：輻射有毒，也是旁人無法避免的。不論如何，家庭背景提供的安全網都會接住他們，不致墜跌。「有些人有家庭律師，隨時準備要將他們從惹出的麻煩中營救出來，」學生解釋，「他們會拿一些自己度假時胡作非為、被抓去關，然後由家庭律師大老遠飛去替他們擦屁股的故事來說笑。非常誇張，」她說，「他們覺得自己可以做事毫無分寸但又全身而退，那很光榮，像得到某種勳章。要是你的日子過得無須負任何責任，怎麼亂來都不會有罪責需要承擔，那你自然就會去做一些頗具破壞性的事。」學生曾經在放假時跟大學同學搭私人飛機去私人小島，然後第一手見證了自殘行為會造成何等的心理傷害。

學生看多了特權階級的人生樣態，發現家庭安全網也確保了這些富家子弟前途無虞。她知道有朋友還沒畢業，就已經獲得了銀行內定的職位。一開始愣頭愣腦的她還問：「你說你在銀行裡有工作了是什麼意思？我沒看到你去應徵工作啊。」之後千篇一律的結果是，他們的老爸是某某企業執行長，或認識某某企業執行長。所以，學生說，「他們並不能真正理解什麼叫一分耕耘一分收獲。他們想開公司，老爸或老媽自然會拿一千萬鎊借他們。」雖然我覺得學生說的話也誇大了一點，但她自認未來自己有很多苦要吃。她畢業時要扛的學貸是英國學生的平均值——五到六萬鎊——這還是在有獎學金的狀況下。雖然競爭非常激烈，但她盼著自己有朝一日能順利就職，並賺到足以負擔公寓租金的薪水。

有人幫你規畫好的未來有一個小缺點，那就是不夠刺激。她的某些同學「對這個世界懷有遠比他們被限制走上的道路……要來得遠大的夢想與願景」：「他們很多人會說，『我會想當個畫家，或者做這個做那個』，但事實上他們只會去當投資銀行家，因為那是已經為他們鋪好的道路。」錢似乎會創造一種絕緣性。他們有些人是「真的很善良的人」，學生說，「但就是因為他們的出生背景跟成長方式，所以他們不會去思考自己以外的人事物。」他們確信自己不論走上哪一條路，都會是對的——曾經有這樣一個富家子弟同學對她說，「『我會變得非常非常有錢，然後擁有我想要的所有東西。』」也許衣食無缺的代價就是無聊。正如我在包包跟油布夾克身上所看到的，這些富家子弟並沒有太多想像力，做事也沒什麼彈性：「身價再怎麼驚人的女孩，也是開口閉口就說要嫁進豪門。他們自認有志氣，也夠上進，在大學裡也很認真讀書，但只要一聊起未來，她們說的還是老公而不是工作。」至於男同學則會說他們要成為企業執行長或自己開公司。她的觀察顯示了這些富家子弟的世界觀之狹隘，他們眼中的世界就是複製爸媽的人生跟生財之道，而他們的各種選擇都高度遵循性別與傳統的既定模式。

優渥的出身也導致他們在交友上十分現實。學生說：「他們是認真把彼此當成工具來利用。」她發現她最最有錢的同學——那些百萬富翁跟億萬富翁——都非常不信任其他人，他們從小就在「兀鷹文化」中長大。「他們沒有真正的朋友。他們不接受有人單純想當他們朋友的說法。他們心裡的想法永遠是：『你圖我什麼？』」她說這一點也可以推至他們最親密的家庭關係中，家人跟他們也是相互利用。有錢人的小孩會學著重視爸媽，但那是因為爸媽有錢，因為有錢可以敲開很多門，因為有錢的日子好過。「一切都跟物質上的財富有關，」學生認為，「我很少聽他們在聊起自己的爸媽時會說，『我真的很愛我媽；我真的很想她。』其他人在他們的世界裡永遠是要拿來利用的。」他們活在一個情緒維度有限的世界裡，當然也可能人際關係原本就是這麼回事。

在此同時，他們也活在一個炫富的世界。他們得全年無休展現財力，尤其在這個Instagram當道的時代，「這些奇妙、瘋癲而狂野的派對跟財力競賽」更是不斷地突破天花板。學生說他們的態度是：「『喔，你的派對上有巧克力噴泉，那我就來弄一個果凍游泳池。』」瘋狂鋪張的行程也包括毒品使用的情形：「很顯然有大量的毒品與古柯鹼在滿場飛。」她認識的很多年輕人古柯鹼成癮，單純因為「他們隨時想吸都吸得起，而他們認為那是一種文化。」當然，開趴的壓力也包括（前面包包提到過）外表須有魅力的必要性。「女孩從髮型、指甲、皮膚到妝容都完美無瑕，因為只要錢花得起，妳就能用最好的東西顧好儀容。」學生說。有些人會每天早上讓妝髮師過來幫她們打點之後，才去大學上課，而那實在「太扯了」。學生很看不慣她們這種膚淺空虛、相互較勁、活像在表演的生活方式：一大早去上飛輪課、喝果汁排毒，諸如此類的。「她們看起來就是那麼完美，真的很討人厭。」

我心裡留下了切爾西新一代財閥那種討厭的印象，之後便和跟朋友有約的學生告別，沿國王路朝西南方前進，我要去一個如今有「世界盡頭」（World's End，切爾西的一隅，位於國王路的西端，曾經是維多利亞時代的貧民窟）之稱的區域。希望那裡的某個角落能有更棒的故事在等我：說不定有其他更刺激、有新意的描述，讓我了解這些街道上的富人過著怎樣的生活。與學生的交流揭露了一個我在自己的思考中，原本沒有意識到的假設：我以為財力與安全感會解放一個人，讓人變得更有創意，也更願意去實驗人生的各種可能。這自然是像我這種普通人的偏見。我們覺得有錢人應該勇於嘗試，不像我們需要為了生計而奔波，因此生活身不由己。但事實上，我在有錢人身上看到的不是創意，而是僵固的從眾性，還有搖搖欲墜的心理健康，也難怪學生會形容有錢同學在情緒上「發育不全」，心態上「神經兮兮」。

第17章 東西

一間可以直接走進去的衣櫃，大小如同一棟普通的房子，內部空間放了六百雙設計師款的鞋子。一座用四十張魟魚皮做的特製餐桌。鑲在壁紙上的LED晶體讓整個房間閃閃發光；牆上的一面掛飾是用有兩千年歷史的石化苔蘚注入矽所製成；一張邊桌拿某棵從凡爾賽宮花園挖來的四百歲橄欖樹劈開做成，散發著皇家出身的派頭。精巧等於好，稀少更好，瀕臨絕種是好上加好。我在沙發上看著紀錄片《百萬富翁豪宅》（*Millionaires' Mansions*），假裝自己是為研究目的而看。這部英國電視節目揭露了是哪些元素造就出他們一名班底設計師口中「屬於我們這個時代的宮殿」，節目團隊會像放牛吃草一樣把邀來的觀眾丟進鋪張得令人炫目的場景。室內設計也嵌入了代表財富的物質——錢沒有不見，只是變成了各式各樣的「東西」。

倫敦是國際知名的室內設計重鎮，而切爾西則是倫敦的室內設計中心。我要自己別再黏著那片播放《百萬富翁豪宅》的螢幕，開始進一步去探索切爾西。為了抵達位於切爾西港的設計中心（Design Centre），我沿著國王路朝西南方前進，並左轉進入洪水街（Flood Street），前首相柴契爾夫人住過這條街十九號。部分建於十八世紀的切恩步道（Cheyne Walk）曾有滾石合唱團——主唱米克．傑格、吉他手凱斯．李察茲、貝斯手羅尼．伍德——位列當地大名鼎鼎的居民陣容。我來到了設計中心，它屬於帝國碼頭（Imperial Wharf）的一部分，位在泰晤士河北岸。那裡有一座工地，四處都能看到起重機在運作，巨大的廣告板宣告著八十九戶奢華公寓即將華美降臨，上面還有電腦合成的完工假想圖。河景——特別是泰晤士河第一排的河景——是不動產界的黃金。柔和的倫敦紅磚建成的設計中心從營建工程的一團亂跟電鑽聲響中探出頭來，頂端有三座玻璃圓頂，始建於一九八七年，後來也增建過。

設計中心的日常維護工作一邊如火如荼進行，我一邊踏上了建築的大理石階梯。有人在清理窗戶，也有人在操作吸塵器吸地，家具在打包中，之後就要運送出去。打扮稱頭的男男女女坐在他們小小店舖的小小桌子前，瞪著蘋果Mac筆電。我跟前台的尼泊爾裔禮賓人員閒聊著，只見優比速快遞的員工帶著貨物進進出出。一大箱又一大箱的豪華內裝零組件就在我面前通過；對於試圖思考奢華的意義、也好奇奢華是如何組裝起來的我而言，這裡果然來對了。

設計中心是一間大賣場，裡頭有一百二十家小店進駐，每一家都有滿滿的頂級材料跟設計靈感，當中囊括了全球六百個高檔品牌。從中庭看建築的構造，會看到一層層的小店，每層專攻室內設計的一種元素。大量的彩色布料從玻璃穹頂的天花板垂下，而閃閃發光的白色地磚則化身為鏡面，映照著那些繽紛色彩。這裡展示各式各樣的裝飾配件，包括甕，還有偌大的陶瓷花豹與長頸鹿。店門口向著穹頂覆蓋的中庭，而店裡則擺滿地毯、抱枕、坐墊、布匹、壁紙、家具與燈具。整棟建築就像一個放滿物品的大櫃子，裡面是各種等著融入有大把大把錢的人家中的東西。

我一路爬上建築頂端，從中庭的頂層俯瞰一樓的咖啡廳，我可以從那裡看到我來此要見的男人，他就在某個位子上工作。我搭著下行的電梯去找他。「那是三宅嗎親愛的？」他指的是日本時尚設計師三宅一生。色彩跟我打了招呼，伸出手摸摸我的外套，一面對我的穿搭投以他專業的眼神。「不是，」我說，「不過也算頂級的A貨（仿冒品）了。」我喜歡A貨。我在北京待得太久了，那兒的A貨超專業。事實上，他們經常以原廠貨為基礎，做出青出於藍的東西。色彩親切友善，且非常健談；只不過才剛見面，我已經感覺像他多年好友。這就是他的本事。他不會表現出急躁或不耐煩的樣子，儘管我已經是他今天第三個會面對象，而且現在才上午十一點。年近六旬的他看起來年輕了二十歲：高高瘦瘦，剃著光頭，留著有設計感的短鬚，他的肢體語言充滿表現力；身上穿著設計款的牛仔褲，搭配的橘色T恤品牌是薇薇安・魏斯伍德（身為粉絲的他認識薇薇安本人）。自稱「同志男孩」的他很招搖、有創意、有魅力；魅力的來源是他本人，是他讓別人自我感覺良好的能力，也是他腦中對室內設計的各種概念——那些他賣給全世界頂尖有錢人的設計概念。由於他的客戶往往不只有一處房產，而且很多都是回頭客，所以他跟我說他不缺案子。他一個最有錢的客戶有不下五架灣流私人噴射機：真是有錢程度一個很好的計算單位。他跟我說「現今流行瘦，那就是以前曾風行過的黑色」，於是我點了兩杯英文叫「瘦」拿鐵的脫脂拿鐵。

我想了解室內設計是怎樣一種煉金術。各種元素是怎麼拼湊起來的？色彩告訴我，若是翻修的案子，那他會跟建築師合作，先從屋子的外面著手。房子的外部與室內要相互整合。再小的細節都不可放過：就連吹風機的專用插座都要設在臥室中對的位置。「一切都是以美觀為考量。我們做的一切都關乎美學，關乎看上去順不順眼；錢從來不是問題，因為那些案主都是億萬富翁。」一名蘇黎世的客戶花了一億四千四百萬鎊翻新他三萬平方英尺的豪宅內裝。

他的風格？「我會帶給你顏色，」他豪邁宣稱，「我會帶來質感，我會給你不按牌理出牌的各種元素混搭，我把所有東西都整合起來——我會周遊列國去尋找各種物件來用。」他不來極簡主義、一片空白的北歐風那一套。他的設計起點往往是起居室。「我會創造出一套獨特的色彩，可能是秋季的樣式——那當中必須要有我說的『一條主線』，串起每個房間的風格，因為你不會希望明明說好秋季主題，卻突然走進一個銀白色的房間。我們必須讓一整組秋天的色調彼此相融，然後貫穿家中的每一角。」為了定出他的整套用色，色彩會用到「情緒板」[1]為整個設計定調。再來是客人的臥房，也就是「我一向稱之為『繭』的地方」。他會跟客人說：「這是您的臥房；必須要有這個賞心悅目的空間。要規畫一個座位區。然後找覺得閣下的臀部必須、只能、一定要落在喀什米爾的材質上。必須選用喀什米爾，必須選用絲綢，必須用原絲，必須用純銀。還有我們得要客製化，用珍珠和諸如此類的東西。這是屬於他們的空間；那麼就要弄得超級奢華才行。」

簡單講，色彩會去建立並形塑客人對於建材的知識。「每塊材質都必須追求頂級。為什麼？因為您就是頂級的。您超棒的，而這是您超棒的臥房。您會希望臥房照顧到您的每個感官，會希望它豪華到不論您碰觸或撫摸到哪裡，感覺都是那麼美妙。」他跟我說自己打造過一個臥房的座位區，在那裡布置了沙發、椅子，重點是那些沙發與椅子都覆上「一層野生蠶絲打底，上面再蓋上柔軟、淡鴨蛋灰色的喀什米爾毛料」。「野生的。」他複述了一遍，並輕敲桌子強調其中的差異。野生的絲是從中國鄉下採集而來，而不是人工養殖。這種絲比較好，也較稀少，比量產的東西更天然——相當於蠶絲界裡的放山雞蛋。同樣不同凡響的，我發現，還有實心榆木門、手雕洗臉盆、精美的美麗諾羊毛壁飾、價值三萬鎊的手工床，以及用馬毛、喀什米爾毛料跟更多野生絲製成的床墊。每間房都訴說著一個故事，這個故事會讓主人的品味與講究趨於完整，也讓主人不愧為色彩針對各種稀有昂貴材質所個別指導出的畢業生。「那關乎的是比例，」他說，「關乎的是形狀，是形式。」財富的美學。物質有其起源跟性格，有可以追溯至其紋理中的故事，就像那張用凡爾賽宮種的橄欖樹所製成的桌子——凡爾賽宮本身也是向奢華致敬的紀念場地——是與量產反其道而行的產物。色彩的工作就是打造敘事，用上述的這類例子去給人一種「魅惑」、「神奇」的感受。我對奢華的第一印象是：奢華是勾引！這一套手法對我確實也管用。

在設計、色彩配置與價格都敲定之後，色彩就會接下案子，他會下訂材料，包括有時候直接從設計中心拿貨，並委派要合作的師傅：木工、照明設計、磁磚等林林總總施工細節。他會捨現成產品不用，而訂購特製的燈具。他會找來稀罕的飾板與木材。他會走訪位於設計中心頂樓的地毯專賣店：「他們有標準的地毯，但也有絲綢產品，而且非常美。那裡的地毯只要大概五萬鎊而已。」他給我看了一張照片，那是一張要價二十五萬鎊的地毯。為什麼要這個價錢？當然是因為——用的是野生的絲。色彩解釋說，畢竟「我這份工作全部的重點就是提供不會到處都看得到的菜市場品味，我要提供讓客人顯得獨一無二的東西。」他說，「只要錢花下去，你就能擁有你想要的東西。不管是什麼質地、什麼顏色、什麼布料、什麼木材，那些東西就是要更珍貴一點、更特別一點。」他的有錢客戶值得最好的東西，因為他們是特別的客人。他們的錢已經證明了一切。他們的房子蓋起來就是要反映他們的身價。

色彩與客戶的關係很融洽、親近。有些人——出於保密的理由他不能說是誰——跟他成了朋友，並會邀請他出席一些特別的場合。還有些客人比較公事公辦。他是服侍高階財閥階層的一員，受人尊敬且靠一份他做得很好、也樂在其中的工作賺取優渥報酬。說起收費，他表示：「我想要一絲不苟對待每一分錢。多數億萬富翁會覺得別人都在覬覦他們的金錢。」所以說在處理數千個品項的訂購跟收費時，童叟無欺的精確與透明性就變得非常要緊，但更要緊的是把他對設計的熱愛置於成本之上。這關乎的不是錢。說錢就髒了。客戶與設計師之間在商言商的關係在一疊奢華的喀什米爾羊毛底下被模糊掉真面目。我跟色彩又多聊了一些他的工作、他的客人、他的人生，然後他該動身去肯辛頓找合作的建築師了。我陪他走了一小段路來到倫敦地上鐵（Overground，相對於地下鐵）帝國碼頭站，我們互道了珍重。

我從河邊朝著內陸蜿蜒地前進，一路沿著國王路的南端繞過了「世界盡頭」。再往前走一點，便有一些也跟室內設計師合作的店家，風格上也許比切爾西設計中心更前衛一點。在此處一家風格平實的咖啡廳裡，我見到了氣氛。我是來聽另外一種高檔設計世界的故事。她合作的一間知名工作室是在替飯店、餐廳乃至於個人客戶設計居家與商用內裝。三十來歲的她身穿牛仔褲與T恤，她把玩著手中的自行車安全帽跟背包，與我一同坐下聊天。她的腳踏車上有個空著的兒童座位，是給她正在托兒所的三歲女兒坐的。她的另外一個身分是大學的兼職講師，這代表她是學兼理論與實務的設計師。

她跟我分享了一個室內設計案，案主為肯辛頓一名「俄羅斯寡頭」。對方有八棟房產，而這一棟是他跟女友不常用的其中一棟。因為無法親自與設計團隊見面，因此這對情侶把他們的要求透過中間人傳來，有錢客戶採用這種模式並不罕見。因為沒有見過本人，她說，「我們便必須發揮想像力。」他們需求的大要是不閃亮、低調風：「他們想正常就好。」這聽起來像是色彩的惡夢。在肯辛頓最精華的某條街道上，正常的意思應該要理解為貨真價昂的北歐風，而且不是IKEA那種等級的東西。設計團隊打造了巨大的書架，然後才後知後覺：客戶根本沒有那麼多書要放。為此團隊請了一名專家來構思一批書單，裡面盡是藝術、設計主題的書，另外也有稀有書籍，這相當於替兩個素昧平生的人打造一個小圖書館。寡頭的廚房連同一個完整的主廚團隊，被安排在眼不見為淨的地下室，但設計團隊還是在主樓層中設置了一個「成人尺寸」的「遊戲廚房」，因為他女友喜歡做杯子蛋糕。這棟房子有一整側廂房供警衛使用，警衛辦公室裡全天候有三、四名人員駐守。客製化的床要設置緊急避難按鈕。氣氛說，設計團隊檢視了各式緊急避難按鈕的優點，還確認過按鈕要設在床的哪一邊；這就是在整體設計中整合進保全的需求。

氣氛說室內設計必須反映主人對自身身分的想法與憧憬。她為此打造出「劇場環境」，也就是供案主活出自身想像與渴望中生活的舞台。案主會希望室內設計透過物體、質料與顏色，表達出他們所希望活出的自己跟生活。設計追求的就是一種抱負，一種從當下往前跨出的一步，而案主想靠著這一步抵達一個更好的自己：一個會烤杯子蛋糕、讀古典文學的自己。室內設計師扮演著轉譯者的角色。氣氛會負責把案主的抱負轉化為物件的安排——這裡一個花盆，那裡一個靠墊，角落要有一片散發著博學氣息的書架。成功的轉譯意味著這些安排是以有說服力的方式反映出屋主的自我認同。

氣氛顧名思義，就是氣氛的創造者：氣氛營造就是她的才華所在。她有辦法出於本能察覺到物體與裝飾所傳達的是何種感覺與想像。她能夠解鎖那些被鑲嵌在歷史文物中的故事：跟人一樣，物件也有身世來歷。她說，老家具有其靈魂，一如由「美麗、稀有且屬於真跡的物件」所組成的「藝術收藏」。刻印在物件與家具或材料組合中的訊息，會在設計者的巧手搭配下被釋放出來。當然，這些抽象的特質無法一目了然，所以氣氛必須向有錢的案主解釋設計理念，正如色彩也必須就罕見的材質去教育客人。搭配是設計的核心所在：「你經手的是美麗，是歷史；你要把這些東西組合起來，道出一段故事。」室內設計就像精心組裝出的舞台布景，可供有錢人去演出他們為自己想像出的故事情節。下了這個結論後，氣氛就踩上腳踏車去托兒所接她小女兒了。

我因而開始思索起那些將設計概念付諸實現的匠人。色彩與氣氛在紙上組裝出奢華，但誰要去負責執行？近在眼前就有一個實例。我在哈克尼有個鄰居：光線，他跟我分享了自己進入為奢華內裝處理照明的領域，是怎樣一段入行的經歷。我們交談的地方是他的公寓，那是一個可以俯瞰各幹道糾結在一起的現代公寓樓，而且就跟我家一樣，它和奢華完全扯不上關係。我們坐在他家那幾個好不容易才去睡覺的小朋友留下的玩具之間，聊起了他創業的過程。他畢業自藝術學校，時機是差到不行的二〇〇八年，所以他工作找得很辛苦。在城市中遍尋機會的他用口袋裡最後的五十鎊開了家公司，提供製作光雕的服務。他說那些不是吊燈，而是藝術與工程的傑作，不論在設計或製作上都要投入大量的金錢與時間。光雕可以用來為有錢人的住家增色，也可以照亮企業大樓的入口。就在我納悶著自己負不負擔得起光雕，還有他願不願意給我友情價的同時，他就跟我說起跳價是五萬鎊，而收費五十萬鎊也是家常便飯。

雖然撙節政策讓倫敦整體拉緊了褲帶，但光線很驚訝他的第一個委託案這麼快就上門了。案主是騎士橋的海德公園一號——由建築師理查・羅傑斯（Richard Rogers）設計，並由尼克與克里斯琛．坎帝開發的高級公寓建案。坎帝兄弟先用據說一．五億鎊買下了地皮；然後等建案在二〇〇七年開賣後，總計共八十九戶公寓中最大的一戶咸認售價為一．六億鎊，其中有六十四戶公寓是登記在企業而非個人名下。[2]天黑之後，那些公寓顯得漆黑而不祥，固定的住戶擺明了少之又少。那些公寓俯瞰海德公園，也享用隔壁文華東方酒店的客房與禮賓服務。很難想像開發商為什麼要顧及成本而聘用像光線這種初出茅廬的光雕廠商，但他說他們真的是技術本位。雖說他的客戶肯定沒有付他高得誇張的費用，否則他也不會住在跟我家一樣的地區，但光線畢竟還是搭著私人飛機到世界各地安裝他的作品。他跟我說自己曾被一名根本沒預約的寡頭用私人飛機臨時載走，只因為對方想在遊艇上安裝光雕。在遊艇上，「奢侈是沒得商量的」。[3]除了光線打造的絢爛創作之外，你可以看到光源從後方打亮的縞瑪瑙樓梯間，此外還有設備一應俱全的套裝浴室、水療室，乃至於小潛水艇所用的皮椅。遊艇說白了就是另外一個炫富的舞台。但光線確實可說是在做他所愛的事，因為這是他能發揮創意與想像力的工作。他讓我想到所有其他的匠人、磁磚師傅、窗簾師傅、裝潢師傅、櫥櫃師傅，諸如此類的工作者：這些人都憑著本身的專業技術在裝飾著財閥城市裡的一處處內部空間，但並沒有因此獲得格外傲人的報償。

所以奢華到底是什麼？除了是只有大把大把的錢才能買到的東西以外，還有其他意義嗎？色彩心中對奢華的理解是，那必須是摸得到的東西：最好的、最軟的、最獨特的材質，而且要小心翼翼包覆著身價最高昂的身體與他們的生活。氣氛對奢華的理解是，那必須是非常有錢的人所渴望的「貨真價實」——或許恰恰是因為他們感受到真實的缺席吧。她說要「製造出那種真實、道地與文化融合出的感覺，難度很高」。我想起諾丁丘的那些女人，她們都很佩服那些不如她們有錢的鄰居可以把真實的生活感帶進鄰里。氣氛覺得，新的東西就有點像是迪士尼樂園——「假假的」。手握舊錢的老派有錢人最自豪的是他們代代相傳累積出的底蘊，但對於新富而言，他們沒有時間慢慢累積，只能設法一步到位，而且還不能讓人感覺突兀。奢華的內裝因此就成了以假亂真的藝術，就像我身上那件三宅一生的A貨一樣。關於這點，色彩跟氣氛這兩名設計師都表示同意。室內設計中的奢華是客製化出來的，經過細心統合，也如展覽般被策畫展示出來。

臨別之際，氣氛告訴我，她把對奢華的幻覺留在工作場域中。只要一看到那些她用實惠價格也買得起的地毯或椅子，生活的現實就會浮上眼前：「喔，我的貓會吐在那張地毯上，我的小孩會把花生醬抹在那張沙發上。」相較之下，有錢人的奢華內裝就不需要擔心小孩、貓咪與花生醬所帶來的不便，或至少他們得這麼告訴自己。他們的生活裡看不到一團亂，畢竟奢華的精髓所在就是一塵不染，而且看似毫不費工夫：那是因為背後有生活智慧王等級的專家大軍替他們打理好了。

這類由各種東西來表現出閒適跟豐足的觀點，針對「何謂有錢」傳達著非常重要的社會訊息。在十九世紀末著有《有閒階級論》（*The Theory of the Leisure Class*）的美國社會學家托斯丹．韋伯倫（Thorstein Veblen）造出了「炫耀性消費」（conspicuous consumption）一詞，用來形容有錢人是如何透過消費展現他們與普羅大眾不同的特權與身分地位。時間快轉到一九七九年，法國社會學家皮耶．布赫迪厄闡釋了「區判」的概念。[4]他的看法是，人在購物時的選擇會對社會釋放出強力的訊息，而這個訊息會讓人了解到購物者的社會地位，進而在此過程中為我們其他人定義了什麼叫「好的品味」。購買大部分人都買不起的東西——像是野生蠶絲製品——就是有錢人與有錢人生活的本質。他們之所以是有錢人，正是因為錢讓他們能用好的、住好的。

有錢人真的替我們其他人定義了什麼叫奢華嗎？社會學家克里斯平．托洛夫（Crispin Thurlow）與亞當．雅沃斯基（Adam Jaworski）在布赫迪厄的論點基礎上表示：富人享受的種種奢侈提供了美好生活的樣板給我們所有人參考，亦即何謂奢華的概念也存在涓滴效應，就從社會最上層慢慢下滲到庶民大眾。[5]誰不喜歡偶爾奢侈一下呢？就算只是一點點享受——一個星級飯店房間、泡個香噴噴的澡、一條上好的絲巾、一口甜美的巧克力。同樣地，雖然奢華是一種社會上大眾常懷抱的憧憬，但托洛夫與雅沃斯基也承認，巧克力等小型且偶爾為之的奢侈不同於只有富人才負擔得起的那種高密度、高頻率奢侈消費。我覺得奢華的概念並不只是隨涓滴效應一成不變地向下滲，而是也會在涓滴過程中遭到改造；在奢侈消費普及化與量化的過程中，我們會對其進行觀察、調整、再造，如薩弗伊飯店（Savoy Hotel）供應的「高茶」（high tea，普通百姓模仿上流社會喝的下午茶，因為老百姓家的椅子較高而得名）就是一例。我上次去的時候，薩弗伊的附設餐廳人員還手忙腳亂服務著從英國各地跑來的巴士旅行團，而那些鄉親跟我一樣，都是來品嘗由工廠專門量產出來給大眾享受的一點點奢華感。我們大多數人都會受到奢華誘惑，只有不老實的人才會假裝否認，而我也跟大家一樣，受到名為奢華的許多誘惑吸引而上鉤。

要抗拒奢華的誘惑談何容易。《時尚》（*Vogue*）、《尚流》、《品雜誌》（*Prestige*）、《高尚生活（暫譯）》（*Haute Living*）、《菁英旅者（暫譯）》（*Elite Traveler*）等一本本雜誌會在他們銅版亮面的彩頁上傳遞這些訊息以供大眾攝取。幾十年來隨英國《週末版金融時報》（*Financial Times Weekend*）一併出刊的《錢怎麼花》（*How to Spend It*）專刊，就為讀者樹立了奢侈消費的典範。那當中有一連串光鮮亮麗的廣告在宣傳由高級品牌推出的珠寶、衣服、旅行用品、食品與酒類，此外還加入了名利雙收之人的生活片段來當成促進發酵的酵母。頁面上其實沒有什麼我吃得起、穿得起，或者用得起的東西，但我還是看得津津有味。《衛報》記者安迪・貝奇特（Andy Beckett）引用消費專家王青（Qing Wang，華威商學院教授）的話，表示這就像一種給有錢人看的阿哥斯[6]型錄。據說當利比亞獨裁者格達費在二〇一一年被捕時，他家那片大宅裡就搜出一本被翻爛的《錢怎麼花》。[7]這樣一本瞄準全球菁英的專冊，其百萬讀者據估計僅有不到三分之一居住在英國，《錢怎麼花》堪稱全球暴發戶的欲望與行動指南。

我在國王路上的協和咖啡廳（Caffè Concerto，一家總部在英國的連鎖餐廳）跟一名《金融時報》的內部知情人士安排了會面，時間就在幾天後我重新踏上切爾西地頭的時候。我們一面享用咖啡與蛋糕，她一面告訴我《錢怎麼花》刊物裡的奢華概念一來「庸俗」，二來全是為了賺錢。

「妳看，」一頁頁翻給我看那本刊物的她說，「這看起來就像是從路易十四的宮廷拿來的東西。」內容盡是廉價而千篇一律的廣告照片，真正的新聞寥寥可數，這份刊物賺進了讓報社得以撐下去的廣告營收，但也歌頌了身為記者理應要檢視跟挑戰的東西——奢侈品的道德性。《錢怎麼花》熱切歌頌著一種特定的商業奢華，並幫忙定義了這種奢華。但該雜誌現在也換了新的管理層人事。新任的女性總編輯喬・艾利森（Jo Ellison）是頂尖的時尚記者，她除了引進更趨現代化的發展方略，也帶進一種慈善與環保理念。奢侈品消費與環保主義固然互相衝突——你很難想像有多少物質與資源要投入於一張魟魚皮桌子的製程中，同時它還得是一張對地球友善的桌子——艾利森的作為是在回應輿論對於永續性提出的呼籲。記者露西亞・凡・德・波斯特（Lucia van der Post）反思自己二十五年來以奢侈品為題材的寫作生涯後，她表示，「構成奢侈這個概念之本質的，是一個前提，那就是奢華的內容物必須是只有有錢人才負擔得起的物件或經驗。」[8] 在某些奢侈體驗——比如麗思酒店的下午茶——變成一般人負擔得起少量消費的情況下，尋找更昂貴的新鮮體驗就會是有錢人永無止盡的追尋。「他們要的是更稀罕的東西：純淨的空氣、安靜的環境、滿天的星斗。」凡・德・波斯特說，「『東西』的吸引力」已經慢慢式微，而「特殊的體驗則愈來愈重要。」就跟金錢本身一樣，奢侈也是一種不斷日新月異的概念，大家著眼的永遠是更加嶄新的稀有性。從環保的角度去看，這種永無休止拓展著奢華疆域的做法，是災難一場。奢侈與永續性絕對無法在這顆星球上並立：兩者為「不是你死，就是我活」的關係。

一如他們的許多前人所進行過奢華新疆域的探索，現今的財閥也將觸角伸向了公海。私人飛機不算的話，奢侈品領域裡再也沒有比遊艇更昂貴也更有害環境的東西了。同時也沒有什麼東西比遊艇更能當成一個人有大把大把錢的宣言。遊艇正好穩穩立於具體奢華與抽象奢華這兩個世界的中間，遊艇本身是具體的奢侈品，而遊艇能提供的旅行體驗則是抽象的奢華享受。去年夏天我走訪了安提貝與摩納哥這兩個地中海頂級遊艇聖地，站在那裡看著超級遊艇停泊的港灣那個當下，我突然意識到遊艇的大小是財力的有形指標，就跟《週日版泰晤士報》的財富榜沒兩樣。小型遊艇的入門價是十萬美元；平均價格則超過八百萬美元。外界一般認為，羅曼．阿布拉莫維奇（**Roman Abramovich**；俄羅斯寡頭，前英格蘭球會切爾西俱樂部老闆。二〇二一年資產約有一百四十多億美元；他曾有另外一個身分是俄羅斯東北角楚科奇自治區的區長，政治上有其敏感性）的日蝕號（Eclipse）遊艇要價十億鎊——主要是船上加裝了飛彈防禦系統跟各種豪華配備；維護保養的每年費用則高達四千萬鎊，號稱全球第二大遊艇，不過在阿布拉莫維奇下訂單時曾是第一大。這並不是他僅有的一艘遊艇，而且阿布拉莫維奇會定期為他各艘遊艇進行設備升級，好確保世上最快、最長、最貴的遊艇都在他囊中。目前全世界最大的遊艇是阿扎姆號（**Azzam**；意譯是「決心號」），比日蝕號長五十七英尺，船主是謝赫哈里發．賓．扎耶德．阿爾納赫揚（**Sheikh Khalifa bin Zayed Al-Nahyan**），也就是阿拉伯聯合大公國的前總統。

遊艇挾著其以長度、金屬材質、速度與玩具身分等元素構成的語言，對外宣告是什麼樣的財力才買得起它們：這些船是漂在水面上的全球握有大把大把錢的富豪排行榜。在我面前，閃閃發光的白色金屬船身就像幾兆英鎊的化身一樣，在烈日下的水面隨波搖晃。但讓我在遊覽盛夏的地中海港口時最感驚訝的，其實是大多數的遊艇都默默停在那裡，船中空無一人，也無人聞問。我偶爾會看到有人在船上做日光浴，或是拿著iPad聽音樂；也許船裡有人在睡覺或看電視也說不定，或者有人會在船裡享受水療或游泳。但整體而言，安提貝與摩納哥的氣氛都是一片死寂。[9]集世界上最高密度財富於一處的一艘艘船隻就這樣乾耗在港灣中，沒為誰帶來多少娛樂。未能供人娛樂的遊艇還有何意義？難道就為了極端形式的炫富而存在嗎？這樣能叫大把大把的錢嗎？頂多只能算擁有大把大把的「死錢」。

雖然滿腦子還在思考開放海域、純淨空氣跟滿天星斗等力壓實體「東西」的抽象體驗，但我已經安排要與一間客製化奢華旅遊行程的旅行社業主見面。地點非常知名，所以不能透露，否則會破壞我保證的匿名性。我來到他的辦公室，旅行者與他的團隊正快要看完一段幻燈片秀，裡面都是他們在近期一趟衣索比亞之旅中所拍的照片，可以看到照片裡的他們在享用衣索比亞的食物。這群充滿熱忱的年輕旅人正在重溫他們旅程的精采時刻。「如果誰想要腦子裡的夢想成真，」旅行者告訴我，「那我可是要收費的。」他說，他們會主辦固定的奢華行獵之旅，但也會帶團去索馬利亞、北蘇丹與中非共和國等英國外交暨國協事務辦公室（**Foreign and Commonwealth Office**；即英國外交部）三令五申不建議大家去的危險國度。當然這是要付出代價的：危險行程平均要價八萬英鎊。這種行程牽涉到「疏通複雜的後勤問題」。旅行者的父親曾經在一九六七到一九七〇年的比亞法拉戰爭（Biafran，即奈及利亞內戰）期間替紅十字會經手補給，所以他累積了很多有用的經驗。後勤補給與非洲地景都寫在他的DNA裡。他談到近期在肯亞的一趟直升機行程，其中有一項前置作業：從他們在阿迪斯阿貝巴（Addis Ababa，衣索比亞首都）的一處基地，要用卡車把「大約十桶燃料」送過去。他們花了一星期開車到行程中的若干景點，「把數以桶計的燃料放在關鍵要衝」。在此同時，他們還要努力取得肯亞民航局與國防部的飛行許可。再下來，他說，他們設立了一處私人的行動營地，這花了他們兩天從阿迪斯動員部署：「那是全衣索比亞唯一一個有套房衛浴跟沖水馬桶的行動營地。」只有在這些前置工作都完成後，他們才確認了直升機的行程，「一切就緒，我們的俄羅斯寡頭客人才笑逐顏開」。要知道大部分衣索比亞人與肯亞人都沒有沖水馬桶或自來水可用。旅行者說，這個行程提供了新的一種奢侈品，那就是空間——荒野中的孤獨與寂靜。「你買得了七星級的飯店，也買不了這個。對他們來說這才叫原創、才叫真實，才能對人有所啟發。」純然的奢侈。而當然了，旅行到不尋常且可能有危險的目的地，會賦予人「說嘴的權利」，這就給了有錢人無止盡相互較勁的動力。而說到較勁，自然沒有什麼比太空旅行更稱得上財閥壯遊的新邊境，君不見特斯拉執行長伊隆·馬斯克（Elon Musk）與維珍航空董事長理查·布蘭森（Richard Branson）都在競逐這一塊人類的新疆界。在此同時，倫敦最昂貴的鄰里則等待著他們歸來。

究其根本，金錢可以轉化為東西：擁有愈多錢，就能擁有愈多東西。有錢人與服務有錢人的製造者與組裝者，共同為倫敦的路街帶來了閃閃發光的明亮古玩櫃、無比華麗的展示櫥窗，也帶來滿街有著精心設計之內裝的民房。不那麼一目了然的，則是規模可達千百萬鎊、如雨後春筍出現於城市中的顧問群，他們的工作就是叫有錢人把各種東西買回家，然後把東西變成他們生活的一部分。這些顧問之中的葡萄酒專家、時尚專家、藝術專家、室內設計專家、不動產專家、美食專家、營養專家、運動專家，全都專精同一件事情，那就是讓財閥們知道錢該怎麼花，才能讓他們在別人眼中顯得有深度、有眼光、有錢。跟「東西」共存共榮，絕對是門學問。

攝政公園

18　被一頭章魚生吞活剝

攝政公園
貝爾塞斯公園
喬克農場
攝政公園路
櫻草丘
康登鎮
外圈
聖約翰伍德
莫寧頓新月站
攝政公園
羅德板球場
梅達谷
倫敦中央清真寺
內圈
皇家內科
醫師學會
尤斯頓
廣場站
公園廣場西側
公園廣場東側
貝克街站
圖騰漢廳路
波特蘭廣場
馬里波恩路
西向高速公路
埃奇韋爾路站
帕丁頓
海德公園住宅區
牛津街
龐德街站
蘇活
大理石拱門站
攝政街
梅菲爾
0
500公尺
0
500碼
公園巷
海德公園

第18章 被一頭章魚生吞活剝

攝政公園的南端是由公園新月（Park Crescent）街區裡的灰泥排屋所構成的一道弧線。建成於一八二二年的公園新月街區，是約翰．納許這位攝政時代[1]倫敦的明星建築師一大生涯代表作。現今，一如當年，這些房地產被租給倫敦城裡一些最有錢的人，於是這裡就成了財閥倫敦中一枚小歸小、卻非常重要的切片。我從認識銀行家之後就心心念念想去當地看看，因為銀行家就住在攝政公園北端的櫻草丘。公園廣場（Park Square）上的正字標記包括黑色的燈柱與欄杆，上面有說明一切的金色ER字樣（ER等於Elizabeth Regina，也就是「伊莉莎白女王」的意思）：我又回到王家地產的土地上。一條條道路被刷上了跟林蔭大道一樣的粉色，一路延伸到白金漢宮。王家地產與其下屬鋪路委員會（Paving Commission；人行道與花園的養護單位）所擁有那片木蘭花與愛奧尼柱式組成的景觀，堪稱倫敦城裡最統一、打理最細緻，也最優雅的一處風景。

公園廣場與公園新月緊鄰著波特蘭廣場（Portland Place），而波特蘭廣場就位於牛津街這條梅菲爾的北界街道以北。這塊財富與特權之地朝北延伸，會通過攝政公園這座皇家御苑，然後抵達櫻草丘，往西則會通向位於聖約翰伍德（St John's Wood）區那閃亮金黃的倫敦中央清真寺（Central London Mosque；也稱攝政公園清真寺）。清真寺的建造有賴一筆龐大的捐款，慷慨解囊的是沙烏地阿拉伯前任國王費瑟・賓・阿布杜拉—阿齊茲・阿紹德（Faisal bin Abdul Aziz Al-Saud）：又是一大疊靠石油賺來的錢。這個區域的建築恰如其分——用最高調的方式融入並彰顯王室與財富。在清真寺巨大的金色穹頂一旁，有整齊劃一的排屋那種內斂的典雅，再一次展現出毗鄰之金錢的外放與曖曖內含光，乃至於金錢的新與舊、國際與本土。選擇在攝政公園南緣落戶的居民已把在優雅歷史建築之間生活的藝術打磨到完美。

派對的居所是一棟價值六百萬鎊、位於納許排屋中的公寓，而他本人則是財閥排場與享樂的大師。有請富貴閒人公子哥登場。身為億萬富翁之子的派對掌管他父親一部分的錢，為父親的商業帝國創造了一個分支。但我既沒有跟派對，也沒有跟派對的父親一起走一段路——他父親反正也不太可能點頭——我約見的是他們社交圈內的密友，算是一名圈內的外人：助理。助理是專業服侍者階層中的一員，只不過我沒辦法在不洩漏他身分的前提下把他的職務說清楚。助理與派對及派對的居家生活熟悉到令人吃驚的程度。同時他還能觀察顯赫政客與名人所走動的圈子。我們是在一個偏晚的午後開始在攝政公園四周的街道散步。我們先經過了皇家內科醫師學會（Royal College of Physicians），然後跟著刺耳的聲音來到了皇家音樂學院（Royal Academy of Music）的後門。音樂與醫學也造就了這幾條非常富裕的街道。在距離皇家音樂學院不遠處，我們注意到有警語表示這裡正受到監視，也確實看到每個角落都有大量的監視攝影機。此外還有一間小小的玻璃警衛亭，裡頭有一排排的螢幕跟開關。

助理與他老闆的關係相當複雜且難以定義，既有員工的責任，也有密友的信任。「在替這些有錢人工作的時候，如果你跟他們混得太熟，他們會想讓你成為他們最內層的聖殿與居家生活的一員，也會希望你在專業上有符合他們要求的表現。」他說。這等於既要求你「全心投入」、「物有所值」，又要求你「要當他們推心置腹的好朋友，因為他們就是花錢買到你這個朋友，你必須全天候與他們長相左右。」助理發現這種生活「對情緒的需索非常、非常、非常、非常大」。在這種不太尋常又沒有界線的世界裡，公私之間的關係相互重疊，占滿了助理的生活。在通篇對話中，他都管派對跟派對的隨扈叫「那些人」。我想知道的是他對有錢人跟有錢人生活的看法，想知道他對有錢人在鋪張派對跟社交活動上一擲千金的看法。

助理觀察到「那些人」雖然住在倫敦，但生活卻又跟這座城市保持著距離。派對進入倫敦菁英「體制」內的身分，是派對的主持人，而他主持的派對裡會有電影明星、樂壇跟政界的A咖。身為一名在倫敦走跳的社交名流，他創造了絢麗的社交活動來供重要人物認識彼此。人在社交圈的分量需要長年受到肯定以獲得維護，而他的派對就是供這種社會地位之認可的重要管道。誰獲得邀請而誰又沒有？誰能成為有頭有臉的人物？在這些有篩選性的圈子裡走跳，會使一個人受到分門別類——流動的階級會在一個個派對間時而獲得建構，時而遭到拆解。這種財富的展演還能將玩家與他們的觀眾區分開來：財富的場面同時需要有這兩者才行。亮面雜誌稱頌著派對花錢過日子的方式，我們其他人負責在一旁看得瞠目結舌。

他們還用其他辦法與城市保持距離。貼身保鑣在他們周遭創造出一顆顆泡泡。如助理所言，「他們身邊有一面隔絕用的防護罩，所以他們不需要跟普通人交談。」而這也是他們擺出的一種場面。有錢人請的保鑣往往選自有戰鬥經驗的人員，包括偶爾會找來SAS，也就是特種空勤團這支英國特種部隊。這些人在伊拉克、阿富汗等戰場打完仗後，就搖身一變成為富人的安全屏障。他們平日會負責駕車：助理說他們需要保護雇主安全的機會其實不多──倫敦治安沒那麼差──但有保鑣在就讓雇主散發一種自己是某種要員的氣場，不然怎麼會需要人保護。「讓身邊圍著警衛，」助理主張，「是這些雇主在對周遭的人說，『你們看，我真的很有錢、真的很重要。』」既然說是擺出來的場面，那就不是一般的生活常態，而是刻意砸大錢做出來吸睛用的財力展示。

派對跟他的朋友會「開著窗戶貼黑的車子跑來跑去，這樣他們就不用跟他們不想對上眼的人面對面。」助理說。助理表示派對等人「跟正常倫敦人的生活深深、深深地脫節」。財閥「不搭大眾交通工具」──唯一可能的例外是前面提過那名有敬老票的黎巴嫩百萬富翁。「他們不跟大家在同一條街上騎腳踏車，甚至也不自行開車。」這些做法創造出「他們與……日常在倫敦工作的現實之間，一段舒適的距離感」。照助理的看法，他們的生活就是無止盡由他人送去赴一個又一個約，「從昂貴的髮廊預約到昂貴的診所預約，再到昂貴的時尚造型預約」。他認為這是「非常空洞的一種存在方式」，他們跟「正常人」或「窮人」沒有任何接觸。「即便是偶爾看到窮人，」他說，「那些窮人之於他們也只像是遠遠的物體——其實有點像他們身處於動物園，看著收容在那裡的老虎。」有大把大把錢的人會買斷與城市生活的隔絕。超級富豪會於自己在城市中移動時保持緊閉與私密的狀態，而這會降低他們與人偶遇的機率：殊不知邂逅人群正是城市生活的一大樂趣。

社交名流的封閉世界並不僅限於單一城市內，而是會隨著他們的步伐移動。「旅行本身就給人機會去炫耀自身的資產。」助理說。這種獎盃般的資產除了停泊在安堤貝跟摩納哥的遊艇以外，更有供你「作東跟擺闊」的私人噴射機。助理覺得在有錢人的世界裡，旅行就是在「逃離世界這名暴君，也逃離讓你感到虛無而空洞的暴政：一種背對現實的永恆逃避」。為了陪在派對身側，助理花了大量時間在國外的家中。「你會往餐桌上一坐，結果同席有一名頗有來頭的政治人物、一群A咖明星、一些夜店老闆，基本上就是一個怪到不行的組合。」然後私人飛機會載你回家，讓你回歸辦公室與正常的生活。對助理來講，他與富豪生活的近距離接觸有一種愛麗絲夢遊仙境之感，他就像是先被扔進了平行宇宙，然後又被帶回了日常生活。

他是一大群配角中的一員，是個跟班。「跟班又分好幾層。」他告訴我。最貼身的自然是保鑣，但助理認為那些人「不過是假扮成保鑣的旅伴，真正的工作內容不過是替你疊長褲跟打包行李，誰叫你大牌到沒辦法自己來」。第二層是親近好友，他們不幫富人打包，但實際上是被聘來擔任旅伴的。第三層被助理形容成「你經常會在這些旅程中看見的萬年不變班底，他們是歸國的男女英雄，完全可以預期他們會出現在葡萄牙，或西班牙，或法國，或德國，或義大利，在當地度過一個瘋狂的週末」。除此之外，就是富人打算討好或影響的人——「那些被專程送過去享受美好時光，供他們暢飲美酒、飽嚐美食的朋友」。在不同地方度過美好時光，能帶來消遣與娛樂。與同樣的人開著同樣的派對，不一樣的只有地方；那是由財富所創造出來，同與不同的交互作用。

一如在好萊塢的電影中，最棒的場面需要最棒、最有名的演員來撐場，卡司的安排也有專家可以幫忙。交遊廣闊的公關專家可以提供你需要的各種人脈——一切都有價碼。「這個顧問產業是一場詐騙，基本上，也是一場針對富人為之的陰謀，」助理認為，「那群（搞公關的）人既賣人脈，也提供安慰跟某種心理治療，然後他們會替你敲開門。」透過他們那本列有有力人士清單的「黑名冊」，他們可以替你聯繫政府官員、企業領袖、媒體。除了利用正確的引薦方式來延伸財閥的人脈，他們還會確保這些人脈不會被視而不見。最要緊的是，這些公關專家除了手握重要有力人士聯繫的管道，還同時擁有專門的技術可以塑造聲譽、為客戶在我們這些普通人面前做好形象管理。只是一如各種場面，這些做法都非常刻意、造作，因為這些專家所管理和操控的可不只有他們的客戶，而是也操控了觀眾。

助理口中的這些專家就包括羅蘭．拉德（Roland Rudd）這位公關與傳播公司芬斯伯里（Finsbury）的董事長兼前《金融時報》記者。拉德靠著他的黑名冊變成了千萬富翁。他的客戶包括想為品牌擦脂抹粉的奢侈品零售商，也包括在立場與更重要的——價值受到危機與醜聞打擊後，需要進行聲譽管理的企業。芬斯伯里也曾參與過政壇的造勢活動，包括二〇一八年的英國「人民投票大遊行」（People's Vote，反脫歐人士發起的二次公投運動），期間他們就曾設法去以影響力塑造輿論風向。如公司官網所稱，「我們做的就是聲譽的生意」。而當他們與名利雙收之人合作時，公關專家就是在創造人的品牌。助理說：「這些人會操盤非常大規模的公關行動，好讓有錢人自我感覺非常良好。」在其名為《家族辦公室之個人風險與聲譽管理》（*Family Office Personal Risk and Reputation Management*）的小冊子中，會計公司勤業（Deloitte）形容富裕家庭的聲譽是他們「亟欲建立的重要資產」，也是他們「一不小心就會失去且極難重建的資產」。[2]「觀感，」勤業表示，「就是一切。」雖然富人有一定的優勢可以利用非正式的管道傳播富裕生活的絢爛，但社群媒體——不同於傳統媒體——也極易出現漏洞跟失控翻車，畢竟在網路上誰都有發言權，難杜悠悠之口。即使如此，財閥的公共觀感也仍是受到高度「操作」的結果。專家會管理有錢人的聲譽與表現。一切都是場面。

公關公司非常清楚的是，觀感有好的，還會有更好的。各種慈善事業都能創造好的觀感。英國王室向來都懂得做善事可以分散公眾的注意力，讓大家忘記他們是如何獨攬各種領地、特權與其他代代相傳的好處。交代不清的財富來源會給人不好的觀感，但公關專家可以對這類消息及其網路來源進行消毒。這就是所謂的聲譽洗白，也是全世界的大批獨裁者與人權侵犯者的最愛。富裕的生活會因知名度而被放大，其聲量足以蓋過構成城市樂音的各種雜音。在此過程中，富裕的生活會淹沒掉其他人的聲音、其他人的生命、其他人的理念，乃至於其他人在城市中的生活方式。有了公關變形蟲的協助，有錢人就能高度控制其他人看待他們的眼光。富人與他們展現財富的特定方式在經過人為操盤後，會表現出他們是城市社會與文化生活中一種自然、不可或缺，乃至於有益的存在。

我們一面步行經過灌木與花圃，助理一面不諱言他覺得在財富的排場幕後，隱藏著一種沒有意義的感受。他在倫敦認識的超級富豪，就像在《尚流》雜誌上會看到的那些人，過著空虛到不行的日子：「他們真的是所有的時間都花在跟彼此社交上。」典型的一天是以午餐為中心，再來是下午的文化之旅——「去看展或是去接觸某種新時尚」——最後是晚間的社交行程。晚間的活動是「他們行動背後的驅動力」，畢竟他們白天不用工作。「他們會玩得盡興，熬夜到挺晚，然後往往會利用（隔天）一天來補眠。」聽了讓我想起我與包包跟油布夾克的對話。社交是富人的「離心力」，助理說。「社交活動不是一種工作生活的添加物或附屬物，社交活動就是他們的工作。」只不過這種「工作」鮮少像一般讓人有投入感的工作那樣帶給人目的感。「很多有錢人是物質上很充實但精神很匱乏，因為他們實在無法在生活中找到太多能讓他們感覺到有成就或滿足的事情。」他如此認為。比起財富是自己賺來的人，財富是繼承而來的人會特別強烈感覺到這種漫無目標性，主要是其他人不會把他們當回事，畢竟他們只會花錢而不會賺錢。不過屬於舊錢的那一派有錢人比較不在乎這點就是了。他說，「你必須設法證明自己，而這多少會是一種負擔。」

助理認為派對的所作所為是在設法抵銷他繼承財富後所給人的印象：他欠缺賺錢在理論上所需要的實力、腎上腺素、野心、衝勁與純粹的男性荷爾蒙。派對並沒有經手這些企業的日常營運工作。像助理這樣的員工會代替他經營公司。必須讓社交場合產生效果而不會難以為繼，還要讓日子圍繞著社交場合來過，導致了助理在斯隆廣場與肯辛頓等地察覺到的那種「讓人感覺窒息的無聊」與「空虛」。有沒有可能財富中所有人為的甜膩與排場，最終讓人感到的總是空虛與欲求不滿，而且是演出者如此，觀看者亦然？

在這個美麗、明亮而晴朗的日子裡，徑道、林木、樹叢與水體——公園那些靜態不動的綠意——都閃閃發光而顯得一塵不染。我們在木椅上坐了一會兒，飽覽著世界在我們身邊或跑或走地經過，而且這並不是一種比喻：那包含形形色色的打扮，那些或激越或休閒的對話，乃至於對話中各式各樣的語言。我看著一對老夫婦相互扶持，相互擁抱，緩緩地前進。身穿短褲、短T的年輕男女以迅雷不急掩耳的速度飛快掠過，又是喘息又是冒汗的。溜著滑板、滑板車或騎著腳踏車的孩童超前他們的爸媽。對照著公園邊上的透天房屋，公園中的人類群像不斷在流動，也不斷以不同的速度如子彈飛過，這些人彼此糾結，丰邊各做各的事，東奔西跑、思緒紛紛。

在那些場面的核心，個人與社會關係的真正本質為何？喝下派對的美酒，搭他的私人飛機四處旅行，肯定是可以換得朋友對他忠心耿耿，是吧？助理不這麼認為。「這些人，」他說，都是很現實的。「在你岌岌可危的時候，他們是不會陪你一起死的。他們只會出席你的派對、給你飛吻、吃你的飯、喝你的酒。這種膚淺，這種徹底的深度不足跟逢場作戲，都是那個世界的正字標記。」所以說在那個世界裡，友誼也是空虛的排場。那像派對這樣的有錢人該如何建立起親密的友誼？他們的財富永遠就只能是他們與旁人之間的斷點，而無法把人拉近、靠向他們身邊嗎？如學生所說，有錢人很難相信旁人有興趣的是他們的人，而不是他們的錢，這對有錢人來講是一大難關。助理覺得這一點很「耐人尋味」：「這些人感覺是那麼那麼遙遠，遠到跟一般人像是分處於兩個社交星系。但如果你膽敢靠近他們，那就等著被他們化身的章魚生呑活剝吧，因為他們真的很需要你貼近他們。」我試著想像那永遠在各處巡迴的富人秀，想像在那一幕幕的排場中，他是如何渾身沾滿了觸腳與吸盤。

所有的人際關係都有賴於信任感，所以有錢人的信任感是怎麼個運作法？「一旦你成為了圈內人，你就真的是圈內人了，代表你獲得了有錢人十足的信任。」但信任感似乎不是那種一票到底的資格，而是必須持續接受壓力測試、要定期更新的東西。成為圈內人意味著「你通過了某種信任測試，」助理說，「因此你便可能出現在有錢人在歐洲的某個家中，而你人在那裡的這件事實，就代表你已經受到信任。」圈內人有必須遵守的行為規範：「不成文的規定是旅程中發生的事情不外傳，對話不容被斷章取義，不該拍照的地方不要拍照，諸如此類的。」他說有錢人的朋友會不斷受到測試：他們說話有沒有不老實？他們有沒有洩漏圈內人才能知道的事情？「那就像全天候活在一場考試裡。」他舉了一個例子：有一名財富顧問跟他私下透露一名客戶「身價五億英鎊」，要看這事會不會從助理這兒傳回到客戶耳裡。信任的標竿被設得很高，而且還要定期檢查有無漏洞：有大把大把錢的人對忠誠與保密的再三測試，對人際關係有潛在的腐蝕性。

除了不能共患難的酒肉朋友，以及必須定期接受檢驗的圈內人之外，有錢人最親近的人際關係就是他們和自家僕人建立的那種了。從假髮經手的離婚案件可看出一個家中會有為數眾多的工作人員。助理說這造成了一種「古怪的」無隱私情形：「他們往往與全然陌生的人住在同個屋簷下。」假設某人身價三億鎊，那他同住的工作人員就可能有七到八個人：「你的家儼然是一種有許多人在做著不同工作的鬧哄哄職場……（工作人員）變成了你的代理家人，因為他們才是與你朝夕相處的一群人。」但心中明白他們是領錢才待在那兒，而你與他們基本上還是一種交易關係，「會有點像在坐牢的感覺」。他形容這是一種「錯位」的關係，因為有錢人鮮少明說他們對工作人員的期待。他們想要服務：「『幫我把衣服燙好』、『幫我煮午餐』、『幫我蓋個美麗的花園』。」但他們也是在花錢買陪伴，好填滿「強烈的寂寞」。緊密的關係獲得確保，靠的是薪水、合約、保密協定。用錢買來的親密感還真是奇怪。

跟位於交易另一端的男僕聊過後，我知道這些在商言商的居家親密關係其實是情緒的雷區。

助理對此有進一步的說明。他覺得有錢人苦於「鋪天蓋地的被迫害妄想，老覺得有人想偷他們東西」：「當你家裡有一大堆藝術品、精美的餐具、價值不菲的財物時，你就會想要為所有東西造冊。你會希望自己能說出『第二二八九項是什麼東西？』這種話。像我就知道有些家裡面是有完整財產清冊的，完整到滴水不漏那種。」造冊的工作往往會落到維安人員的頭上，因為他們多的是時間。「所以那些前海軍陸戰隊員會在那裡跑來跑去說，『有皇家道爾頓品牌浮雕的銀叉，第一七四二項。再來。』」但即使如此，有錢的雇主仍可能會要求抽查清冊跟特定的品項。哪怕在自家的內殿裡，金錢的戰利品仍舊要好好守護，免得遭到有心人的掠奪。疑心病與壓力，就位於財富那黑暗且情緒化的底層。

有錢人精神生活中最磨人的一部分，助理認為，就是要耗費大量的心力去維持排場。「想要融入亮麗與財富的世界，關鍵就在於必須要持續跟上腳步，你懂嗎？必須設法撐場面。」這些表現需要你時時保持警醒，時時留意最日常瑣碎的各種細節：「家裡有客人來，如果需要用上美乃滋，你可不能從好樂門[3]的瓶中擠出來，而是要讓大廚調配出獨門的味道。」這是一種一輩子都停不了的努力。助理說，「你必須始終表現出一副超級富豪的模樣。也就是說，即便你實際的身價會隨著新加坡天然氣價格或原油市場的漲跌而有起落，你也不能讓世人看見你因為這些波動而顯得脆弱。你的使命是要超脫於一切之上。」保持住財富水準只是基本，助理表示，「真要說的話，你得要一點一點往上爬。比方說，哪怕差別很小，你的餐具要愈用愈好，蠟燭也要稍微追求愈點愈好的，廚師要百尺竿頭愈請愈貴，每餐要從二道菜變成四道菜，葡萄酒多多少少也要愈喝愈好。我想，有很多腦細胞都死在了拚命維持那張表象的壓力中。

我們從椅子上起身，開始往北走，經過了花圃、林木與遊樂場。明明已經活在超級有錢的世界了，為什麼還要這樣力求更上層樓來逼死自己呢？在助理看來，這一切都還是離不開聲譽管理：「那是一種廣告，也是一種品牌宣傳。」那也牽涉到一種歸屬感，「是一種在吹牛俱樂部中取得會員資格的辦法」，要知道吹牛俱樂部就是富人俱樂部——錢沒了就會被撤銷會員資格。但助理仍舊覺得，這種生活終歸是空洞的：「某天你終於回到家，孤身一人待在那空蕩蕩的房子裡，你不會感覺到生活有太多的意義。那種明明無所謂，卻又必須佯裝對他人生活感興趣的疲勞，總會有擊倒你的時候。」有錢人苦於表現疲乏與壓力罩頂，只因為他們得設法讓自己更有錢、得設法踩在財富的浪頭上被愈推愈高，或起碼得看起來是那樣。單純很有錢好像已經不夠了。有錢人的生活——以助理提到的各個案例而言——指的已經是一種內在機制，這種機制會推著人往前進，把一疊疊的鈔票愈堆愈高，把炫富一事做得愈來愈誇張，直到他們的遊艇大到不能再大，私人飛機無法更加豪華為止。若說這會在富人心靈上留下看不見的傷疤，也不讓人驚訝。

夾在人為的排場假象跟嚴峻的現實之間，也就是助理所稱的夾縫中，有錢人會感覺到不安與焦慮。我並不是在說他們值得同情——助理自己也冷冷地這麼表示，「這並不是什麼世界上最可憐的重擔」——我只是想試著了解他們的內心世界。助理說：「我覺得這種有錢人很多，他們一想到可能被拆穿就怕得要死。他們建立起一個假象，然後希望全世界相信他們就是那樣。」一切都經過膨脹與誇大：他們的財富不說，他們的熱情，還有他們的「道德或勇氣」也是。「他們希望這個世界以為他們是X，但其實他們是Y，沒那麼體面的Y。」他指出在有錢人希望投射到世間的形象跟他們的實際生活之間，有鴻溝一般的夾縫——他們的生活就跟我們一般人一樣充滿各種缺陷，頂多是缺陷的性質不一樣罷了。這一點肯定讓派對那樣的社交名流非常有感。萬一現實被揭穿了，富人心中的邏輯如下：「他們會失去控制，眾人會知道他們其實沒那麼聰明、沒那麼有錢、沒那麼熱中於文化事務，也沒那麼喜歡他們假裝喜歡的那種畫作；此外也沒那麼在乎那些他們大手筆贊助的展覽、那些他們全力支持的獎項，還有那些他們拿錢投資的電影。」冒牌者症候群？也許他們受困在自身的幻覺中——一種供社會大眾消費、也要擺給其他有錢人觀看的幻覺。

助理說，富裕生活的真實面是這樣的：有錢人並沒有什麼可以在一起玩的朋友。他們在家沒有隱私，他們沒有不靠合約規定，還能延續到派對散場之後的人際關係。信任感要經過再三測試，昂貴的財產讓他們如坐針氈，因為想像中的掠奪者讓他們一刻也安心不下來。助理形容這是一種「有毒的組合」，並猜想由此而生除了疑神疑鬼的被害妄想之外，還會有內心的抑鬱。雖然跟我談過話的人沒有一個會這麼承認——包包或許是唯一的例外——但研究的證據顯示，財富與權力可能與憂鬱等心理疾病脫不了關係。我這麼說吧，助理形容為孤寂、有毀滅性，外加焦慮滿滿的那些有錢人生活，根本就促進不了心理的健康與安泰。情況還正好相反。

說著說著我們來到攝政公園北端，朝著櫻草丘的方向，那裡有一種更帶著玩心與沾沾自喜的風格：粉蠟筆色系的粉色、藍色、黃色灰泥取代了納許排屋的王家恢弘氣勢。公園廣闊的翠綠空間端坐在上述兩區域之間。助理先走了，要去接女兒放學。我則繞過櫻草丘的邊緣，來到攝政公園路上一條小小的商業街，在那裡的高檔咖啡廳、餐館，還有一些賣花、衣服、鞋子與書本的小店前，稍微瀏覽了一下。

里奇蒙

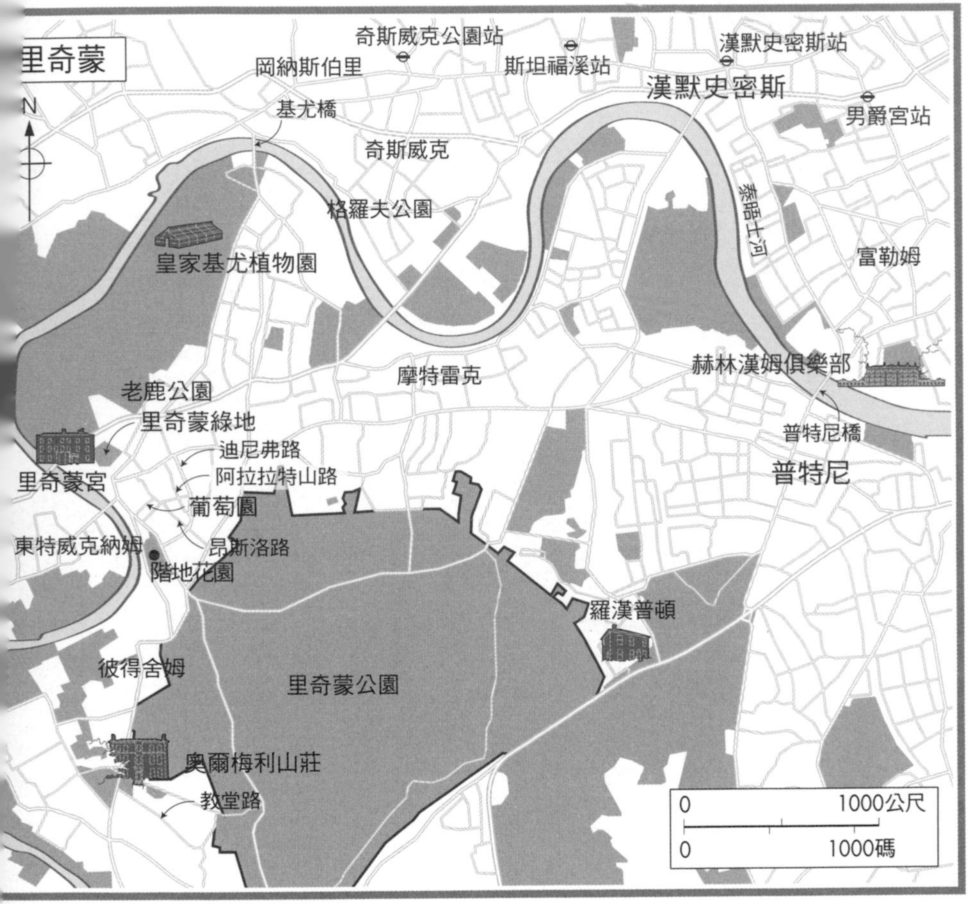
里奇蒙
N
奇斯威克公園站
岡納斯伯里
斯坦福溪站
漢默史密斯站
漢默史密斯
男爵宮站
基尤橋
奇斯威克
格羅夫公園
泰晤士河
富勒姆
皇家基尤植物園
赫林漢姆俱樂部
摩特雷克
老鹿公園
里奇蒙綠地
普特尼橋
迪尼弗路
里奇蒙宮
阿拉拉特山路
普特尼
葡萄園
昂斯洛路
東特威克納姆
階地花園
羅漢普頓
彼得舍姆
里奇蒙公園
奧爾梅利山莊
教堂路
0
1000公尺
0
1000碼

第19章 財富與風險

就在普特尼橋（Putney Bridge）的東邊，位於富勒姆（Fulham）——新切爾西——的赫林漢姆俱樂部（Hurlingham Club）一身傲氣坐落在泰晤士河畔，就像它一直都屬於這條河流天然景觀的一部分似的。「這是英國一家極具規模的會員制私人俱樂部。」官網得意地宣告，赫林漢姆「在四十二英畝宏偉的土地」上，「坐擁本格的英式傳統與遺產」。排隊成為會員的等候名單長到他們已經先關閉不接受申請了。在俱樂部內從事網球與槌球運動的服裝規定是「至少要八成為白色衣物」。我想也是。但這個加入門檻極高的俱樂部並不是我的目的地。我是要走到里奇蒙，也就是從薩里郡延伸到倫敦，碰到倫敦最高級住宅區的地方。有大把大把錢的人從倫敦金融城一路伸展過來，途經梅菲爾、肯辛頓、切爾西、攝政公園，最後穿過里奇蒙進入薩里，這個路線形成一條走廊——一個極端富裕的漩渦。而富裕就如我一路走來認識到的，有其與生俱來的安全焦慮與需求，所以我決定來拜訪一名住在此地的維安專家。

為了抵達那裡，我沿著泰晤士河向西步行，順著河道一路再向北，走到河彎附近的漢默史密斯（Hammersmith），然後驟然轉向南方，朝著巴恩斯（Barnes）而去。在公爵草原（Dukes Meadows）這個河畔公園，場景丕變為一目了然的田園風光，但又在奇斯威克（Chiswick）回歸都會調性，主要是有多條糾結的幹道在M4高速公路附近匯集。往南走上皇家基尤植物園旁（Royal Botanic Gardens, Kew）的基尤橋（Kew Bridge）過泰晤士河後，我繞過十七世紀初創立時是皇家獵場的老鹿公園（Old Deer Park），避開了諾森伯蘭公爵（Duke of Northumberland）位於北岸那有點破落的領地，朝著里奇蒙綠地（Richmond Green）而去。這就是從西倫敦出發、風景優美的健行路線。定期的鐵路快車連結著里奇蒙與倫敦的滑鐵盧車站，車程十八分鐘：這是通勤上班者居住的鄉間，此地無縫接合田園與都市生活的程度幾乎無其他地點可媲美。

在跟維安專家：水手見面之前，我先與作家並肩走一段路來掌握當地的地勢。身為一名住了四十年的老里奇蒙人，她可以說一路用不同生命階段見證了里奇蒙的地景變遷。已經退休的她原本是歷史學家，現在則搖身一變成了小說家，會講述精采的故事，用情節繞行現世的一切，但也不忘著眼於往昔。一身走路裝備的我們從綠地走進里奇蒙的路街，我希望能維持住那樣的步行速率。作家遷居至此是在一九八一年。她的祖父母曾生活在一個非常不一樣的倫敦，夫妻二人在伯蒙德（Bermondsey）與沃爾沃斯（Walworth）這些河邊地方的製繩一類行業中謀生——他們是倫敦的勞動貴族。作家初來到里奇蒙時，正好趕上了一九六〇與七〇年代那些合租房（Multi-Occupancy Housing，又稱House in Multiple Occupancy，簡稱HMO，即多戶同住且設有公共區域的房屋）日薄西山的光景，數目不一而足的租戶會在東一間、西一間的大房子裡各據一室。然後是第一波的仕紳化，就像在諾丁丘那樣；過程中那些有文青藝術氣息的專業階級會遷入並開始都更。她指著前鄰居的房子說：「她是教法文的，而他是英國航空的機師。」我們一步步走過作家這些年來住過的不同街道，不同階段的居住需求促使她搬過幾次家。

我們走上教堂路（Church Road），那裡有偌大的雙拼房（double-fronted house，正門位於中間，正面因此被一分為二，裡面也是左右兩戶人家），建於維多利亞時代，但外觀經過仔細修復，已經不是她記憶中的破落模樣；隨著財閥倫敦的擴張不斷深入城市新的區域，如今已是財力遠優於原屋主的新主人住在此處。這種擴張，何處才會到頭呢？從貫穿此區的教堂路這條主動脈彎出後，我們走上了迪尼弗路（Dynevor Road）。這一區矗立著庭院體面得宜的維多利亞時代別墅，轉手價格都在五百萬鎊以上。我們途經內有維多利亞時代與喬治時代屋子，以及伊莉莎白時代救濟院的葡萄園（The Vineyard），來到了與教堂路平行的阿拉拉特山路（Mount Ararat Road），道路兩旁都是三層樓的住宅，而且屋子前方都有專屬車道。

我們一邊走，作家一邊跟我說了一個關於在地一間義式餐廳的故事。餐廳老闆是一對原本在那裡當外場的葡萄牙兄弟檔——東西談不上多好吃，但那似乎影響不大——而他們最近被牽扯進搜查餐廳聘用黑工的臨檢風波裡。會有這些臨檢，是因為二〇一二年，英國推行了前首相特蕾莎·梅伊於她擔任保守黨內政大臣期間所提出的「嚴峻環境政策」（hostile environment policy；

英國內政部的行政措施，旨在營造嚴峻的環境來讓未持有許可的非法入境者難以在英國逗留，最終目標是讓他們「自願離開」。），藉此遏止移民。一名有三十年資歷的外場服務生即便有繳稅、有繳健保費，卻還是在臨檢時被認定為「符合非法居留定義」。警方與主管機關「像千斤磚頭般壓了上來」。但在地的街坊鄰人聚集了起來，他們致函議會、擠爆議會、與餐廳老闆聯手反擊。最終老闆被罰款，但保住了營業執照，餐廳得以繼續開門做生意。里奇蒙無疑是個有錢的地方，但這不影響當地自由派財閥的政治傾向。

在一九八〇年代，作家住在昂斯洛路上一棟十九世紀房屋，共有四層樓、六間房。那是一棟蜂蜜色磚房，窗框是白色的。她的鄰居裡有記者、攝影師、出版社編輯、英國廣播公司的新聞主播，還有少部分的律師、外交部公務員：這些眼界向外者一方面對外面的世界感興趣，一方面也以他們的方式影響了其他人的世界觀。不遠處有傅萊爾斯梯凳路（Friars Stile Road）——也就是房仲口中的「里奇蒙村」——以及那裡要價八百到一千萬鎊的宏偉豪宅。長年與英國廣播公司合作的博物學家大衛・艾登堡（David Attenborough）就住在那一帶。作家的女兒上的是在地的公立小學，但這幾年開始有一些硬要擠進大房子的私立預備學校出現在當地：私立教育與堅持老派風格的制服會在一天當中特定時候，成為街上的主要風景。我們停下腳步凝視從我們下方流過的那一段泰晤士河，還有從階地花園（Terrace Gardens）通往河岸邊的陡坡。樹木、田野與蜿蜒閃亮如銀蛇的河段一路延伸到遠方。這幅景色之所以享有盛名，是多虧了浪漫主義大家透納

（William Turner，一七七五－一八五一）的風景畫與湖畔詩人代表渥茲沃斯（William Wordsworth，一七七〇－一八五〇）的詩句。當名模潔芮·霍爾（Jerry Hall）與滾石合唱團的米克·傑格離婚時，她留下了這裡的房子——以及這片景色。

我們依依不捨揮別了美景，朝著里奇蒙占地兩千五百英畝的皇家公園而去，那裡有滿滿的鹿群。我們從公園中走過，在作家依舊輕快的步伐帶領下，我們經過了奧爾梅利山莊（Ormeley Lodge）這棟碩大的十八世紀紅磚宅邸，它位在公園邊緣那遼闊的綠野上。山莊的現任主人是安娜貝爾·葛史密斯夫人（Lady Annabel Goldsmith），其首任丈夫馬克·伯利（Mark Birley）將他一九六〇年代的梅菲爾俱樂部命名為安娜貝爾，就是要紀念她。她第二任婚姻跟詹姆斯·葛史密斯（James Goldsmith）這名君臨金融天下之億萬富翁所生的兒子，是札克（Zac），或說得正式一點是里奇蒙公園的葛史密斯男爵（Baron Goldsmith of Richmond Park），而他也繼承了父親的一筆財富。札克·葛史密斯除了從二〇一〇到二〇一六年是在地的保守黨國會議員外，也持續在二〇一七到二〇一九年間代表了這個他生在其中（或應該說生來承繼其志）的代表。作家覺得他是個很糟糕的國會議員。在二〇一六年因為希斯洛機場第三跑道的問題辭職後（他反對第三跑道——震耳欲聾的飛機聲是里奇蒙的主題曲），他於二〇一七年再次當選，但又在二〇一九年敗給了自由民主黨的對手。所幸對他而言，他有朋友能讓他高升到上議院擔任太平洋暨國際環境國務大臣（Minister of State for the Pacific and the International Environment）。作家不喜歡這名靠爸的前議員，他在二〇一六年競選倫敦市長時主打反伊斯蘭路線，結果面臨潰敗，打敗他的是爸爸開公車的穆斯林之子：薩迪克・可汗。

我們加快了步伐，把那些狗屁倒灶金權政治拋諸腦後，繞過了公園西側，再走上彼得舍姆路（Petersham Road），一直走到離綠地不遠處、臨著泰晤士河的公園北端。在泰晤士河邊的這一段土地是古里奇蒙的所在地。我們繞過了中世紀古蹟里奇蒙宮（Richmond Palace），並在蜿蜒狹窄的街道上暫停下來欣賞那些恩賜房（grace and favour house；君主出於感激而無償供人居住的屋子），宮中的侍臣至今都還會分得這些雅致的古宅來居住。英國王室從來不會距離富裕的倫敦太遠——漢普頓宮（Hampton Court Palace）就在西邊幾英里處的泰晤士河畔。最終我們回到了一開始出發的地方，也就是里奇蒙綠地。

作家讓我看到她跟里奇蒙一起經歷過了什麼：這座城市中一場看似無可避免的財閥化，還有自由派的價值如何依舊從中存活下來，並提供改變的驅動力。葛史密斯與潔芮・霍爾、大衛・艾登堡、宮廷侍臣共享這個區域的事實，顯示出里奇蒙的有錢人就跟倫敦的其他地方一樣，組成都是非常多元化的一群人，而其中總有些人比較能接受進步的理念。作家需要回家幫她最新的小說收尾，但首先她把我送到她鄰居水手的家中。水手有海上安全專家的出身背景，現在服務的是超級遊艇這種我之前說過某種程度上最具代表性的炫富工具。

水手住在靜謐的林蔭住宅區街道，那一區可以見到平實且被修復得賞心悅目的維多利亞時代房屋。他算是第二波的仕紳化進駐者，當時乘著把金融家與搖滾明星帶進里奇蒙精華區的浪潮而來。平日在家工作的他有個閃亮而且才剛翻修過的家。一部風格獨特的客製化吉普車（大致相當於一輛坦克的大小和重量）靜靜停在屋外。他那開放式的大廚房是我們聊天的地方，而且非常高規格：顯然用了Farrow & Ball這個牌子的高級油漆，以深淺不同的色澤復刻了維多利亞時代的優雅配色。我還看到原來Farrow & Ball也有「恩賜屋」系列的壁紙。非常有里奇蒙的味道。從廚房延伸出去是一個小小的後花園，一路往外鋪的磁磚營造出一種室內延展到室外的效果。我人在廚房，往中島旁的高腳凳上一坐，開始聆聽水手道出他在維安職場上的故事。

三十幾快四十歲的他身穿海軍藍的七分褲跟一件淡綠色的T恤，上面印著粉色的火鶴，光著腳丫的他給人一種剛從南法某艘遊艇下來的錯覺。他曾經把自己塞進一套投資銀行家的西裝裡，「那對我是酷刑。」他說。當二〇〇八年金融危機讓銀行家的名譽掃地之後，他也順勢轉換跑道，找了一份在海上的工作。海上生活漂泊不定、很耗體力，而且非常刺激。但他近期的生活又有了他所重視的新一種優先順序。他說，現在「我有三隻狗，而且我馬上要結婚了。」

為了跟另一半安定下來，他開始尋找在陸地上的穩定工作，而這一找就讓他進入了海上維安行業。這一行吸引他的地方，在於這份工作讓他可以從陸地上眺望海洋。他這麼形容他的新工作：「如果你要帶著你的超級遊艇去塞席爾群島，而且途中必須經過蘇彝士灣，那我們可以派出前SAS的特種部隊隊員，提供船隻武裝保護。」他的公司領有槍械進口執照，同時水手也知道私人水上彈藥庫與武力都停泊在亞丁灣的哪幾處等著案子上門。他們的主要業務是保護原油等值錢貨物不受海盜威脅，但這台海上軍事機器也會為超級富豪的超級遊艇擔任保鑣。如同大部分的保全業者，水手的公司主要雇用退役軍事人員，他說這會帶來「一種特定的態度」。這種可見於軍事指揮鏈中的盡責與服從，在一般的維安工作上是加分，但卻不怎麼有利於拓展高利潤的超級遊艇維安市場。於是，從他過往的金融背景，水手引入了新的視角到他如今擔任主管的安全技術部門。他形容為在商言商、菁英服務導向的策略，與有錢人想在他們遊艇上看到亮晶晶配備的心態不謀而合。有錢人要的不只是安全，他們還追求時髦跟性感。他稱呼他公司的客戶是高淨值人士，但其實他指的是超高淨值人士，因為遊艇這種東西沒有個兩千萬鎊的資產（不含主要住宅），一般人是玩不起的。

總而言之，水手的客群選擇在倫敦生活，同時也選擇從該公司提供的屏障來獲得保護。水手說這些客戶屬於手握新錢之人：矽谷的科技新貴、各式各樣的企業主、金融巨擘與名人，包括足球員等體育界名人。水手說，舊錢不來維安這一套。除了王室以外吧，我想。所以他的客戶大概都是什麼模樣？「他們非常自我保護。他們的號碼在電話簿裡查不到。他們的旅行計畫也常常保密到家。他們財富的來源也不會一開始就透露給你。那大概就是他們想要一直保持下去的模樣。」助理的懷疑得到了證實，因為水手告訴我：「英國的高淨值人士維安市場主要是處理隱私的保護，而非有實際（人身方面）威脅需要應付。」畢竟他們跟人都沒什麼接觸了，要怎麼有危險。他說：「我們發現高淨值人士壓根無意與街上的人互動。」倫敦的維安人員與其說是在保護有錢人，不如說是在確保有錢人不需要接觸街上的人事物，他們的目標是讓倫敦有錢人的社交生活與生財之道不透明、不可考、無從窺探。我曾想過，助理是不是只看到少數神經質的億萬富翁有些怪癖，就以偏概全，推而廣之認為所有有錢人都是那樣。但水手接觸的倫敦暴發戶顯然層面更廣，而他也同意這些倫敦富人是出於選擇，才活在由維安人員提供的隔絕環境之中。

我不太確定有錢人生活的「安全化」牽涉到那些實質內容。水手帶我瀏覽了他們公司的產品線。首先是人肉盾牌，也就是以「人力」提供「物理性」屏障的老派方法，他稱之為「貼身保護」。這些貼身的人身保護——主要是保鑣——往往會與雇主同住，且會組成「居家安全團隊」在雇主身邊輪班。人肉盾牌的其他成員還包括通過安全認證、要負責「事前掃視」的司機：「假設你要去一家餐廳吃飯，或是有諸如此類的活動要出席，那某支團隊可能就會先去場勘。」其中也涵蓋私人飛機，也就是水手所稱的「非常規私人飛行管道」：維安人員同樣會先飛一趟確認航線無虞。

雖然這些退役軍人可能偶爾真的要以肉身捍衛有錢人的生命或財產，但水手形容他們主要還是扮演開路者的角色——助理則形容他們是摺褲子的人。他們替有錢人排除障礙與不便，好讓有錢人可以每天在城市裡任性做自己。

「風險」的評估——與維安業者的利益切身相關之事——會決定有錢客戶「需要」何種及什

麼強度的貼身保護。水手說：「以膝下無子的倫敦夫妻適用的中等強度居家維安團隊為例，這樣的預算可能要抓到一年三十萬鎊上下，而且還只是保護夫妻人身安全的團隊價格。」要是你還有小孩需要保護，依照年紀大小而定，「可能得追加一個小孩十萬鎊左右的支出」。這部分服務可能包括陪你接送小孩上下課，或是如果小孩比較大了，他們會負責掌握孩子的行蹤。水手說，「在貼身保護的工作中，臨時起意的旅行會是個問題。如果你二十二歲的兒子得天天離開家去投資銀行工作，問題就不大。他上下班都會有人開車護送。」會出狀況是當「他不在他應該出現的地方，或他一時興起前往某處的時候。計畫外的移動會造成嚴重的維安疑慮。那種情況需要多支多人團隊同時出勤，也就會在短時間內造成動員的困難」。他的結論是，「例行公事是大家的好朋友。只要不是例行公事的行程就會使事情變得複雜，也會讓維安成本升高得非常、非常快。」

以每年三十萬鎊的費用而言，安全維護已經是最最有錢的倫敦人才能享有的奢侈品。這些人若不是想避免城市生活的困擾跟不便，所以寧可花錢請專業人士替他們開闢前路，再不然就是覺得這座城市有很多他們眼中危險的人事物，因此想請人來提供保護。個人的焦慮、恐懼與對危險的認知，是他們心中盤算的重要考量。風險是一種充滿渲染性的概念；城市生活的各個方面都牽涉到風險，但這是一場自由與危險在街道上的共舞。風險的定義與量化都是在維安業者操作之下——透過各種當成判斷基礎的評估與計量——走到最後的貨幣化。維安是一種非常有利可圖的[illegible]是一種會讓有錢人的生活樂趣一方面減低，而一方面又增加的活動。水手聊到一種「風險——安全矩陣」的概念，也就是把風險拿去跟「維安對自由與樂趣造成的限制」所做的比較。

一家叫「智慧保護服務」（Intelligent Protective Services）的知名維安業者在官網上張貼了一個案例研究，藉此凸顯貼身維安在個人層面上代表的意義。案例中有一個美國家庭，他們要在倫敦與巴黎逗留半年。他們的維安需求——根據公司提供的「風險評估」——包括先生與太太要接受貼身保護，小孩與保姆則需要保護性的監控。此外還有反監控與反諜報套裝服務，則是為了確保先生的商業活動不會遭到滲透。綜上的人員需求包括一名維安經理；兩名貼身保鑣的小隊長；四名貼身保鑣；兩名反監控專員；還有一名受過維安訓練的駕駛員。這個團隊有十人，人數比他們保護的對象還多——費用並未列出。重點是，這支維安團隊內含由前軍事菁英組成的專家小組。智慧保護服務也驕傲表示，真有必要的話，他們還能找來一支廓爾喀傭兵。只不過實在很難想像在倫敦或巴黎，什麼狀況會要出動退役特種部隊或前英國殖民地的尼泊爾戰士來擺平。

這些還只是維安工作中的人員部分。水手跟我介紹了他公司為富豪家庭與職場提供的技術性與屏障性防禦，包括「接取控管、前後門管理、內部對講機、遙控接入系統的應用、閉路電視、外圍閉路電視、安全照明、入侵警鈴、門窗管制、疏散程序、火警警報、祕密資料儲存、IT安全防護、緊急事件的標準處理流程、戰略性地景設置——即圍籬之類的各種硬體」。他們會勘查完整個住處並提出建議，比方說如果某個名人擔心隱私問題，那公司就會建議把住處外圍的樹都砍了，或是「從樹梢開始裁切掉八公尺長的樹枝，如此便能避免有人爬到樹上去窺探你家」。公司還建議：「加強住宅範圍內的各種東西，包括車庫、一樓的窗戶，還有進出的柵欄。再更細節的，還有關於藝術品存放、貴重物品保存、保險箱安裝，以及打造緊急避難室等建議。」技術性的維安措施包括要阻擋狗仔無人機；然後還有所謂「戰略性維安手段」，這部分涉及到電子裝置、錄音錄影裝置的掃除，也涉及行動電話的訊號干擾，另外還包括商業會議中對電子通訊的遮擋。這些維安「裝甲」都算在智慧保護服務公司用來保護美國商人之商業活動的反間諜套裝產品中。加總起來，這些技術性裝置可以為有大把大把錢的人的居家與職場裝設一圈滴水不漏的數位圍籬，好讓他們的人、他們的家、他們的資產都更進一步與街上的公眾生活拉開距離。

如此極端的居家與職場維安措施，已經超過了阻擋闖空門或遏止人身攻擊所需要的程度。水手描述的戰略性維安手段已近似於祕密情報活動與民族國家的戰略運作——通常是在國家安全受到威脅時才會使出的手段。有錢人到底是要焦慮、神祕到什麼地步，才會需要部署此等科技防護來保護私人與生意上的事務？於私於公，有錢人的生活中到底有什麼內情需要被呵護到這種地步？為什麼有錢人要這麼神祕？他們究竟有什麼好藏的？記者羅伯．法蘭克（Robert Frank）認為，許多積攢了大量財富的生意都有其極為尋常的一面，[1]而助理跟男僕也都覺得有錢人的私人生活既乏味又空虛。比較需要動腦、有挑戰性的財富累積之道（如我在倫敦金融城與梅菲爾遇到的那些案例）都有需要遮遮掩掩的地方，所以只能被阻擋在公眾的視野之外。

深層政府[2]與超級富豪的可類比之處還在我腦中盤旋，同時間我望著幾隻狗狗，一旁的水手則正在泡咖啡。由於今天是「帶狗狗上班日」，所以家裡只剩兩隻狗，第三隻陪著身居執行長職位的另一半去了倫敦金融城。家裡蹲的一隻狗狗是纖瘦、發著抖的惠比特犬，另一隻則是矮矮壯壯的蘇格蘭㹴。在水手講話的同時，惠比特犬在家裡四處探索，蒐集著東西——這裡一個清潔劑塑膠容器，那邊一堆木頭跟各種狗玩具——然後把這些東西存放在窗邊的籃子裡。趁牠一個不注意，蘇格蘭㹴就偷走牠的寶貝還藏了起來。惠比特犬又再去搜尋並把東西找回，然後放回籃子裡。如此往復循環就是狗狗們的一天。

「聲譽顧問」服務是該公司維安業務的最後一項元素。一開始，我以為這肯定類似助理所形容那種要塑造有錢人的外界觀感的公關作業。後來我才知道，根據水手的解釋：聲譽顧問服務的方式有個很關鍵的差別，亦即聲譽顧問是該公司軍事與反間諜業務的一環。他的聲譽顧問服務包括「社群媒體饋送管理」、「照片管理」，也包括可能涉及「與記者、報社討論個人出席雅士谷賽馬等公開活動之刊出事宜」的媒體行程。「討論」一詞從他嘴裡說出，好像是什麼凶神惡煞的字眼。我愈來愈覺得不對勁，因為他說起他們會「施壓於對的地方以將人移除，或管理某些人呈現給外界的樣貌。這也延伸到去夜店與餐廳時，會有律師團負責保護聲譽」。一個撂狠話的概念。一場雇用有實戰經驗士兵的軍事化行動散發著一股暗示性的力量，可以對他人「施壓」，也能將此力量展現於威脅的口氣中，藉此與記者和報紙編輯進行討論。當然，退役士兵不會親自上場去交涉討論，但只要在背景裡一站，他們就可以發揮某種「秀肌肉」的效果，以此捍衛富人的聲譽與遊艇。

另外一家維安業者席林斯公司（Schillings and Partners）認為，借助專家團隊的力量——情資專家、調查員、網路專家、風險顧問、律師，以及有軍事、金融或公部門背景的菁英——可以「更加速戰速決解決聲譽問題與隱私威脅」。從生活中屬於公共——或不那麼公共——的機構中鎖定有影響力的體系，再從中挖來專業人才——他們為富有的客戶所用，能替有錢人排除各種困難。席林斯點出這些困難包括：假新聞、惡意抹黑、挾怨離開之人、內部威脅與主管機關調查。[3]雖說這張「威脅」清單的詮釋見仁見智，但我在想挾怨離開之人跟內部威脅這兩類人，應該也包括吹哨者與想要挑戰公司政策、傳統與富人整體利益之人。在此案例中，維安業者扮演的角色是要平息異議，防止有人試圖納管有錢人一些比較過分的陋習。協助擊退「主管機關調查」之舉特別有利於清出一條供富人積累大量財富而不受阻之路。有政府、軍方、金融圈的人，以及網路、法務與情資專家當你的隊友，隨時待命保護有錢人的財富與特權，這能為他們創造出實實在在的利益。對照那些想讓他們收斂一點但往往不成功的官方機構，有錢人這邊的專家庫往往有過之而無不及。可以由專家協助他們閃避政府管制跟各種異議，是有錢人享有的一大特權。這些人之所以那麼難以管理跟節制，理由就在這裡。

水手也是一名專家，他的專業領域是公海上的維安。我前面形容過遊艇就是一大疊浮在海面上的鈔票，而他會與遊艇製造與設計產業合作，以確保這些鈔票的安全。他告訴我，遊艇的保全水準可以透過設定，自動隨著日、夜不同時段而調整變動。「進出資格可以經過批准、移除、撤銷、審查，而且全都透過一個集中式的系統完成。人手一把鐵鑰匙的時代早已過去，現在你會看到遙控鑰匙、卡片鑰匙、生物辨識與指紋辨識。」他表示，想阻擋無人機拍照的辦法很多，只不過他也說：「對無人機進行電子干擾處於灰色地帶，因為那等於是在擾亂廣播訊號。有一個選擇是在船隻四周打造出電子干擾，阻止無人機飛過。」使用智慧玻璃與隱私玻璃來防止窺視跟拍照也是一招。我在安提貝與摩納哥自己就發現了這件事：我把相機對準了遊艇的窗戶，卻只成功拍到自己的映影。水手要讓人無法在海上窺探有錢人或名人的私生活；想看到他們只有兩個窗口，一個是一切都編排好才放到Instagram上的照片，另一個是銅板亮面的雜誌照片。

在我離開前，水手給了我一些閃亮的遊艇雜誌，並向我介紹他朋友發明的一枚金屬按鈕。那枚小而優雅的按鈕可以用來提醒遊艇上的工作人員，讓他們知道遊艇的使用者有某種需要——電視上的頻道變了、香檳喝完了、該抹防曬油了。以一千鎊的單價而言，他說這會是未來的趨勢，而且非常有利可圖；對有閒階級而言它是集服務、優雅與科技於一身的產品。我懂。安全就像一只設計師名牌表，有錢人買它是因為他們買得起，也因為那讓他們的日子更好過、更享受。但安全也是一種會改變有錢人生活方式的奢侈品。在引發他們的都會焦慮、深化他們的保密習慣、限縮他們行動自由，而又替他們鋪好城市中所欲穿梭的順暢路徑的同時，安全也「讓人的生活變得很像孤島」。安全是富人巡迴表演中的一環。他說，名人會把安全措施當成一種身分地位的表徵：「他們如果希望有四輛 Range Rover 黑頭車跟著他們在倫敦到處轉——事實上很多人真的就是這樣——說一聲就是了。不過是花你每天每輛車兩千五百鎊而已，難度不高；我們自然也可以提供此服務。」他說，倫敦之所以是個很有賺頭的維安市場，正因為這裡並無真正的風險——所以不需要真正的維安措施——同時也因為這裡的財閥密度極高。

我們站在水手家的門廊互道再見，狗狗在我們腳邊繞來繞去。我祝他婚禮一切順利，而他則再次確認我不會在書中讓他被認出真實身分，對此我重申了匿名性的保證。他開玩笑說自己曾不得不提醒某人：他這個人不好惹，畢竟他手裡掌握有軍事背景的人脈網，要收拾人是舉手之勞而已。我說：「你的警告我確實收到了。」他笑說對我沒這個意思啦。

維吉尼亞水村：
薩里邊陲

20　死寂的街道

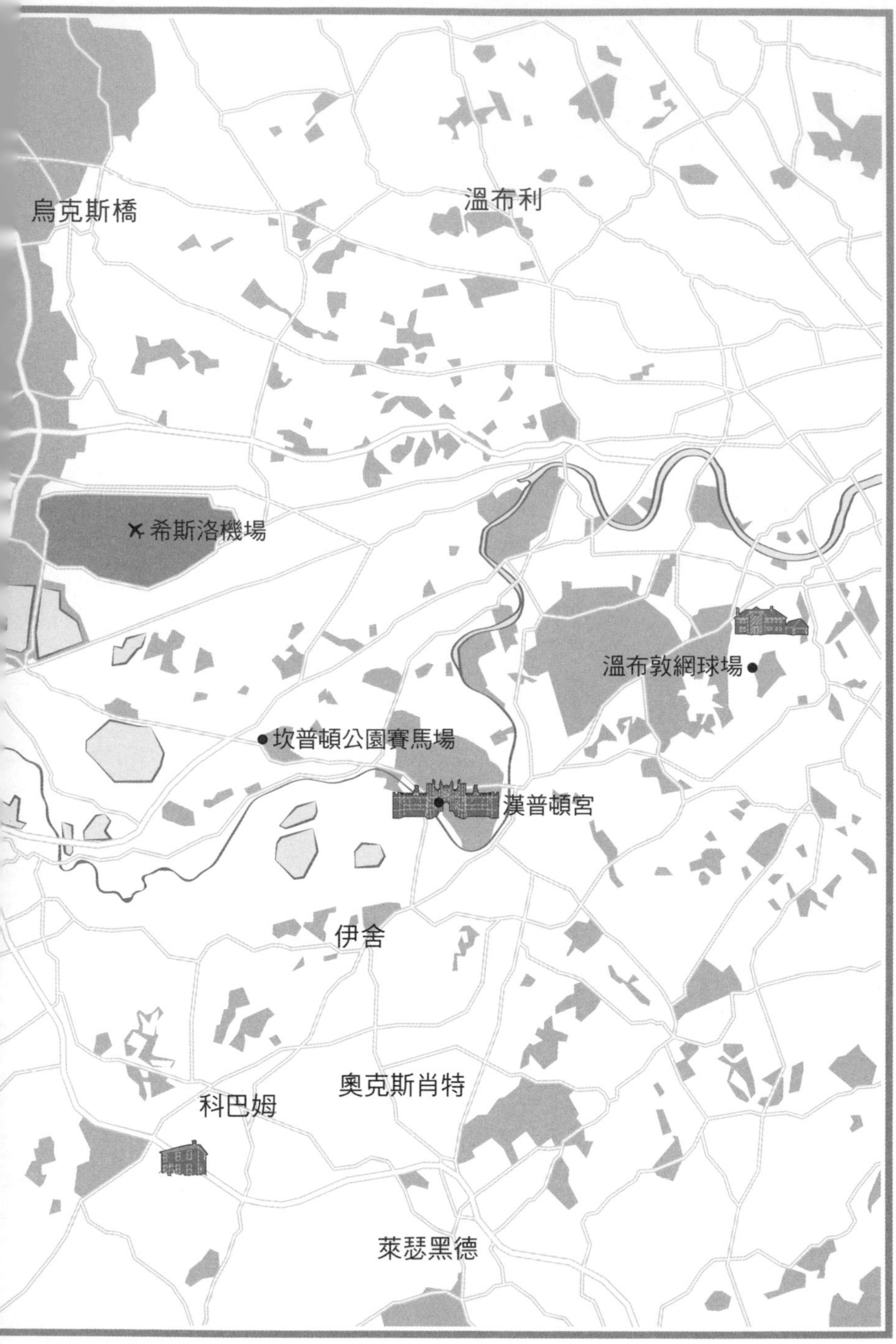
烏克斯橋
溫布利
希斯洛機場
溫布敦網球場
坎普頓公園賽馬場
漢普頓宮
伊舍
奧克斯肖特
科巴姆
萊瑟黑德

維吉尼亞水村
N
皇家亨利賽艇日
泰晤士河畔亨利
梅登黑德
斯勞
伊
溫莎城堡
溫莎大公園
御林軍馬球
俱樂部
維
雅士谷馬場
溫特沃斯高爾夫俱樂部
溫特沃斯住宅區道路委員會
維吉尼亞水
沃金漢姆
法恩伯勒
0
2公里
0
1英里

第20章

死寂的街道

從里奇蒙出發，我沿泰晤士河走著，然後隨著河道先往南行來到京斯頓（Kingston），再拉平往西去到位在坎普頓公園賽馬場（Kempton Park Racecourse）東南邊的漢普頓宮。希斯洛機場就在西北方，東邊則有一座座砂石坑水庫。再往西過了M25倫敦外環高速公路，我第一次離開了城市。我步行經過溫莎城堡（Windsor Castle）這座王家行宮，不遠處就是伊頓公學，城市的感覺慢慢淡化，取而代之的是鄉間特有的慵懶綠意。這就是《我所看到的上流生活》步行路程的終點，我來到金權廊道的尾端。我從東邊的金錢製造基地一路往西穿越倫敦的財富漩渦，在此終於要到盡頭了。我即將前往我的最後一站，那就是倫敦最富裕的通勤上下班者聚居的城鎮：維吉尼亞水村。

步行通過伯克郡與薩里交界處，也就是占地五千英畝的溫莎大公園（Windsor Great Park），我首先穿越了御林軍馬球俱樂部（Guards Polo Club）那片廣大的綠野，那裡曾是皇親國戚會去一展身手的場所。我看著一名正在尋找她的鬥牛犬的女性，她一邊呼喊著：「塔克文，塔克文」，一邊走過一身午後鄉間風休閒打扮、提著野餐籃的散步民眾。靜謐的小小湖泊創造出一條縫線，銜接公園與城鎮—郊區的過渡處，開始有一些空間是供停車場與通往維吉尼亞水村的主幹道使用。當地房仲業有個留著獨特尖刺髮型的年輕人，他形容這裡是「全英國最昂貴的村子」；這裡屬於伊舍（Esher）、科巴姆（Cobham）與奧克斯肖特（Oxshott）所夾出來的「金三角」，財富底蘊非凡。果真是有大把大把的錢。

火車站旁的小小商店街是這裡最接近城鎮中心的地方，雖然嚴格說起來也不太算，這裡盡是低密度、散落在安靜林蔭巷弄中的房子。車站周遭的兩排商店並不起眼。店家中有一間簽注處、一間郵局；有一間酒圈（Wine Circle）咖啡店兼餐廳——某些愛熱鬧的當地人偶爾會在週五晚上去小聚的地方；有間路易候德爾香檳（Louis Roederer Champagne）——這間酒商帶來一絲絲墮落的感覺；有一間書報攤、一間美容院；還有一間熟食店以山羊起司跟橄欖的組合流露出濃濃的地中海風；一間糕點店裡提供比普通水準好那麼一點的茶飲，他們的茶包是紗布而非漂白紙材質。我踏進書報攤問路，說我想去鎮上著名的溫特沃斯高爾夫球場，結果一名眼睛目光銳利、個頭也小小的老人家操著好像來自其他地方的口音一邊買報紙，一邊指點我說要走比較長的那條路，這樣才不會迷路。他說那得走一段時間，而我說無妨——我喜歡走路。

我開始在不似要停的雨中艱難行走，同時慢慢意識到問題不在於要走多久或天氣好不好——問題在於我有腳沒地方踏。這裡沒有人行道，有的只是供車子走的馬路，而且還不是給普通老爺車開的路：四輪驅動的大傢伙、法拉利、藍寶堅尼以讓人心驚的速度從我身邊呼嘯而過。由於我沒遇到路上有其他行人，因此我在想這裡平日根本沒人走路，至少不會沿主幹道走。一輛小小台的迷你庫柏在我身後停下來：方向盤後是剛剛書報攤那位老人家，他說要開車載我到高爾夫球場。我心懷感激接受了他的好意，不然這樣走下去實在有點危險。在這趟短短的便車中，我得知他在附近某一棟大房子裡工作跟生活，工作內容是整理環境、進行例行的養護——所以他屬於在地的服侍者階層。他在溫特沃斯高爾夫俱樂部車道的尾端放我下來，還祝我好運。

沿高爾夫俱樂部的車道走著，我經過一個美景如畫的小水塘，有天鵝悠然滑過水面。那是標準的英國鄉村景色，遠處有一棟十九世紀風格的氣派宅邸。我定睛一看，才發現那真的就是一棟十九世紀的氣派宅邸，只不過現在已經成了高爾夫俱樂部，改建之後功能為奢華的飲宴場所。這棟宏偉的住家兼俱樂部是菁英生活在建築上一種經典的表現，包括高處的牆上有城堡的雉堞（有槍孔的防禦工事）。我還注意到車道的另一頭有個偌大、荒廢而傾頹的房子，從臨時圍牆看上去像是在重新開發。我後來得知溫特沃斯莊園（Wentworth Estate）裡那些老一點、格局普通一點的房子遭到收購，之後要在那裡的土地建造有新穎設施的豪宅。有些地方的土地則會被進一步拆分，就看當地的地契建築規約允不允許——有些地契會規定房子的基地不得小於特定面積。大家會想拆分土地，是因為土地值錢，地主／屋主也就有動機把他們廣大的庭院拆開後，多蓋幾棟房。只要建築執照申請過關，他們就可以在那片原本種了玫瑰的土地上種出錢來。

再往裡走一小段，我經過了一個路標：**溫特沃斯住宅區。私人財產。非居民與溫特沃斯俱樂部會員勿進。**這路標的法源包括一九八〇年的《公路法》（Highways Act 1980）與一九六四年的《溫特沃斯住宅區法》（Wentworth Estate Act 1964），其中確立了溫特沃斯莊園道路委員會有權監管莊園內的公共區域。**此為私人道路**——路標上怕別人沒看懂一般，又強調了一遍，然後提到**一般民眾如需使用，須取得溫特沃斯住宅區道路委員會（Wentworth Estate Roads Committee）許可**。我沒有這樣的許可，但也不打算掉頭去報備了。隨著我愈來愈接近俱樂部，我看到兩名警衛立於正門口，於是打消了就這麼闖進去的念頭。兩個中年男人滾著高爾夫球袋，要從俱樂部前往停在停車場的四輪座駕。這座知名的十八洞球場那滑順閃亮的草皮，有時會是萊德盃（**Ryder Cup，兩年一度由歐洲與美國組隊對抗的頂級賽事**）比賽的賽場，它像一片寧靜海般圍繞在俱樂部的四周。

我查看了現場，發現有座室外游泳池，外加一些網球場地。一名身著海軍藍褲裝、衣服上有名牌的女性，看起來像是俱樂部的行政人員。她略顯疑惑朝我的方向看了過來，但並沒有開口質疑我。在用電話與電郵接洽過都不得其門而入後，我僅剩的進入俱樂部的辦法就是找會員帶我，但事實證明這也是一廂情願，因為我找到的會員一聽我提起這件事，都緊張到不敢亂同意。一如門口要站那兩名警衛的道理，會員的這種態度也讓我覺得他們反應過度，我在想他們之所以這麼小心，背後的焦慮究竟有何難言之隱。

現場的氣氛相當安靜，甚至有點詭異，但關於近期在俱樂部裡引發軒然大波的改變，我並沒有看到什麼蛛絲馬跡。爭議的起點是溫特沃斯俱樂部這個英國國內頗負盛名的高爾夫俱樂部於二〇一四年以一億三千萬鎊賣給了在中國出生的華裔泰國富商參猜・瑞朗儒旺（音譯，Chanchai Ruayrungruang），他的中文名叫嚴彬。這名新老闆想要讓俱樂部更僅限小圈子人士，於是規定會員必須購買一張十萬鎊的債券當押金，然後年費也於二〇一七年由八千三百八十八英鎊調漲到一萬六千鎊。透過減少債券的發行數量，新老闆打算讓會員人數從四千人下降到兩千人。就這樣，俱樂部原本的富人會員槓上了想將會員資格僅對更有錢會員開放的新方案，堪稱「什麼都有的人」vs.「什麼遊艇都有的人」掀起的又一場大戰。老會員們，包括前電視節目主持人麥可・帕金森爵士（Sir Michael Parkinson）與布魯斯・弗爾西斯爵士（Sir Bruce Forsyth），都跳了出來主張要維持現狀。一場代表「溫特沃斯社群」——一群自告奮勇、只會為這類訴求組織起來的當地人——反對改變的法律戰最後落敗，而這棟原本氣宇軒昂的宅邸也就歷經了一場斥資兩千萬鎊的整修，變成一個有舞廳、酒吧、餐廳與各種設施的地方。新任的餐廳經理，德薇・伊莎貝拉（Devid Isabella）從麗思酒店轉到這個新生的俱樂部任職，也添加了一種新生根的菁英服務文化，專注於「滿足會員的一切需求」。[1]

在四周居民的心目中，高爾夫俱樂部是溫特沃斯莊園的核心。莊園的組成包括大約一千一百幢始建於一九二〇年的大房子，由當時的大建商華特・喬治・塔蘭特（W. G. Tarrant）操刀，其設計受到十九世紀末美術工藝運動[2]建築的影響。塔蘭特那些相對為中等規模的獨棟房屋多已漸次遭到拆除、改建為更大的屋子，比方說在車道旁的那些。現在已有自己的私人維安全團隊的莊園，在這原本就很昂貴的區域裡，又讓一些超豪宅進駐。一棟有五個房間並附帶三間車庫與僕役生活區的房子開價大約一千一百萬鎊。取代塔蘭特房屋、建造新屋的是一間提供客製化建築的超豪宅建商：阿克特岡（Octagon）。這些房子都是誰在住？除了老邁的聊天節目與遊戲節目主持人以外，智利獨裁者皮諾契也在一九九八年住過這裡，當時他在此處受到軟禁，並一面等著日後要被引渡到西班牙為種族滅絕與刑求致死等罪名受審，至於他的錢則是竊自智利百姓的民脂民膏。麥拉倫汽車公司的老闆朗恩．丹尼斯（Ron Dennis）在莊園中有一棟價值三千萬鎊的房子。在我們從二〇一二年到二〇一五年所做的研究中（詳見序），當時曾訪問住在莊園中且把高爾夫俱樂部視為自家延伸的女性：她家孩子開著高爾夫球車跑來跑去，會使用裡面的運動設施，也會把他們的開銷吃喝記在家庭的帳上——盡是些俱樂部新老闆想必不樂見、會覺得這不利於俱樂部小圈子菁英屬性的事。國際億萬富翁要的是廣大場地所提供的隱私與安全，而足球名將（切爾西球會的訓練中心就在附近）與不少名人都住在這一帶：他們是財閥中一個獨特的郊區次分類，與住在里奇蒙那些富人大相逕庭。

我拋下高爾夫俱樂部，沿著車道往回走，在主幹道上左轉，開始再次朝著城鎮中心前進，我的目標是那些看起來藏著驚喜的巷弄。走著走著，我意識到這片打造來服務有大把大把錢之人的郊區地景，與路過的人保持一種帶著尊重的距離感。這裡不鼓勵人靠近和凝視。偌大的房屋從路邊退縮到長長砂石路車道的盡頭，澆熄了我想要近距離觀察的希望。事實上，許多房屋只能遠遠地看，因為中間還隔著樹木與灌木組成的屏障。我盡了最大努力，也只能從二十五英尺高的鑄鐵電子化遙控大門與圍籬外面看個兩眼，而且全程都在私家保全業者的鏡頭監控下。你只要看看監視器上的商標，就知道這一帶是哪家公司在負責巡邏。對隱私最極致的追求，已經嵌入了維吉尼亞水村的建築與街道設計中。

建築——以看得到的部分而言——算是多元。個人化的奇思妙想沒有那麼突兀，是因為財閥之家理應有的樣貌讓建築調性不致脫序，也發揮了調和的作用。西班牙風的別墅有粉紅磚牆與耀眼的白灰泥外觀，坐落在較傳統的建築旁邊。建於一九二〇年代的老房子遠遠小於新房子，顯然有錢人對生活方式跟居住空間的期望值也在百年間擴大了不少。「宅邸」二字多半更適合用來形容新建的房子，其中不少棟都有鄉間飯店的規模。站在前門外往裡瞧，我看到不知是印傭或菲傭在一扇扇門之間進進出出，忙著各式家務：在我視線中稍縱即逝的服侍者階層對維持這種規模的住家環境厥功至偉。新蓋的房子多嘗試要呼應過往，因此放棄了能讓現代居家建築展現想像力的機會，於是這些房子的選擇不外乎新喬治、新維多利亞、新都鐸與盎格魯—帕拉第奧[3]風格的仿希臘跟羅馬柱式。這些對羅馬建築的新詮釋在十七與十八世紀的英式鄉村房屋設計上兩度風靡一時。拱弧與支柱為屋子增添了氣勢，也為這些現代郊區富豪的宮殿注入菁英歷史的莊嚴感。

在第十七章出場過的設計師氣氛就曾在溫特沃斯設計過一些房屋內裝，他形容那些屋宅是「仿作，要假裝自己是誕生於十八世紀的舊式風格房屋」。自一九九〇年代以來，隨著超級富豪人數激增，建築師朱利安・比克奈爾（Julian Bicknell）就成為了這類現代宅邸的領軍者。據氣氛表示，比克奈爾是「這類建築的王者……他替有錢人打造所有這一類仿古住宅。就像蓋了座迪士尼樂園」。比克奈爾——現與威爾斯親王建築研究所（Prince of Wales's Institute for Architecture）有合作關係——無疑會堅稱事實正好相反。他會說他沒有把現代建築帶向古風，而是把歷史帶進了現代建築中。氣氛向我形容為溫特沃斯建案找到正確的磚塊、透過「顫動打磨」（tumbling）製程來將其做舊的難度；要是不這麼做，那些磚塊就會看起來太新、太亮、太有光澤。但即便如此，比起貝爾格拉維亞或攝政公園那些嚴肅的維多利亞灰泥房屋，這片滿是華美與花飾的鋪張地景仍舊是那麼耀眼。新錢畢竟是新錢。

我窮盡各種管道與人脈，依然無法進入此地任何一棟房子。水手之前提到過的每一種維安手段，這裡都派上用場了，也就表示屋主不願意對好奇的眼光開啟大門。時不時是有某些房屋成為亮面雜誌上的主角，比如俄羅斯億萬富翁彼得・艾凡（Peter Aven）就曾放《金融時報》記者進到他在維吉尼亞水村的宅邸，欣賞他的藝術收藏與高品味的內裝。[4]房仲官網上的空照圖顯示這些宅邸有廣大的庭園，某些屋子後面有外面看不見的泳池。但只能從街道上偷看或翻閱雜誌一窺的狀況下，若想知道更多，就只剩一個辦法：去請教那些有機會進入這些堡壘的人。

氣氛跟我講述了她在溫特沃斯莊園接過的一個案件。她總結了莊園的居民——接案前她從沒聽過這個莊園的存在，以為只是某種高級的都市重畫區——是一群「男人打高爾夫，女人混俱樂部，所有人的嘴唇都打了肉毒桿菌」的傢伙。她當時是設計團隊的一員，去那裡要與一個年輕的俄羅斯家庭討論內部翻新。她注意到，他們八歲的女兒正在忙著製作自己的名片，同時還在彭博網站上查詢自己的股價。氣氛也有一個八歲的孩子，但她家的八歲小朋友就不會做這種事情。很可惜，她說，這次的設計案捲進了那對夫妻貌合神離的婚姻問題。為了將夫妻的隔閡融入設計裡，主臥室在最後一刻調整了格局，氣氛說：一堵牆將主臥室一分為二。後來設計都還沒定案，兩人就離婚了。那位太太得到了房子，而在金融界營生的先生則帶著新女友搬到了市區裡的公寓。「我真的很為她難過，」氣氛告訴我，「因為我覺得她把所有挽回的希望都賭在裝潢的計畫上，所以那次裝修對她意義重大。那不只是裝潢，你要知道，那是一棟房子跟一個未來，她就是要用裝潢把房子跟未來一起建立起來。我在想她應該非常寂寞，她在溫特沃斯俱樂部的朋友都有自己的房子跟先生，而我想她應該有種被困住的感覺。」

氣氛已提供我溫特沃斯莊園的臥底觀察紀錄，但我又設法弄到更好的東西，那就是我終於說服一名長年在裡面走跳的人跟我見面，此人是保姆。她很久以來都生活在維吉尼亞水村，後來才搬到切爾西，我就是在她遷居後不久認識了她。就跟其他在維吉尼亞水村與當地高級莊園中長大的年輕男女（包括油布夾克）一樣，她在搬家時選擇了切爾西。以維吉尼亞水村這個步調緩慢而平穩的郊區為起點，年輕人往往會朝更有朝氣的市區發展。我跟保姆坐在她家附近的酒吧，她的朋友從旁一一飄過：上過伊頓公學的男生；她一些出外就讀地方性大學、現在回來一趟的年輕姊妹淘；隨著家中人脈進入金融業或不動產開發業的其他人，像油布夾克就是一例。

保姆告訴我說她爸媽已經分開，各自有了新歡。兩個家庭分別以新戀情為中心重新安排生活。二十幾快三十歲的她很纖瘦，有一頭深色金髮跟炯炯有神的深綠色眼睛，是個標緻的美女。她身穿一件小短裙、平底鞋，還有要價不菲的紗布襯衫。我們在她下班回家的路上見面。她在銀行工作。「我們部門負責控制對外發布事項。」她說。她喜歡她的工作，週末則會和替家裡在伯明罕經營外科設備生意的男朋友一起過。他在肯辛頓有間公寓，雙親則在海德公園一號有間高級公寓，就位在文華東方酒店旁。外科設備顯然利潤不錯，是可讓人致富的行業，頂多就是不那麼亮麗光鮮。

保姆的母親是少數我見到本身就有錢的女人，而且她致富是靠白手起家：她做的是不動產開發生意。保姆的母親先拿積蓄去投資不動產，以低價在英格蘭中部買進城市裡的房產——她本身就是中部勞工家庭出身——後來又打進蒸蒸日上的學生住宿出租市場。如今她身邊的第三任丈夫是個中小企業主，而她則是個事業有聲有色的開發商。靠著在房市賺到的錢，她做起學生的租房生意，然後偶然又來到維吉尼亞水村。憑著著對維吉尼亞水村房市的密切掌握，加上市場對高規住宅的需求，她因而得以從低買、改裝與高賣的過程中積累可觀的財富。

保姆的母親也把握住維吉尼亞水村的租賃市場——那裡的大房子可以租到一週一萬英鎊，舉行高爾夫比賽時價格更高；她的做法是把自己開發的一些房產出租。保姆說她一天到晚搬家。「我在維吉尼亞水村搬了二十四次家，因為我有一對做房地產的爸媽。他們沒有搬得太遠。」有一次她拒絕把行李拿出來整理歸位，因為也只是白費力氣，反正沒多久又得搬。她母親認為兩個女兒應該自食其力，不應該期待錢會主動送上門。保姆的第一份工作是青少年時期當鄰居家小朋友的保姆，這也是我在書裡取這個代稱的原因。保姆說她們姊妹倆都「深深被灌輸」賺錢很重要的觀念。她舉出另一個「在溫特沃斯擁有很大一間房地產公司、名下好幾棟兩千五百萬英鎊大房子」的女性，說那是她的另一個楷模。「我母親最親近的朋友都是職業婦女。」身為成功而勤奮的女性，她們自認為不同於那些不工作的鄰居，也就是保姆口中那種會「特別去吹頭髮弄造型，只為了去學校接小孩」的女人。相較之下，這些白手起家的商場女強人自認為更有原則、更腳踏實地，而不會為所欲為。

我請保姆跟我多說說鄰居的事情。她講到一個住得離她家不遠的同學，她「一直覺得那個同學很可憐」。那個女生「從來沒見過自己爸爸」，因為他在美國工作，而她「跟媽媽的關係很奇怪」。保姆說，「我的印象是她媽媽會起床，喝個兩瓶羅蘭酒莊的粉紅香檳，然後又躺回床上。除此之外就沒別的了。家中的司機會載他們（家裡的小孩）上學。她以前跟我說，『我討厭這樣，我不喜歡司機陪我上學。』她只想要正常一點，我感覺。所以我以前會讓她搭我的小車子去學校。」有時保姆接送那個同學上放學時，對方會邀她到屋內坐坐：「她會帶我參觀一些東西。」

另外一名心理很脆弱的同學兼鄰居按保姆判斷，應是有非常好的家世背景。儘管如此，保姆仍形容她身處於「很糟糕的處境中」，但她沒有詳述就是了。這其實讓她有點吃驚，因為「老實說，她有一個溺愛她的父親」。溺愛的意思是「並沒有一天到晚出差而不在家」。保姆還記得，「我以前會過去她家，他們每天晚上都會全家一起吃飯；他們一家四口會在餐桌前坐下。我們家從來不會這樣，因為我還很小的時候，爸媽就已經處不好了。我爸會姍姍來遲，然後晚餐每次都會破功。」改嫁之後，她媽媽會為小孩煮好晚餐，然後一個人跑去跟新老公一起吃：「因為當時的她就是個戀愛腦，所以他們會你儂我儂地在兩人世界裡吃個小晚餐。」她把自家情況和朋友的家庭相互比較，他們家「沒有人外遇，沒有人亂搞，但總是會有其他的問題。」看似固若金湯的郊區生活有哪些不為人知的弱點，我算是從保姆的介紹中瞥見了一些畫面。

回到維吉尼亞水村，我從主幹道岔了出去，轉進一些小路。這些小路許多都是私有道路，是由住戶在認養跟維護。居民必須集眾人之力，才能把道路私有化——目標是以此提升他們的房價。道路所有權已經像出疹子一樣，在這一帶散播開來。私有道路如今已是必備的東西，是最大化累計房屋淨值的法寶。私有道路能讓住戶受到維安監視器的保護，而且不再提供路權給公眾——**僅限住戶及賓客通行**，路標上如是說。這些路標讓我對於自己是否在私闖民宅感到有點緊張，而那正是這些路標的用意所在。又一次，我成了路上唯一的行人，我感覺到住戶跟保全業者正在用閉路電視的鏡頭看著我。我繼續走著，同時做好自己隨時會被攔下來的心理準備。這地方讓我想起了某個地方，但我又沒辦法明確說出是哪裡。

我在想開車會不會比較容易。我發現溫特沃斯莊園會用車牌辨識系統來指認閒雜車輛。莊園管理層很自豪這裡設置的熱線——也是一種特權——可以一通電話直接撥到薩里警察局跟加能保全（Cannon Security），也就是負責莊園維安的民間保全業者。莊園宣稱他們二十四小時全年無休，都有制服人員與車輛在園區內巡邏，其中不乏退役軍人。他們也在主要入口處設有隨機的檢查哨，警衛會在哨站攔下所有沒貼上R字樣的車輛，R代表的是登記在案的居民。我上一次有機會經過由制服人員看守的檢查哨，是在非洲的奈洛比；沒想到第二次會是在英國薩里。

有些私人道路已經不只是設有監視器，而是更進一步安裝了無人看守的安全路障，必須有密碼跟遙控鑰匙才能開啟。這些設備甚至限制了附近鄰居的行動，想在維吉尼亞水村走動都變成一件要斷斷續續為之的事。道路連貫性受到公私道路之間飄忽不定的邊界破壞後，得出的就是一塊由路權跟可通行道路所組成的補丁，駕駛與行人必須熟門熟路才不會半途無路可走。看有錢鄰居之間這樣相互更改道路，迫使彼此一遇路障就得繞路，我很納悶這會塑造出怎樣的鄰里關係。他們之間要如何協調過路許可？電子遙控鑰匙與路障的密碼要如何分享或保留？這種體系要如何在日常的街道層次上長期運作？

此外，為什麼要把街道私有化，弄得如此戒備森嚴？英國國家統計局與薩里警局的資料顯示，維吉尼亞水村的犯罪率很低，所以風聲鶴唳的維安與監控似乎沒有什麼道理。事實上維吉尼亞水村的犯罪率不僅低，而且還愈來愈低，這一點呼應了英國各類犯罪全面減少的趨勢。[5]該地區報案數量最多的犯罪類型是反社會行為與擾亂社會秩序，且主要發生在當地少數的野餐空間跟公共綠地。我在想這裡的居民應該是一看到外來者享受起維吉尼亞水村的美麗風光，就會忙不迭報警。這讓我想起了男僕的指導手冊，還有那些手冊是如何強調何謂得宜的行為。這些路障的豎立並不是為了遏止搶劫或人身傷害等常見於都會區的焦慮來源，而更像要捍衛特權階級的隱私，讓他們不用接觸彼此，也不用接觸來自社會大眾的訪客。

這裡也並非我一開始想像的那種穩定不變的郊區地景。這裡的地景更符合某種「快閃店」的概念。老房子一間間消失，取而代之的是更大、更閃亮的新屋——除了住，也被拿來當成賺錢的工具。高爾夫俱樂部在一次次的改造中變得愈來愈排他，也愈來愈昂貴。道路被斷開，不在大眾的行動範圍內，新的路障讓地方的交通運輸受到重重阻礙。新的關係取代了舊的：結縭、離異、再婚確立了這個地方的基調。年輕人苦於家長的過度關心或不夠關心，他們只能一邊學著當有錢人，一邊拿爸媽賺的錢去城市裡過起讓人興奮不已的成年生活。這麼看來，這片郊區根本跟歲月靜好扯不上關係。

路走到一半，我決定掉頭。我自認是個不算大無畏，但也算中無畏的研究者。我畢竟也曾經在阿迪斯阿貝巴的垃圾場做過研究。但這可是片由怪獸般的房屋所組成詭異而無人的地景，在我一不小心就會被私人警衛抓起來的街上，看都看不到那些房子，這一切還是讓我有點悚然。要說我是維吉尼亞水村第一個感覺被拒於千里之外的訪客，實在不太可能，因為那是被刻意嵌入這裡的街道跟居家建築中的特性。這些街道不要說對訪客，就連對住在這裡的人都不太友善。這些街道的存在不是為了把鄰里連結起來、不是為了讓人自由流動，也不是為了發揮普通道路該發揮的功能，亦即促成人事物的流動。這些道路反倒變成了路障，保護著房價、呵護起焦慮，也捍衛有錢人自顧自大肆擴張的隱私。

約翰尼斯堡！我終於想起在我的記憶裡，維吉尼亞水村讓我覺得似曾相似的城市郊區在哪裡。在後種族隔離時期，平等仍舊遙遙無期的約翰尼斯堡，有錢白人會在他們天堂般的郊區建立起堡壘，藉此阻擋他們想像中那些貧困黑人群眾的掠奪與破壞。維吉尼亞水村就是英國薩里版本的約翰尼斯堡——只不過我不太確定他們的堡壘是想阻擋什麼。即使如此，這兩座城市的相似性還是非常驚人。兩座城市都在植物繁茂、守衛森嚴的地面上蓋了獨棟的透天屋子；門口的告示警告準擅闖民宅者不要妄動，因為有私人保全公司在看著，也在巡邏著；私人街道一片死寂，看不到一絲生機，只有路標告訴別人不要靠近。這種地景要怎麼住人，簡直不可思議。為何有錢人會選擇這樣活著？是他們的財富與普羅大眾之間的落差，讓他們找不到內心的平靜？他們自己沒有注意到嗎？還是太過沉迷於隱私跟社會排斥的他們忘了一件事情：人活著，不是只有一種方式。

結語

梅菲爾櫥窗內的斑馬與獵人們已經開口道出一些事。從第一次站在南奧德利街，納悶著是哪些人在那裡購物，我已經走了好長一段路。我超乎自己預期地走進了超級有錢人的生活裡，還誤打誤撞闖入財閥城市的軟肋中。探索富人公共與私下的生活讓我發現了一個門扉半掩的怪誕世界。我目睹財閥城市是如何操作金錢的流通、擴張與搜刮；見證了財閥城市是如何將財富濃縮成愈來愈高的一疊金錢，但僅供愈來愈少的一小撮人享用；還看到財閥城市如何運用沒有上限的奢華為有錢人的生活錦上添花。在此同時，地方政府在社會住宅、社會照護、公共衛生與社會福利等方面的預算正不斷大縮減，城市在「忽視」、「無家可歸」，也在「剝奪」的圍攻下，不斷地遭到削弱。

二〇二〇年春，COVID-19疫情重創一個已經搖搖欲墜的處境。倫敦陷入封城，店家、酒吧、餐館與飯店紛紛關門，城市變得黯淡無光。只剩骨幹的公車服務載著無論如何不能沒有的行業工作者，以及不出門工作就沒飯吃的窮人，車子行駛在荒涼的街道上。倫敦人排在買生活雜貨與藥品的零落隊伍中，吸收著空氣傳染的風險。那些生活還算有餘裕的人會化身現代山頂洞人，把孩子從學校叫回來，然後自己也在家遠距工作。肯辛頓、梅菲爾、騎士橋與切爾西的街道變得異常安靜，畢竟人都躲到室內了，不然就是跑到他們的鄉下別墅、遊艇，或國外的度假處，只留下倫敦的街道給遛狗的人，或是步行的研究者。我還是繼續從我城東的家騎腳踏車出發，執行著在城市裡步行的計畫，但此時的倫敦少了很多可看的東西，也少了與人邂逅的可能性。隨著公共生活從城市裡慢慢流逝，財閥倫敦的不透明性也日趨嚴重。

直到新聞開始流出消息。就在疫情還在初入冬那幾個月愈演愈烈的同時，總部在蘇黎世的瑞銀集團這間全球最大私人銀行公布了其十年來最佳的單季獲利。瑞士信貸也可望見到類似的財報結果。一名瑞銀集團的發言人形容這些獲利是勇氣的獎勵：他們的客戶沒有陷入恐慌，他們建立了自己的「部位」，逆勢投資於股票市場。在投資市場裡慧眼獨具能否跟在第一線對抗病毒的醫護人員共享勇氣一詞？無論你對以上問題抱持何種立場，稱讚人沒有在股市波動中亂了手腳，這種說法透露了一種很不一樣的世界觀跟價值觀。疫情讓百萬富翁跟億萬富翁更加有錢了。此外，科技也帶動了業者獲利的暴增，因為科技業既有的基礎建設可促成線上通訊與購物等活動。亞馬遜董事長傑夫·貝佐斯（Jeff Bezos）的身價淨值光是在二〇二〇年的三月到九月間，就增加了七百三十億美元。

根據《金融時報》的報導，「部分銀行家認為上一次超級富豪過得這麼順風順水，已經是二〇〇九年的事了，就在金融海嘯後崩盤當時。」一名記者報導說，對有錢人而言，「疫情比較類似一種不便，而沒有對他們的財富帶來存在上的威脅。」在二〇二一年六月，首相強生領導的英國政府宣布，對國家帶來「顯著經濟利益」的企業領導階層可豁免於我們一般人都要遵守的檢疫隔離限制。只是沒了高檔旅遊行程與高級餐館可去，有錢人在千百萬人丟了工作的節骨眼上，卻依舊在大買奢侈品。與此同時，國際貨幣基金報告說世界經濟光在二〇二〇年就萎縮了百分之四．四，導致全球數以百萬計的人陷入貧窮。[2]如此天差地遠的不同現實怎麼能共處在同一片街道上，而我們竟無能為力？

疫情迫使政府做出保守黨平常會認為無法想像的干預。在春季封城的初期，我騎著單車經過一群又一群無家者，他們聚集在倫敦宏偉的建築前，包括國家美術館跟聖保羅大教堂的入口，以及拉下鐵門的商店門口。雖然被剝奪了他們平日的收入來源——乞討、賣藝、賣《大誌》雜誌——他們卻像包下了這座城市。有些人在接受《紐約時報》記者訪問時還流露出樂天的口吻。「老實跟你說，新冠肺炎是發生在街友身上最棒的事情了。」一名男性倫敦無家者這麼說。[3]在美其名「大家有得住」（Everyone In）的政策中，英國政府受到壓力而出手高舉公衛與人道大旗，把餐風露宿者送進了飯店，但其實他們以前哪有那麼關心遊民。無家者——特別是到處露宿街頭的那些人——變成了大家對染疫的恐懼所催生出的全新公衛政治議題焦點。在倫敦總計八千五百五十五名餐風露宿者當中，[4]大約一千到一千四百人被安置到飯店中，靠的是英國政府撥款五億一千七百萬鎊的緊急救援金給各地方議會。

這些措施一直都被定位為應急之道，所以很快就不了了之。針對首都所面對最迫切的長期問題——平價住宅嚴重短缺與無家者，英國政府並沒有什麼解決的辦法。就在我寫作的同時，新的一群至今尚未登記在案的露宿者，正在把首都的大街小巷與各個門口當成床鋪。雖然有前住房部長羅伯特·詹瑞克（Robert Jenrick）所謂「里程碑式的決心」，要在首都提供六千個嶄新且各種設施齊備的住處，[5]但先不說至今只聞樓梯響，就算建出來了，數量也遠遠不夠。

要是有人還搞不清楚公共財政、財富的擴張與貧窮的深化之間有何關聯，有個牽涉到詹瑞克部長本人的事件足以說明一切。一名不動產開發富商暨保守黨金主：理查·戴斯蒙（Richard Desmond）設法在一場募款晚宴上得以列席住房部長身邊的座位，而且說巧不巧他當時恰好在為他的倫敦哈姆雷特塔自治市（London Borough of Tower Hamlets）共一千五百戶的建案進行遊說，希望能順利取得建照。戴斯蒙之所以這麼急，是因為哈姆雷特塔自治市議會正準備引入一套新的社區基礎建設稅（Community Infrastructure Levy），以支應地方上各種公共服務所需。戴斯蒙若能趕在新法上路之前取得建照，就可以省下至少四千萬鎊。對於貧窮問題在全聯合王國中數一數二高的哈姆雷特塔自治市而言，此舉無疑是一種剝奪。他們被剝奪的是如住房與社會福利等亟需獲得資金挹注才可成事的政府財政收入。[6]

疫情期間的倫敦既比之前貧困，也比之前有錢。貧富差距擴大成一條鴻溝。有大把大把錢之人與其所形塑出的城市處於一種難以長此以往的關係裡。財閥城市與其怪物般的造物——一座屬於貧窮與剝奪的城市——已經來到了危急存亡之秋。

財閥城市或許一副深溝高壘、不可一世的模樣——要豪車有豪車，要地下室泳池或各種鋪張浪費的設施也一應俱全，但一趟趟走下來，我發現這座城市並不如外表看起來那樣穩固。金錢固然懂得擺闊，但那只是掩蓋了金玉其外敗絮其中的事實：在特定狀況下，財閥城市將會轟然倒塌。COVID-19疫情給我們上的一課，是城市的劇變可能發生在轉瞬之間——一如某些事在政治上可行或不可行，也可能說變就變。財閥城市既能拔地而起，它也就能應聲倒地。奢侈產業可以轉而發揮更多具有社會意義的功能。遊艇拋光工與其他財閥的服侍者可以找到不需要被人呼來喚去、只能聽命行事的職業。倫敦的人才一旦不再被吸引去替有錢人賺更多的錢，這座城市會發展出什麼新的面貌？這樣的改變會為我們集體帶來什麼樣的好處？就連看起來八風吹不動的金錢機器，也在我靠近一瞧後，顯現出那張其實是日復一日被拼湊出的真面目：將它拼湊出來的，是後台領低薪的女性工作者，是由數學技客寫出的演算法，是研究結論可能對也可能不對的學者，是下班會去喝一杯聊是非的投資組合經理人，是下注有輸有贏的投機者，是那些負責清理辦公室跟街道的人員，是那些少了賺錢刺激腎上腺素噴發就活不下去的傢伙，是那些還記得二〇〇八年金融風暴是如何讓人活在不確定性裡，並且明白金錢機器可能驟然崩潰的過來人。所有看似無懈可擊的東西都可能煙消雲散，也都可能被其他東西取代。那些對窮人、對社會大眾、對我們文風不動的薪水跟大幅衰落的生存條件都視若無睹的權與錢的合謀，都可能被敲碎，再重新塑造過。

有大把大把錢的人的世界其實也有大把大把的脆弱之處，最大的證據就在於富人生活中那種鋪天蓋地的祕密性，以及那種見不得光、與庶民格格不入之處：私人的街道、私人俱樂部、安全封鎖線、演算法內建的祕密、私人會議室、私人藏身處。為什麼有那麼多祕密？究竟是什麼東西為了什麼原因，要這樣隱瞞起來？為什麼銀行家與量化分析師那麼不願意聊自己的工作？為什麼緩衝者的防衛心那麼強？步行的過程讓我意識到那些空間中其實並無太多真正的祕密。相反地，超級有錢人的祕密生活裡不外乎世俗、平庸的活動，另外加上他們的劣行、貪心、各種鋪張，還有他們擴張跟搜刮財富的手法：這些全都隱藏在公眾的監督視野之外。有錢人用一條帶子把自己圈圍起來，把城市生活擋在外面，只因為他們囤積財富的手段與浪費、不環保的生活方式根本禁不起公眾的質疑。那些明白這一點的人——西裝外套與蘇維埃這兩名慈善家、我在諾丁丘遇到的那些女性，還有里奇蒙的那些自由派——內心都有些不安。如此遮掩度日，其實是默默承認了財閥城市的脆弱性，有錢人要在同時間掩蓋他們內心的恐懼與不安。

我只能下一個結論：有錢這件事一如存在主義作者讓－保羅．沙特（Jean-Paul Sartre）在一個極度不同的脈絡中所言，是一種在本質上非常讓人緊張的狀態。我邊走邊挖掘出的一個個故事，都籠罩在焦慮的烏雲下。有大把大把的錢似乎不是什麼歡愉或幸福的來源，即便對有錢人自身也一樣，正如學生與助理透露給我的那些事所顯示的情況。囤積金錢本身就是一項很讓人緊張的活動。富裕就是一種令人深感不安的狀態，但並非富人的我們卻又一直被說服應該要立志變有錢。

城市中一種較為公平的新政治——一種可以讓貧富差距縮小的政治——是我們迴避不了的挑戰，而且有一些令人振奮的跡象顯示，只要政治環境對了，事情是可以改變的。普羅大眾對金錢與特權根深蒂固的渴望，正緩緩在各種具影響力的聲浪齊鳴中受到挑戰，這些有影響力的聲音都想要克制眾人致富的衝動，將財富能帶來的好處重新分配後，讓更多人雨露均霑。財富稅——代表我們終於承認努力衝高所得既非唯一、也不是最好的辦法——終於被提到了政治議題的討論中，雖然究竟要如何施行的細則仍有待釐清。上議院的奧古斯丁・湯瑪斯・歐唐諾爵士（Augustine Thomas O'Donnell, Baron O'Donnell）擔任近年幾任工黨與保守黨政府的內閣祕書，曾在財政研究所（Institute for Fiscal Studies）這麼重要的地方發言，表示新冠肺炎疫情「為顯然有著燃眉之急的稅務改革」創造出一個「政策立論平台」，而財富就是其鎖定的假想敵。[7] 隨著巴拿馬文件在二〇一六年曝光（外加二〇二一年的潘朵拉文件），女王陛下稅務及海關總署（HRMC，二〇二二年伊莉莎白二世過世後，改為國王陛下稅務及海關總署，以下簡稱稅務及海關總署）正在加緊追查那些藏匿資產圖謀避稅的人。在二〇一九到二〇二〇年間，稅務及海關總署對富人與企業啟動了四百三十宗逃漏稅調查，這個數字較諸先前有明顯的成長；另外他們還成立一個家庭調查（Family Investigation）小組來「以錢追案」，亦即透過家族投資公司的金流去鎖定遺產稅的規避行為。[8]只要稅務及海關總署可以藉預算跟專家的力量在這些事情上做出成果，而不被有錢人用錢的力量輾壓過去（畢竟有錢人請得起最頂級的會計師），那麼公共財政就能獲得顯著的挹注。英國已經鎖定一群境外資產的受益者兼所有權人，期望以此終結一部分海外財產不透明的現狀。

二〇一八年政府推出《財富來源不明法令》（Unexplained Wealth Orders），規定富裕的個人或企業有義務說明超過五萬鎊的每筆資產來源，這是遏止犯罪所得透過倫敦來洗錢的部分措施。與俄國反對派領袖、律師暨反貪腐健將阿列克謝·納瓦尼（Alexei Navalny）有來往的俄羅斯社群在二〇一六年租了一輛公車，並將車子改造成在倫敦行駛的「竊盜統治」導覽巴士——他們邀請媒體上車，並載著那些記者遊覽倫敦市區由俄羅斯、烏克蘭與哈薩克富商暨寡頭持有的房地產。

全球趨勢也朝著類似的方向發展。《共同申報準則》（The Common Reporting Standard）這項二〇一四年成立於經濟合作發展組織（OECD）成員國之間的協議，除了有助於推動境外查稅工作跟分享國家之間的情報以外，也能讓藏錢變得更加困難。[9]針對全球科技巨擘等跨國公司（在其獲利國家境內）課徵的財富稅，於二〇一七年的七大工業國（G7）高峰會跟後續會議上都有相關討論，只不過最終沒能達成協議。就連靠避險基金做空、從各式災難中大撈一筆的華爾街「災難資本家」吉姆·查諾斯（Jim Chanos）都在近期批評了銀行的「量化寬鬆」——把憑空

「印」出來的數位貨幣強推到市場中流通——已經讓富者愈富。他提出的解決之道？對財富（精確說是對非薪資所得）課稅，然後用稅金幫低薪勞工加薪，提高他們的生活水準。財閥城市得到了警示：改變要發生了，我們手握必備的工具可讓改變發生，只不過政壇有人不是很想挑戰有錢人的財富，才導致第一步遲遲無法跨出。

迫在眉睫等著我們對抗的氣候變遷，對財閥世界造成了另外一項挑戰。生態需求與金融活動之間的鴻溝，在二〇一九年六月被攤了開來：當時有抗議者打斷了英國財政大臣的倫敦金融城市長官邸演講——那裡可是倫敦財政資本的神聖內殿——結果外交部長馬克·菲爾德（Mark Field）被鏡頭拍到將一名女性抗議者粗暴地架出去，引發社會譁然。這場鬧劇反映出輿論對倫敦財閥潛在且深遠之影響力的看法，出現了變化，民眾已經意識到這些人慣常的鋪張對永續性很有殺傷力。頻繁的飛航、昂貴的私人飛機、閒置在地中海與加勒比海港中的遊艇、住不完的好幾個家、藝術品與名酒收藏、動輒將房子開腸破肚再用稀有建材進行改裝、昂貴且不怎麼穿的衣物：這些都成了可能遭千夫所指的譴責對象。雖然以各種辦法將自己「洗綠」（greenwashing；**環保版的洗白**），金融界已經擺明了不願意推動真正有意義的改革。說得更具體一點，這些巨富根本在享受人生的同時，直接危害到我們賴以維生的地球：樂施會一份二〇二〇年的研究顯示在一九九〇到二〇一五年間，地球上前百分之一的富人製造了後百分之五十窮人二氧化碳排放量的雙倍以上。[10]財閥生活的奢侈享受已經跟公眾觀感以及我們迫切需要的嶄新環保政策與施政目標，處於可能導向衝擊的發展軌跡上。

一套更跟得上時代、更符合社會公義的城市新政治，將能成為對抗過度消費的利器：不公平的稅制將因此獲得修正，增加的稅款可用來強化城市生活，讓廣大市民享受到更寬闊的綠地、更豐富的圖書館、更多的藝文活動與設施；社會福利、對無家者的援助、租金管制，還有平價社會住宅的興建都可以獲得更充沛的財源。倫敦可以蛻變成一個非常不同於以往的城市——一個為所有人的福祉而非少數富人的特權而存在的城市。新的城市政治將能重塑扭曲的財政結構，使其不再成為讓富者愈富的天堂。那些服務有錢人的廣大基礎建設——會計師、律師、理財專員與各類顧問——還有由男僕、清潔工、司機所組成的伴隨富者而生的服侍者階層，都將多少獲得解放。財力與人力將回歸到城市中，使之成為對城市中每一分子而言，都更加宜居的所在。

雖然有這些希望的微光閃動，改革的前路仍不無巨大的障礙阻擋。財富的誘惑仍對人的心思、想像與下意識充滿了吸引力。有錢人活在我們當中，也活在倫敦最高級的街道上。舉例來說，近期那些阻卻富人避稅的行動能改變城市到什麼程度，目前尚未可知，畢竟我們沒有資源跟政治上的力量去將政策貫徹到底。有錢人是強大的對手：不同於女王／國王陛下的政府，他們有的是錢能找來最棒的律師與公關專家，可能為他們在法庭上強辯，抑或為他們在媒體上擦脂抹粉。

有錢人最常見的招式就是威脅要從城市出走，順便把他們的錢也一併帶走，暗示這會對城市的共榮造成嚴重的打擊。經濟學者布瑞特．克里斯多福斯指出這長期以來都是一個空包彈：他們擁有的大把大把金錢不久前早就離開，去了富人境外的狡兔三窟。那麼超級有錢人又要去什麼地方呢？

在《擁有主權的個人：邁入資訊時代（暫譯）》（*The Sovereign Individual: Mastering the Transition to the Information Age*）一書中，兩位合著者：私人投資家詹姆斯．戴爾．大衛森（James Dale Davidson）與記者威廉．瑞斯—莫格爵士（Lord William Rees-Mogg，他兒子雅各〔Jacob Rees-Mogg〕是保守黨的英國國會議員，曾任下議院議長）又進一步拓展了此一論述。大衛森與瑞斯—莫格擘畫了一個幻想中的未來世界，那是一個無所不能的富人可以大隱隱於市的世界：雖然是作者在二十五年前所描繪的未來，但時至今日，某些超級富豪仍對其嚮往不已。在那種世界裡，「有能力創造出可觀經濟價值的個人能將大部分經濟碩果保留給自己」，而「中下階層則會被牆擋在外面」。國家會連同其福利體系一併瓦解，徒留一個貧困潦倒的下層階級，而不受政府或社會責任節制的富人階級，則將群起移往境外「安全無虞的實體空間」。[11] 這些「安全無虞的實體空間」的某種版本，如今已然存在我們四周，不妨看看倫敦西城街道上的那些宅邸吧。

但《擁有主權的個人》書中這種願景迄今仍是個反烏托邦幻夢：其中的法治、教育、醫療、道路、交通、離婚，乃至於富人離不開的服侍者階層之社會再製，全都脫離了維繫城市生活的公共基構與基礎建設，反而變成個人事務。一座不存在人際互惠、集體生活與鄰里互動的城市——

一切的一切都是有價買賣的城市——那是個多麼慘澹淒涼的未來，更是不可能永續存在的未來。本書描述了好幾場與人的邂逅，在這些故事中有條從頭至尾貫穿的縫線——認為錢可以帶著人逃開一切的信念；事實上，那是財閥城市中一種令人心驚、卻也根深蒂固的謊言。不論他們把牆砌得多麼嚴密，我們都呼吸著一樣的空氣，共同承擔著懸浮微粒的汙染與人畜共通病毒的危害。到最後，別無選擇的富人仍舊不得不做出新的妥協——他們將把這座城市與他們的財富，與所有人共享。

致謝

我最深切的感謝要傳達給那些信任我，把人生經歷托付給我的故事主人。匿名性的承諾讓我不能指名道姓，但沒有你們，這本書就無從寫成。你們的開放態度與直言不諱令我銘感五內。利華謙信託基金（Leverhulme Trust）以重大研究獎學金（Major Research Scholarship；MRF-2016-001）的形式給了這本書的基礎研究慷慨的支持，對此我無比感激。此外我要特別感謝安妮．比區（Anne Beech），謝謝她專業的編輯，給了我許多的建議並展現幽默。克里斯平．托洛夫（Crispin Thurlow）與提姆．塔頓（Tim Tutton）為了我的草稿有過許多爭辯，而那是一個讓本書變得更好的過程。我的伴侶，比爾．史瓦茲（Bill Schwarz），偶爾會陪我走上一段路；他不吝給予我的支持、指點與編輯都讓我非常感謝。威立出版社（Wiley）的路克．英格拉姆（Luke Ingram）在關鍵時刻為這本書提供了新鮮的視角。我最深切的感謝要致上給湯瑪斯．潘恩（Thomas Penn）、伊娃．哈德金（Eva Hodgkin）與安娜．威爾森（Anna Wilson），他們是企鵝出版的編輯群，感謝他們在本書付梓的過程中展現的耐心與專業能力。

此外我衷心感謝的還有許多在一路上以不同方式幫助過我的人：茱蒂斯・法夸爾（Judith Farquhar）、湯瑪斯・艾瑞克森（Thomas Erikson）、莎莉・亞歷山大（Sally Alexander）、索菲亞・諾爾斯—莫福特（Sophia Knowles-Mofford）、尼爾・貝爾頓（Neil Belton）、朗尼・黑爾曼斯（Ronny Heiremans）、凱特琳・沃米爾（Katleen Vermeir）、保羅・芬奇（Paul Finch）、威廉・諾爾斯—莫福特（William Knowles-Mofford）、莉迪亞・莫里斯（Lydia Morris）、路德維奇・杭特—提爾尼（Ludovic Hunter-Tilney）、羅傑・波爾斯、麥可・費勒史東、理查・韋伯、伊莉莎白・辛普弗斯爾（Elisabeth Schimpfössl）、麥可・齊斯（Michael Keith）、葛雷哥里・艾斯莫洛夫（Gregory Asmolov）、露娜・葛拉克斯伯格、安娜・泰勒（Anna Tylor）、湯姆・胡格沃夫（Tom Hoogewerf）、蓋布瑞爾・費爾川（Gabriel Feltran）、詹姆斯・魏茲（James Weitz）、諾瑪・瓊斯（Norma Jones）、詹・德瑞（Jan Derry）、克里斯・瓊斯（Chris Jones）、伯納・沃許（Bernard Walsh）、潔西卡・諾爾斯—莫福特（Jessica Knowles-Mofford）、吉兒・費茲修（Gill FitzHugh）、馬克・費雪（Mark Fisher）、烏蘇拉・歐文（Ursula Owen）、黛安娜・利頓（Diana Litton）、馬克・鄧福特（Mark Dunford）、羅藍・艾特金森、提姆・巴特勒（Tim Butler）、黛博拉・里德（Deborah Reade）、喬・霍普金斯（Jo Hopkins）、珍・普拉斯托（Jane Plastow）、莉茲・哈金森（Liz Hutchinson）、山姆・萊伯曼（Sam Liebmann）、約翰・麥可基爾南（John

McKiernan）、愛德華・希萊爾（Edward Hillel）、安傑洛・馬丁斯・朱尼爾（Angelo Martins Junior）、瑪麗亞・嘉納（Maria Garner）、梅麗莎・斯威廷・諾爾斯—莫福特（Melissa Sweeting Knowles-Mofford）、賴瑞・麥可吉尼提（Larry McGinity）、克蘿伊・納斯特（Chloe Nast）、艾許・阿敏（Ash Amin）、茱莉葉特・克里斯騰森（Juliette Kristensen）、艾里娜・勒德內瓦（Alena Ledeneva）、阿巴斯・諾克哈斯特（Abbas Nokhasteh）、保羅・哈勒戴（Paul Halliday）、克絲登・坎貝爾（Kirsten Campbell）、莎莉・懷厄特（Sally Wyatt）、班・柯林斯（Ben Collins）、艾莉西亞・魯佛洛爾（Alicia Rouverol）、艾瑞克・利頓（Eric Litton）、卡洛・瑞瓦斯（Carol Rivas）、威爾・戴維斯（Will Davies）、琳恩・希格爾（Lynne Segal）、夏洛特・菲爾克勞（Charlotte Fairclough）、克萊兒・麥克斯威爾（Claire Maxwell）、珍・肯威（Jane Kenway）、派翠克・諾爾斯（Patrick Knowles）、夏洛特・柯爾（Charlotte Cole）與珍・柯林斯（Jane Collins）。

「注釋」

序

1. Estimates vary: 'The World Now Has More Than 20 Million Millionaires', https://www.consultancy.uk/news/28371/the-world-now-has-more-than-20-million-millionaires
2. World Wealth Report 2021', https://worldwealthreport.com/resources/world-wealth-report-2021/
3. Eight Billionaires Own as Much as Poorest Half of Global Population', https://philanthropynewsdigest.org/news/eight-billionaires-own-as-much-as-poorest-half-of-global-population
4. 'World Wealth Report 2021'.
5. 英國如今落於美國、日本、德國、中國與法國之後。See also Cristobal Young, *The Myth of Millionaire Tax Flight: How Place Still Matters for the Rich*, Stanford University Press, 2018.
6. 'Rich List 2021: How the Covid Pandemic Spawned More Billionaires than Ever', https://www.thetimes.co.uk/article/sunday-times-rich-list-2021-covid- billionaires-uk-57vjgrp7s
7. Iain Hay, 'On Plutonomy: Economy, Power and the Wealthy Few in the Second Gilded Age', in Iain Hay and Jonathan v. Beaverstock (eds.), *Hand book on Wealth and the Super-Rich, Edward Elgar*, 2016, pp. 68–93.
8. 從二〇一六到二〇二一年，由國際調查記者聯手揭露的三波機密文件，內容均涉及了各國政要、權貴與財閥們刻意隱藏、未經曝光的海外資產。
9. *Brideshead Revisited*。小說家伊夫林．沃（Evelyn Waugh）寫於二次大戰尾聲，以戰時人心動盪的一九四四年為背景，描述英國特權階層沒落的故事，曾於一九八一年改編為影集，二〇〇八年改編成電影《欲望莊園》。
10. *Upstairs, Downstairs*。英國一九七〇年代的電視連續劇。
11. *Made in Chelsea*。以高檔的倫敦切爾西地區為舞台，由製作單位編排打造的名媛暨富二代實境秀。

12. 這個計畫稱為'A Study of Everyday Life in the Alpha Territories'，並從二〇一二年進行到二〇一五年，資金來源是經濟與社會研究委員會（The Economic and Social Science Research Council）。我的研究同仁有羅傑．波爾斯（Roger Burrows）、羅藍．艾特金森（Rowland Atkinson）、提姆．巴特勒（Tim Butler）、理查．韋伯（Richard Webber）、麥可．費勒史東（Mike Featherstone）與麥可．薩韋吉（Mike Savage）。露娜．葛拉克斯伯格（Luna Glucksberg）為研究助理。
13. Iain Sinclair，1943~，英國作家兼電影製作人。
14. Teju Cole，1975~，奈及利亞裔美國作家。
15. Raja Shehadeh，1951~，巴勒斯坦人權律師兼作家。
16. Raja Shehadeh, Palestinian *Walks: Notes on a Vanishing Landscape,* Profile Books, 2008; Teju Cole, Open City, Faber & Faber, 2011; Iain Sinclair, The Last London, Oneworld, 2017; Walter Benjamin, The Arcades Project, Harvard University Press, 2002; and Virginia Woolf, *Street Haunting: A London Adventure(1927)*, Symonds Press, 2013.
17. The City／City of London，倫敦金融城是大倫敦都會區的一個行政區，也是歷史悠久的金融重鎮，倫敦證券交易所與英格蘭銀行（即英國央行）都位於此地。
18. *Canterbury Tales*。《坎特伯利故事集》為英國詩人喬叟的代表作，在文學史上與但丁的《神曲》、跟薄伽邱的《十日談》齊名，其內容講述一群行經倫敦郊外客棧的朝聖者為了排遣旅途中的寂寞，大家依次講述自己所知的奇聞軼事，包括中世紀英格蘭三教九流的生命百態，由此拉開全書的帷幕。
19. 英國國家統計局（Office for National Statistics；ONS）的最新估計。
20. 在*In Alpha City: How London Was Captured by the Super-Rich*, Verso, 2020一書中，地理學者羅藍．艾特金森闡述了財富極端集中這件事在其他倫敦人的流離失所與生活條件惡化中，產生了什麼樣的效果。
21. 倫敦都會區於一九六五年組成大倫敦行政區，組成包括三十二個倫敦自治市加倫敦金融城，由倫敦市長及議會共同管轄。
22. 'Homelessness', London Review of Books (20 December 2018).
23. 查爾斯．布斯做成了一張一八九九到一九〇〇年的倫敦社會地圖，用顏色區分了不同街道的財富等級，詳見：https://www.museumoflondon.org.uk/discover/mapping-wealth-poverty-london-charles-booths-poverty-map

第1章　迪奇的量化分析師

1. 貫穿本書的所有人物都獲得了匿名性的保證，所以我稱呼他們一律使用假名。惟少年特立獨行放棄了匿名，所以我才能將他的酒吧名字寫出來。.

2. 英文全名是 *Through the Looking-Glass, and What Alice Found There*，為英國作家路易斯・卡羅於一八七一年出版的文學作品，也是《愛麗絲夢遊仙境》（*Alice's Adventures in Wonderland*）的續集。
3. 又稱AK步槍，一九四七年版就是所謂的AK-47。
4. 典出舊約聖經但以理書，為出現在宴會牆壁上，預言巴比倫王國將覆滅的文字，後人遂以「牆上的字跡」比喻指「災禍將至的凶兆」。
5. Mariana Mazzucato, The Value of Everything: Making and Taking in the Global Economy, Penguin, 2018.（繁體中文版為《萬物的價值：經濟體系的革命時代，重新定義市場、價值、生產者與獲利者》，麥田出版）
6. Gentrification，一譯縉紳化，指的是社會發展的一種「中產階級化」現象，具體過程是一個舊城區從原本聚集低收入者，到改建後推高地價及租金，致使中高收入者遷入並取代原有低收入者。

第2章　玻璃塔中的銀行家

1. Lloyd's coffee house。勞埃德咖啡館在十七跟十八世紀時是倫敦重要的聚會場所，於一六八六年由愛德華・勞埃德（Edward Lloyd）在塔街（Tower Street）創立後，就成為了水手、商人與船東碰頭的熱門地點。此處常見的話題有海運保險、船舶經紀和對外貿易。
2. David Kynaston, *The City of London, vols*. 1–4, Chatto and Windus, 1994–2002.
3. Royal Exchange，始建於十六世紀，現在的建物是一八四四的重建版本，造型採新古典建築風格，正面有科林斯柱式的的門廊及一面三角牆。原本是商業專用建築，如今裡面有辦公室、精品店與餐廳。
4. Linda McDowell, *Capital Culture: Gender at Work in the City*, Black- well, 1997.
5. The Big Bang，即「金融大爆炸」，指的是一九八六年發生在倫敦金融城，旨在大幅度減少監管的金融大變革。具體而言在大爆炸之後，外國財團獲准購買英國上市公司，倫敦金融城內的投資銀行和證券經紀商出現了組織架構與所有權上的巨變，管理風格上更趨於國際化。此外藉電腦和電話進行的電子交易也開始取代傳統的當面議價，促使金融市場的競爭趨激。日後類似精神的管制鬆綁也會循例被稱為大爆炸，如二〇〇一年的日本金融監理放寬就是一例。
6. Rowan Moore, *Slow Burn City*, Picador, 2016.
7. Ibid.
8. The milk round。本意是早上送牛奶的路線，後引申為企業為自我宣傳跟物色人才而進行的校園巡迴之旅。

9. Chris Rhodes, 'Financial Services: Contribution to the UK Economy', House of Commons Briefing Paper 6193 (25 April 2018).
10. Brett Christophers, *Banking across Boundaries: Placing Finance in Capitalism*, Wiley-Blackwell, 2013.
11. Ibid., p. 44.
12. Spread betting，又稱點差交易，是一種押注事件結果的賭博，獲利取決於押注的準確性，賺與賠都可能因為猜想的準確與否而大幅超過原始的賭金。價差賭注在英國發展迅速，且主管機關並非英國的博彩委員會，而是出掌金融事務的金融行為監理總署，惟稅務部門仍將之視為賭博而非投資行為，另價差賭注的標的已經從傳統的運動賽事結果與金融商品價格外溢到房價等非傳統的領域。
13. Susan Strange, *Casino Capitalism*, Manchester University Press, 1997.
14. 降落時段指的是飛機獲准起降的特定時間窗口。
15. Robert Frank, *Richistan*, Piatkus, 2007.
16. 資料來源為哈姆雷特塔官網（https://www.towerhamlets.gov.uk）內的自治市檔案（Borough Profile），現已移除。

第3章　梅菲爾的魔力

1. 'May Fair', in *Old and New London*, vol. 4, Cassell, Petter and Galpin, 1878, British History Online, https://www.british-history.ac.uk/old- new-ondon/vol4/pp345-359
2. *Big Issue*，起源於英國的社會企業，經營模式是透過特殊的販售通路出貨給無家者，然後由無家者在路邊進行販售，利潤歸於街友，雜誌內容以社會議題、時事與藝文內容為主，台灣鬧區的路上也偶爾可見。
3. 避險基金正在走下坡，二〇一八年有五百八十家關門。巔峰時期的它們共管理了兩兆美元的資產。該產業衰退的原因被指出有收費下降、報酬率下降、逐利的避險基金數增加，還有監理日趨嚴格。Robin Wrigglesworth, Laurence Fletcher and Lindsay Fortado, 'Keeping It in the Family', *FT Weekend* (26/27 January 2019).
4. 'London Private Equity Firms', https://www.crunchbase.com/hub/london-private-equity-firms
5. 'Private Equity Moves beyond London in Search for Deals', https://www.ft.com/content/15403ff2-150a-11e9-a581-4ff78404524e. 各方估計不盡相同，所以我們很難得出一個精確的數據，尤其倫敦市況處於持續的變化中，可以確定的是倫敦被「過度捕撈」，並自二〇一七年起就在流失私募基金公司，它們移轉到了別的地方。

6. 'Hedge Funds', Investopedia, checked 28 November 2019.
7. Wrigglesworth, Fletcher and Fortado, 'Keeping It in the Family'.
8. Rob是名字，rob是搶劫的意思。
9. 資料來源是「高等法院家事部門判例」（High Court Family Division Decisions）這些對外公開在英國與愛爾蘭法律資訊研究所（Bailii；British and Irish Legal Information Institute）官網上的文件。
10. Soho House。一九九五年，英國餐館與俱樂部業者尼克·瓊斯（Nick Jones）在倫敦蘇活區開設了一間以頂尖藝術、媒體創作者與政治人物為客群的私人俱樂部，名為「蘇活之家」，旨在以會員制提供活動場地、餐廳、電影院與住宿等高級的生活與交誼空間。其特色在於風格多變的室內設計往往與風尚潮流、時代精神以及當地文化背景高度結合，展現出獨特而細緻的生活氛圍。

第4章　梅菲爾的夜晚

1. Edwardian era，指一九〇一到一九一〇年英國國王愛德華七世在位時期，或甚至延續至一九一四年，介於維多利亞時代和第一次世界大戰之間。
2. 資料來源為韋瑟羅爾官網（https://wetherell.co.uk）上的市場報告，登入於二〇一六年四月，惟內容現已移除。
3. Ibid.
4. Philip Green，英國商人，二〇二三年估計資產達九億英鎊。
5. Yah，英國有錢人給人的刻板印象是會用敷衍的yah去代替好好說話的yes，所以很多人就管這些有錢人叫yah。
6. Frank Mort, *Capital Affairs: London and the Making of the* Permissive Society, Yale University Press, 2010.
7. 這一點很難確立，但在《俄國人在倫敦（暫譯）》（*Londongrad*；Fourth Estate, 2010）一書中，馬克·霍林斯沃斯（Mark Hollingsworth）與史都華·蘭斯利（Stewart Lansley）認為在高級酒店裡服務客人的性工作者就是這個行情。

第5章　幫魚擠卵

1. 私募基金為人詬病的比較不是短線操作，而是高槓桿與金融工程。
2. 西北航道指的是從格陵蘭經加拿大北部到阿拉斯加北岸的航道，是大西洋和太平洋之間距離最短的航道。
3. 在《俄羅斯富人（暫譯）》（*Rich Russians*；Oxford University Press, 2018）一書中，伊莉莎白·辛普弗斯爾（Elisabeth Schimpfössl）對此有非常清晰的說明。
4. Young British Artists（YBA），或譯英為國青年藝術家，是一個活躍於英國倫敦的柔性藝術家團體，成立於一九八八年。許多第一代成員出身金匠學院

（Goldsmiths）的美術系，第二代則多為皇家藝術學院校友。其代表性人物多出生於一九六〇年代中期，已非現今意義上的青年 。

5. ‘Larry Gagosian’, https://www.interviewmagazine.com/art/larry-gagosian
6. ‘Larry Gagosian: The Fine Art of the Deal’, https://www.independent.co.uk/news/people/profiles/larry-gagosian-the-fine-art-of-the-deal-398567.html
7. Jan Dalley, ‘Art in a Spin’, FT Weekend (22/23 February 2020).
8. Sharon Zukin, Naked City: *The Death and Life of Authentic Urban Places*, Oxford University Press, 2010.
9. Jan Dalley, ‘Can the Art World Clean Up Its Act?’ *Financial Times* (21 February 2020).
10. ‘UK Art Dealer Matthew Green Charged in a $9 Million Picasso Money-Laundering Sheme’, https://news.artnet.com/art-world/matthew-green-charged-money-laundering-us-1236929

第6章　一場俱樂部與大富翁的遊戲

1. Greek Revival，希臘復興式建築是指十八世紀末到十九世紀出一場風行於北歐與美國的建築新風潮，主要內涵是模仿古希臘建築風格，主要是當時的考古學發展豐富了現代人對於古希臘建築風格的認識。
2. The In & Out Club，此乃俗稱，正式名稱為海軍與軍事俱樂部（The Navy and Military Club）
3. A Home from Home’, https://www.economist.com/britain/2015/09/17/ a-home-from-home
4. 資料來源為‘Club Ties’ (June 2013)，網路位置是《旁觀者報》官網（https://www. spectator.co.uk），今已遭移除。
5. ‘Tory Leadership: Farage Donor Robin Birley Puts Money Behind Boris Johnson’, https://www.thetimes.co.uk/article/tory-leadership-farage-donor-robin-birley-puts-money-behind-boris-johnson-v9qt3j02n
6. ‘Tigers, Tarts and a Family Feud’, https://www.thetimes.co.uk/article/tigers-tarts-and-a-family-feud-sqzqtzc9f7n
7. Family office，家族辦公室是私人財富管理顧問公司，專門為超高淨值客戶的家庭提供服務，對象通常是總資產在一億美元以上的高淨值人士。
8. ‘George: The Private Club where Murdoch and Cameron Courted’, https://www.theguardian.com/politics/2012/apr/27/george-private-club-cameron-murdoch
9. Rachel Sherman, *Uneasy Street: The Anxieties of Affluence*, Princeton University

Press, 2017.
10. Damascus Conversion，一名基督徒的迫害者掃羅（亦稱保羅）在從耶路撒冷到大馬士革（羅馬帝國敘利亞省會）抓捕基督徒的路上突然發生轉變，後引申為突然的改邪歸正。

第7章　公爵殿下的蜜蜂

1. 'Berkeley Square, Westminster', https://hidden-london.com/gazetteer/berkeley-square/
2. 'Arabs Pay ￡345m for Berkeley Sq', https://www.thisismoney.co.uk/money/news/article-1555932/Arabs-pay-163345m-for-Berkeley-Sq.html
3. 'One in Ten Mayfair Properties Has Middle East Owners', https://www.morganpryce.co.uk/knowledge-centre/exclusive-news-articles/one-in-ten-mayfair-properties-has-middle-east-owners

第8章　肥水不落外人田

1. Thomas Picketty, *Capital in the Twenty-First Century*, Harvard University Press, 2017.
2. 'The Rise of the Family Office: Where Do They Go Beyond 2019?', https://www.forbes.com/sites/francoisbotha/2018/12/17/the-rise-of-the-family-office-where-do-they-go-beyond-2019/#4aa310d25795
3. Nathan Brooker, 'Uncovering London's Hidden Wealth', *FT Weekend* (21 March 2020)
4. Gemma Acton, 'Panama Papers Shine Light on London Real Estate' (11 April 2016), https://www.cnbc.com/2016/04/11/panama-papers-shine-light-on-london-real-estate.html
5. 'Explore the Panama Papers Key Figures', https://www.icij.org/investigations/panama-papers/explore-panama-papers-key-figures/
6. Hollingsworth and Lansley, Londongrad, p. 18.
7. 'The Power Players', https://www.icij.org/investigations/panama-papers/ the-power-players/
8. Acton, 'Panama Papers Shine Light'
9. 在〈家族辦公室與當代朝代式財富的基礎建設（暫譯）〉（Family Offices and the Contemporary Infrastructures of Dynastic Wealth）（*Sociologica 2*;2016）一文中，露娜・葛拉克斯伯格與羅傑・波爾斯提到一名財經記者表示家族辦公室歷史可以追溯回一九七一年。我也受益於葛拉克斯伯格在瑞士會議中做成的筆記。

10. Peter York, *The Blue Riband,* Penguin, 2013, pp. 52–4, quoted in Glucksberg and Burrows, 'Family Offices and the Contemporary Infrastructures of Dynastic Wealth'.
11. 他們的樣本不算大，但在資料荒中仍屬彌足珍貴。他們在線上訪問了三百一十一名家族辦公室使用者，外加服務於家族辦公室的二十五名職員。https://www.ubs.com/global/en/global-family-office/reports/global-family-office-report-2020.html

    Inns of Court，英國律師學院成立於中世紀，由林肯律師學院、中殿律師學院、內殿律師學院、格雷律師學院組成，但四所律師學院互不隸屬。律師學院是訓練英國大律師的組織，在英國執業的現役大律師均會是其中一間律師學院的會員。
12. York, *Blue Riband*, pp. 47–9, quoted in Glucksberg and Burrows, 'Family Offices and the Contemporary Infrastructures of Dynaslic wealth'.

第9章　離異的藝術

1. Lincoln's Inn Office，林肯律師學院，是英國倫敦四所律師學院之一，負責向英格蘭及威爾斯的大律師授予執業認可資格。成立於十五世紀，據信是以第三代林肯伯爵・亨利・德・萊西命名。
2. Central Criminal Court，中央刑事法院位於英國倫敦，負責處理英格蘭和威爾斯的重大刑事案件。此地曾是中世紀新門監獄的所在地，而所在街道則俗稱為老貝利。
3. Jersey，英吉利海峽上的一個小島，距離法國較近，但出於各種歷史因素而成為了英國王室的屬地。
4. Half-term，英國一學年有三個學期，當中有期中假期。
5. 白領結是男士出席正式場合最高等級的穿著，女性的禮服也得有相應的講究程度。
6. Ascot Racecourse，雅士谷馬場是位於英國伯克郡（Berkshire）雅士谷的一個馬場，與英國王室關係匪淺，最負盛名的是每年六月下旬的皇家雅士谷賽馬日。
7. John Urry, *Offshoring*, Polity, 2014; and John Urry, 'The Super-Rich and Offshore Worlds', in Thomas Birtchnell and Javier Caletrío (eds.), *Elite Mobilities*, Routledge, 2014, pp. 226–40.

第10章　燃燒的塔樓

1. 'The Real Meaning of "Rachmanism"', https://www.nybooks.com/daily/2019/12/23/the-real-meaning-of-rachmanism/
2. 完整的說明另見Andrew O'Hagan, 'The Tower', London Review of Books, vol. 40, no. 11 (7 June 2018).
3. 資料來源是https://www.trustforlondon.org.uk，惟相關內容已遭移除。
4. 通花常用法文被寫成broderie anglaise，意思就是「英式刺繡」，屬於一種白色刺繡技術，當中結合了刺繡、鏤空和針線花邊等技術，因為曾於十九世紀在英國風行而得名。
5. Grenfell Tower Inquiry, Phase One, Report, October 2019, presided over by Sir Martin Moore-Bick.
6. O'Hagan, 'The Tower'.
7. 完整的描述見10-6。
8. 'Social Housing in the Borough', https://www.rbkc.gov.uk/housing/social-housing/local-housing-information
9. P. Hubbard and L. Lees, 'The Right to Community? Legal Geographies of Resistance on London's Gentrification Frontiers', CITY 22(1) (2018): DOI 10.1080/13604813.2018.1432178
10. 'Challenging the Gentrification of Council Estates in London', https://www.urbantransformations.ox.ac.uk/blog/2018/challenging-the-gentrification-of-council-estates-in-london/
11. 'White Riot: The Week Notting Hill Exploded', https://www.independent.co.uk/news/uk/home-news/white-riot-the-week-notting-hill-exploded-912105.html
12. 資料取得自種族關係研究所（Institute of Race Relations）官網，網址是http://www.irr.org.uk，惟相關內容已遭移除；'Rights, Resistance and Racism': The Story of the Mangrove Nine', https://blog.nationalarchives.gov.uk/rights-resistance-racism-story-mangrove-nine/
13. 可疑人物法具體指的是一八二四年《流浪者法》（Vagrancy Act）的第四款，當中授權警察逮捕他們懷疑有犯罪意圖的遊蕩者。種族平權智庫倫尼米德基金會（Runnymede Trust）形容這是英國街道遭到種族化的關鍵機制：http://www.irr.org.uk/news/fighting-sus-then-and-now/
14. 'The'rebel' history of the Grove', https://irr.org.uk/article/the-rebel-history-of-the-grove/
15. Prep school，大致收三到十一歲之間的學生，之後準備進入中學名校就讀。
16. Home Counties，英格蘭東南方，以倫敦為中心的富庶各郡。

17. 'Grenfell Tower Cladding Failed to Meet Standard', https://www.bbc.co.uk/news/uk-43558186
18. 'Grenfell Tower Inquiry: Phase 1 Report Overview', https://assets.grenfelltowerinquiry.org.uk/GTI%20-%20Phase%201%20report%20Executive%20Summary.pdf
19. Andrew O'Hagan, 'Letters', London Review of Books, vol. 40, no. 12 (21 June 2018).
20. O'Hagan, 'The Tower'.

第11章　三角形裡的生活

1. 布魯姆斯伯里學派又稱布魯姆斯伯里團體，是從一九〇四年到二戰期間，以英國倫敦的布魯姆斯伯里地區為中心活動的文人與藝術家團體，小說《窗外有藍天》的作者E・M・佛斯特也在一九一〇年左右加入。
2. 方形的英文是square，這裡指的是他們所在的布魯姆斯伯里廣場。
3. 簡章取得自伊頓公學官網，網址是https://www.etoncollege.com，惟相關內容已遭移除。
4. Shamus Rahman Khan, 'The Ease of Mobility', in Thomas Birtchnell and Javier Caletrío (eds.), Elite Mobilities, Routledge, 2014, pp. 136–48; and Shamus Rahman Khan, Privilege: *The Making of an Adolescent Elite at St Paul's School*, Princeton University Press, 2011.
5. 法國社會學家皮耶，布赫迪厄（Pierre Bourdieu）在《區判：品味判斷的社會批判》（*Distinction: A Social Critique of the Judgement of Taste*, 1979, Routledge, 2006, pp. 2–3）（繁體中文版由麥田出版）一書中開發了這個詞，指的是人在社會上的一種存在狀態，且讓人進入這種狀態的「區判」，又是源自於對特定種類品味的培養。擁有某種「文化稟賦」，意味著精通以特定的風格來生活，而形塑這些生活風格的，是奢華與特權。
6. Wednesday Martin, *Primates of Park Avenue*, Atria Books, 2015.（繁體中文版為《我是一個媽媽，我需要柏金包！：耶魯人類學家的曼哈頓上東區臥底觀察》，時報出版）
7. 'Number of Billionaires around the World in 2019, by Gender', https://www.statista.com/statistics/778577/billionaires-gender-distribution/
8. 'Men Account for 90% of All Global Billionaires', https://www.verdict.co.uk/90-percent-millionaires-male/
9. Turn on, tune in, drop out是美國心理學家提摩西・李瑞的名言，而且稱得上是定義了上世紀六〇年代反文化嬉皮運動的「六字真言」。他用這句話呼籲人要脫離主流的消費主義體制，把頻率對準自己的內心世界，其強調的是內省，是朝內心尋找自主性、自由還有煩惱的出口。

第12章　一路南下

1. 阿爾伯特指的是阿爾伯特親王，即維多利亞女王的夫婿。
2. 'What is It Like to Live on Britain's Most Expensive Street', https://www.theguardian.com/money/2014/apr/07/londons-most-expensive-street-kensington-palace-gardens
3. Liar's Dice，一種遊戲，玩法可參考徐乃麟主持過的綜藝節目《小氣大財神》。
4. 'Coming out' persisted into the mid-1960s and beyond. See Sophie Campbell, *The Season: A Summer Whirl through the English Social Season*, Aurum, 2013.
5. Charlie Clore，1904-1979，英國金融家兼慈善家。
6. Selfridges，成立於一九〇九年的英國高檔百貨，現為僅次於哈洛德、英國第二大的百貨業者。
7. 這種事情很驚人地一直延續到夫人「出道」的一九六〇年代中期。詳細說明可見12-4。

第13章　巡邏

1. 'The Bizarre Secret of London's Buried Diggers', https://www.newstatesman.com/business/2014/06/bizarre-secret-london-s-buried-diggers
2. Mansion block，通常蓋在維多利亞時代或愛德華時代的分層公寓，建材多為紅或黃磚，位置通常在市區的高級地段，並具有華麗的門面、挑高的天花板，以及具有時代感的裝飾。
3. Sophie Baldwin, Elizabeth Holroyd and Roger Burrows, 'Luxified Troglodytism? Mapping the Subterranean Geographies of Plutocratic London', arq 23(3) (2019), pp. 267–82: DOI 10.1017/S1359135519000356. 這篇精采的研究解釋了從二〇〇八到二〇一七年間，倫敦在肯辛頓一切爾西等自治市裡開挖地下室的情況。另見Roger Burrows, Stephen Graham and Alexander Wilson, 'Bunkering Down? The Geography of Elite Residential Basement Development in London', urban Geography (2021): DOI 10.1080/02723638.2021.1934628.
4. Kensington Society website, http://www.kensingtonsociety.org/. See also 'Kensington High Street, South Side', in Survey of London, vol. 42, London, 1986, British History Online, https://www.british-history.ac.uk/survey-london/vol42/pp77-98
5. Annabel Walker, with Peter Jackson, *Kensington and Chelsea*: *A Social and*

Architectural History, Antler Books, 1987. 這項研究針對肯辛頓的近代史提供一些頗實用的描述。這一帶的名宅包括肯辛頓男爵莊園（Lord Kensington's estate）、菲利莫爾莊園（Phillimore Estate）與荷蘭屋（Holland House；位於荷蘭公園內）。

6. Roger Burrows and Caroline Knowles, 'The "Haves" and the "Have Yachts": Socio-Spatial Struggles in London between the "Merely Wealthy" and the "Super-Rich"', *Cultural Politics* 15(1) (2019), pp. 72–87: DOI 10.1215/17432197-7289528
7. Simon Thurley, 'How Kensington Became Part of London' (2019), Kensington Society Annual Reports, http://www.kensingtonsociety.org/wp-content/uploads/Annual-2019%E2%80%932020.pdf

第14章　骯髒的窗戶

1. 二〇一七年夏天，在倫敦的老貝利。
2. Schimpfössl, *Rich Russians*, p. [TK].
3. Hollingsworth and Lansley, *Londongrad*, p. [TK].
4. 'Russian Corruption is Poisoning Britain', https://www.thedailybeast.com/russian-corruption-is-poisoning-britain
5. Karen Dawisha, *Putin's Kleptocracy: Who Owns Russia?*, Simon & Schuster, 2014. This study describes in detail the regime of Vladimir Putin.
6. 'Investor Visa (Tier 1)', https://www.gov.uk/tier-1-investor

第15章　等待

1. 'Pampered Prince Puts Sun King in Shade', https://www.theguardian.com/uk/2002/nov/16/monarchy.jamiewilson
2. 'Domestics: UK Domestic Workers and Their Reluctant Employers', https://www.bl.uk/collection-items/domestics-uk-domestic-workers-and-their-reluctant-employers
3. 'Britain's Butler Boom', https://www.cnbc.com/id/100644298
4. 'The Servants Making $150,000 a Year', https://www.bbc.com/worklife/article/20160119-the-servants-making-150000-a-year
5. 'More Butlers Do It as London Embraces Incomes with Eight Digits', http://www.butler-valetschool.co.uk/media-press/more-butlers-do-it-as-london-embraces-incomes-with-eight-digits
6. 取材自韓德森先生的網站，現已停用。
7. 'More Butlers Do It as London Embraces Incomes with Eight Digits', http://www.

butler-valetschool.co.uk/media-press/more-butlers-do-it-as-london-embraces-incomes-with-eight-digits

第16章　切爾西製造

1. 在《實境電視與階級，（暫譯）》（*Reality Television and Class*）（Routledge, 2012）一書中，比佛利・史凱格斯（Beverley Skeggs）與海倫・伍德（Helen Wood）表示實境電視節目並不「實」，那背後都是有劇本的。
2. 二〇〇九年，布魯克・麥格南提（Dr Brooke Magnanti）頂著博士頭銜向《衛報》記者英迪雅・奈特（India Knight）自爆她除了是筆名「牽牛花」（Belle de Jour）的部落格與書籍作者以外，也曾經是一名鐘點費高達三百英鎊的妓女——在二〇〇三到〇四年攻讀博士期間，她曾迫於生計下海。天曉得有多少出身並不貧困的學生跟受過高等教育的年輕女性曾為了支撐自身的學業跟想要的生活方式，而踏上過這條道路?

第17章　東西

1. Mood board，簡單來說就是用來表達情緒和感覺的板子，真正的一塊實體板子。很多平面或空間設計師都會在啟動一個案子前先製作一塊情緒板，把所有和案子有關的素材、圖片、字體、元素等等集合起來，拼貼在一面板子上，藉此來形塑客人想要的感覺和風格，把客人的想像「具體化」，好讓之後在執行設計時有參考依據，不會因為在尋找素材的過程中失去方向，也避免做出來的成品跟客人的想像完全不一樣。
2. 'Meet the Billionaires Who Live in the World's Most Expensive Apartment Building', https://www.businessinsider.com/who-lives-in-londons-one-hyde-park-2013-3?r=US&IR=T
3. *How to Spend It* (FT, 15 June 2019), p. 39
4. Bourdieu, *Distinction*.
5. Crispin Thurlow and Adam Jaworski, 'Visible–Invisible: The Social Semiotics of Labour in Luxury Tourism', in Thomas Birtchnell and Javier Caletrío (eds.), *Elite Mobilities*, Routledge, 2014, pp. 176–93. 另見Crispin Thurlow, 'Expanding our Sociolinguistic Horizons? Geographical Thinking and the Articulatory Potential of Commodity Chain Analysis', *Journal of Sociolinguistics* 24(3) (2020): DOI 10.1111/josl.12388, 內有對各種特權施行的深入剖析。
6. Argos是英國家喻戶曉的零售賣場，產品類別無所不包。
7. Andy Beckett, 'How to Spend It: The Shopping List for the 1%', *Guardian* (19 July 2018).

8. *How to Spend It* (FT, 13 December 2019).
9. 社會學家艾瑪・史賓斯（Emma Spence）根據其擔任奢華遊艇組員的親身經驗表示看電視是最受歡迎的活動。Emma Spence, 'Performing Wealth and Status: Observing Super Yachts and the Super-Rich in Monaco' (2015), in Iain Hay and Jonathan Beaverstock (eds.), Handbook of Wealth and the Super-Rich, Edward Elgar, 2016.

第18章　被一頭章魚生吞活剝

1. 攝政時代是指從一八一一到一八二〇年間，由喬治四世擔任攝政王的時代，當時的英王其實是喬治三世，但他因為精神狀態不佳而難以視事，所以才由身為王儲的長子喬治四世代理。
2. Deloitte Private, 'Family Office Personal Risk and Reputation Management', https://www2.deloitte.com/content/dam/Deloitte/uk/Documents/corporate-finance/deloitte-uk-family-office-personal-risk-and-reputation-management.pdf
3. Hellmann's，平價美乃滋品牌。

第19章　財富與風險

1. Frank, *Richistan*, p. [TK].
2. Deep state，一種陰謀論，具體指的是「未經民選過程，由軍隊、警察、政治團體等單位所組成、為保護其特定利益而祕密並實際控制國家的集團」
3. Schillings website, https://www.schillingspartners.com/#why-us, checked 24 June 2020

第20章　死寂的街道

1. 'Bunker Mentality: How Wentworth Golf Club Won the War', https://www.thegentlemansjournal.com/article/bunker-mentality-wentworth-golf-club-won-war/
2. Arts and Crafts Movement，為一種裝飾和美術領域的時代風尚，發源與成形於英國，後傳播至大英帝國各地、歐洲與北美，時間大概落在一八八〇與一九二〇年間。其理念主要是在反對英國維多利亞時代在裝飾風格上的矯揉造作，後來的新藝術運動也受到美術工藝運動的影響。
3. Palladian architecture，帕拉第奧是一種歐式建築風格，起源自文藝復興晚期的威尼斯建築師安德里亞・帕拉第奧（Andrea Palladio，一五〇八－一五八〇），其作品強調古希臘和古羅馬神廟中的對稱性與透視性。帕拉第奧主義對歐洲建築的影響始於十七世紀，在英國則於十七世紀與十八世紀早期兩度盛行，被稱為盎格魯—帕拉第奧風格。

4. ‘Petr Aven: The Russian Oligarch with an Eye for Art, Not Yachts’, https://www.ft.com/content/f328a740-6233-11e7-8814-0ac7eb84e5f1
5. 英國國家統計局的二〇一八－二〇一九年資料顯示在倫尼米德自治市（Borough of Runnymede）的維吉尼亞水村段，犯罪率呈現跨罪種的全面下滑。

結語

1. ‘Pandemic Makes World’s Billionaires Even Richer’, *FT Weekend* (24/25 October 2020).
2. ‘Luxury Yacht or Hermes Bag? What the Wealthy Are Buying’, Financial Times (1/2 August 2020).
3. *New York Times* (6 June 2020). 4 ONS 2018–2019.
4. ONS 2018–2019.
5. Press release, 24 May 2020.
6. ‘Westferry Planning Row: Jenrick Texted Property Developer, Documents Show’, https://www.bbc.co.uk/news/uk-politics-53172995
7. ‘Pandemic Makes Wealth Tax More Likely than Ever’, *Financial Times* (4 July 2020).
8. ‘Tax Office Turns Heat on Rich Families’, *Financial Times* (22 February 2020).
9. ‘HMRC Targets Wealthy in Push on Tax Evasion’, *Financial Times* (1 August 2020).
10. ‘Carbon Emissions of Richest 1% More than Double those of Poorest Half of the World’, https://www.oxfam.org.uk/media/press-releases/carbon-emissions-of-richest-1-more-than-double-those-of-poorest-half- of-the-world
11. James Dale Davidson and Lord William Rees-Mogg, *The Sovereign Individual: How to Survive and Thrive during the Collapse of the Welfare State*, Simon & Schuster, 1997.